語形対照
古典日本語の時間表現

鈴木 泰 Suzuki Tai

笠間書院

語形対照　古典日本語の時間表現

目次◉

【概説編】

第三部　非過去形式の意味……………63

第四部　過去形式の諸問題……………91

【用例編】

［凡例］

1、本書は、各形態の用例の相互参照を便利にするために、特殊な版面使用をした。まず、内容を【概説編】と【用例編】に大きく二つにわけ、【用例編】においては、見開き二ページを右上から（i）（ii）（iii）（iv）の四つの象限に分割し、各形態の用例を（i）（ii）（iii）象限のそれぞれにおき、用例相互の対照を可能にした。また、用例を対照した結果についてのコメントは（iv）象限に記した。なお、途中、抽象的意味の場合など、非過去の個別的意味の記述のなかで、タリ・リをもつ形態が存在しない場合には、象限のつかい方をかえたところもある。また、そうした場合をふくめて、コメントを（iv）象限ではなく、コラムとして全象限をつかって示したところもある。また、【概説編】では、現代語の時間表現体系、および古典語の各形態の概説を行い、象限のちがいを無視してベタにつめて記述する。【用例編】における、各象限への形態の配当は次のようである。

	第七部 非過去形式用例	第八部 過去形式用例	第九部 ケリ形態用例
右上　第一象限（i）	ツ・ヌ	テキ・ニキ	ニケリ・テケリ
左上　第二象限（ii）	はだか	キ	ケリ
左下　第三象限（iii）	タリ・リ	タリキ・リキ	タリケリ・リケリ
右下　第四象限（iv）	コメント	コメント	コメント

2、目次で（i）、（ii）、（iii）、（iv）のどれかの注記のある部分は、四つの象限で同時に記述が進行することを表す。それがないものは、象限を無視したベタ書きである。

3、用例に付する番号は、形態が異なっても、同じ動詞の例なら、同じ番号を付する。たとえば、「おもひつ」でも「おもひたり」でも❶を付する。ただ、複合語でも意味的に単純語と同じであると考えられる場合は同じ番号をつける。また、「おもひつ」の例が何例かあるなら、順番の最初の例には、①―1、2番目の例には、①―2のように番号をつける。異なる動詞の用例が、複数の象限にあるときは、原則として第一象限から順に番号をつける。

4、各用例には概説編で示す各形式の個別的意味のどれにあたるかを〈 〉にくくって付す。

5、引用本文は、定本としたものの表記をそのまま採用した。したがって、基本的に表記の統一はしなかった。ただし、漢字については旧字体を新字体にあらためた。また、おどり字はかなにあらためた。また、句読点、かぎ括弧は私意によってあらためたところがある。なお、省略した部分があるときは、「…」で示した。

6、引用文には、〔 〕にくくって、現代語訳を付した。現代語訳はほとんど以下の8で示す注釈書のものをそのままとることを原則としたが、意味のとりにくい場合やあまりに原文からはなれすぎていると考えた場合は、私意により修正した。

7、用例の引用にあたって、所在は作品名と巻名、または巻数までにとどめた。

8、古典の資料としては、つぎの定本を用いた。なお、出典の表示に略称を用いる際には原則として「物語」「集」という部分は省略し、それ以外の略称を用いる場合は以下で〈 〉内に示した。

○源氏物語は『日本古典文学全集』（小学館）による。現代語訳は基本的に前掲書によるが、角川文庫を参照したところもある。なお、源氏物語の検索には長瀬真理氏が中心となって作成されたテキスト・データベースをつかわせていただいた。

○宇津保物語は室城秀之『宇津保物語全』（おうふう）による。現代語訳は『新編日本古典文学全集』（小学館）による。なお、検索には同氏作成のテキスト・データベースをつかわせていただいた。

○落窪物語、枕草子〈枕〉、蜻蛉日記〈蜻蛉〉、狭衣物語、浜松中納言物語〈浜松〉、栄花物語、大鏡、今昔物語集〈今昔〉、その他は『日本古典文学大系』（岩波書店）による。ただし、落窪物語は『日本古典文学全集』

（小学館）によったものもある。現代語訳は基本的に『日本古典文学全集』（小学館）、それがないものは『新編日本古典文学全集』（小学館）による。ただし、枕草子は角川文庫を参照した。

はじめに

言葉においては、同じいい方が、単語が異なると意味がかわってきたり、異なったいい方が、ある単語では同じ意味になったりする。現代日本語においては、シテイルといういい方（形式）が、「書いている」のような動作を表す動詞では動作の継続を表し、「かわいている」のように変化を表す動詞では変化の結果の継続を表すというちがいがある。また、状態を表す動詞において、「ある」がシテイル形式をとらない現象や、「めだつ」のようなシテイル形式とスル形式の意味的なちがいがなくなっていることもある。最初にのべたことは、このように時間的意味の表現にもしばしばある。時間的意味を表す単語は動詞であるから、これは、動詞のちがいが、時間的意味がどうなるかに大きな関係をもつということである。動詞が異なるということは、その動詞の辞書的な意味が異なるということである。この辞書的な意味のことを普通、語彙的な意味という。これに対して、さきほどのべた形式とは、単語の文法的な意味をになうものである。

一般に言語においては、単語の文法的意味は、その単語の語彙的意味の、文のなかにおける存在の仕方であり、比喩的にいうならその外皮であるから、その中身である語彙的な意味がその文法的な意味に対して影響をあたえるのはむしろ当然のことなのである。ところが、江戸時代以来の国語学の伝統では、文法的意味は単語の語彙的意味からきりはなされ、助動詞の意味としてあつかわれるため、おなじ単語の文のなかでのあり方（語形）のあいだの文法的意味のちがいが正面から問題にされることはない。本書は、そうした語形のあいだの文法的意味のちがいをあきらかにしようとするものである。そこで、文法的意味の差異をとりだしやすくするため、動詞の語彙的意味を一定にし、動詞の語形の意味を容易にとりだせるように工夫した。

本書における動詞の語形の認定は伝統的な国語学的な認定とは異なるので、まず最初に動詞を文法的にどのようにあつかうか示しておきたい。国語学的な考え方にしたがう現代日本の学校文法においては、「書かない」は、「書か」という動詞と「ない」という助動詞がつながった二単語であるという見方をする。しかし、最近の現代日本語研究、特に日本語教育などでは、「書かない」全体を一つの単語と認めるのが普通になっている。実は、明治時代の文典の記述などでも、「書か」を独立できる単語と認めないのが普通であった。「書かない」を単語と認めるということはどのようなことかというと、「書かない」が「書」という語彙的意味と否定という文法的意味を同時に表すものであると考えることである。そのような考え方は、時間を表す表現においても、「書いた」を「書い」という動詞と「た」という過去の助動詞の二単語によってなりたっているとする見方をとらないということでもある。もし、過去の意味のような文法的意味が動詞ではなく、助動詞によって表されるという考え方をすると、現在や未来を表す助動詞はないから、日本語は現在や未来を表すことはできないという、おかしなことになってしまう。しかし、「書いた」を過去を表す動詞と認めるなら、「書く」という助動詞のつかない動詞だけの形（これを本書では「はだかの形」という）が現在または未来を表すと認めることになんの障害もなくなり、日本語は「書いた」と「書く」によって過去と非過去が表しわけられる体系をもつ言語だということができる。これまで、「書いた」を「書い」という動詞と「た」という助動詞に分析する考え方が有力であったのは、古典日本語の「書きき」や「書きけり」において、「き」や「けり」が「た」にあたるという理解をすることによって、古文の解釈が容易にできるからであったにすぎない。しかし、解釈をするのに都合がよくても、解釈ができれば、古典日本語の構造を十分にとらえたことになるのかというと、そうではない。また、そのために古典日本語だけではなく現代日本語の構造までもがゆがめられてしまうとしたらさらに問題は大きい。古典日本語の構造を正当に把握しようとするなら、「書きき」や「書きけり」全体を一単語と認める立場から出発する必要がある。古典日本語においても文法的意味が助詞、助動詞という単語によってのみ表されるという考えかたをすると、古典日本語にも過去はあっても現在がないというようなことになって、文法体系は完全にはとらえられないからである。また、それがいわゆる助動詞（タ）をふくんだ形であろうが、補助動詞（イル）をふくんだ形であろうが、また動詞だけ（スル）であろうが、それが動詞の文法的意味を表すものであれば、すべて動詞の語形であるというとらえ方が必要である。以下、その文法的意味はまず第一に述語になる動詞の語形の変化によって表されるのだという、いわゆる形態論の立場にたって、議論をすすめたい。

言語の形態論的システムは対立と中和と競合の三つの作用によって成り立っている。対立とは同じ環境において一方の形式と他方の形式が共通の一般的意味のもとで張り合い、いれかえがきかない関係であり、中和とはその対立がなくなることであり、競合というのは対立を残したまま、同じ環境でいれかえがきくことである。そうした関係が一目でわかるような、説明の仕方はないかと考え、対立するものが相互に比較でき、中和の事実がたしかめられ、さらに競合の関係が確認できる最善の方法として、見開き二ページのなかで、おなじ意味の動詞相互の形態が対照できるようにはからった。これによって、必ずしも古典日本語にひごろかかわっていなくとも、本書での見方についての検証も可能になるのではないかと考えられる。

本書の計画は大学で、前著『古代日本語時間表現の形態論的研究』をもとにして授業をする際に、各形式の対立や競合の状態が一目でわかるように、書籍の紙面をコピーして上下に張り付けるというような手段をとっていたのであるが、それが大変だったので、いっそテキストとしてそういうものを作ったらどうであろうかと考えたことにはじまる。このようにすることによって、選ばれなかった語形であれば、どのような意味になるかをたしかめることができ、その他の語形を選んだのでは、この場合にはふさわしくないということが確認できることになろう。また、都合のいい例をとっているだけではないかという疑問に対しても、検証の手がかりをあたえることになろう。

その作業を実際に進めるなかで、前著の記述の見なおしをせまられ、前著の記述を変更せざるをえないところも出てきた。その多くは、動詞をどの意味の種類にいれるかという問題、一つ一つの用例の個別的意味をどうするかという問題であり、前著の枠組みを変えるものではなかったので、いちいち断らなかった。

ただ、見なおしているなかで、いままで十分に説明できていなかったところに新たな説明をくわえたところもある。特に古典語のテンスについて、推量のム形式がテンスとどうかかわるかという問題や、それと関係してはだかの形のテンス的意味を現在に限るべきかどうかという問題、さらには古典語のテンスの相対性に関する問題などについてである。

また、これまでは、アスペクトを表すツ・ヌ形やはだかの形に対して、タリ・リ形をパーフェクトとメノマエ性の観点からのみ位置づけていたのであるが、タリ・リ形は、時間的意味においてアスペクト的対立にくわわらないかわりに、カール・ビューラーの言語としての機能性において、発話者の主観の直接的〈表出〉に対して、対象の客観的な〈記述〉にはたらくものとして、アスペクト形式との間にちがいをもつという観点から新たにみなおした。

そうした経緯でできあがったのが本書であるから、本書は概説編を読んでから用例編に進むというやりかたをとっていただかなくとも、用例編におかれた用例相互のちがいを虚心坦懐に感じ取っていただくだけでも十分であると考えている。その際、概説編の記述は索引的に用いてくだされば十分である。

【概説編】

第一部　現代日本語のテンス、アスペクト、パーフェクト

（一）テンス・アスペクト——具体的意味の動詞

現代日本語の時間表現は、大きくテンス、アスペクト、パーフェクト、それに一回的かくりかえしかにかかわる時間的限定性という三つの観点から見ることができる。現代日本語の時間表現は、基本的にテンス・アスペクトの対立を軸としてシステムをなし、それにパーフェクトが関係しており、さらに時間的限定性の点でモダリティーともかかわりあっている。そして、さらに〈表出〉と〈記述〉（〈叙述〉）という言語機能の差異ともかかわってくる。現代日本語の時間表現の体系を具体的一回的な意味をもつ動詞をとりあげて考えてみるなら、基本的な形として次の四つの形をとりだすことができる。

①まきを割る。
②まきを割った。
③まきを割っている。
④まきを割っていた。

「私はまきを割るよ」といえば、「まきを割る」という運動が、ある未来の時点におこることが表されている。また、「私はまきを割った」といえば、「まきを割る」という運動が、ある過去の時点に起ったことが表されている。つまり、現代日本語では、述語の形をスルという形にするか、シタという形にするかによって、その運動が未来の運動であるか、過去の運動であるかが表しわけられているのである。このように、発話時を基準として時間軸上のどの位置に運動があるかを区別するシステムを〈テンス〉という。

シタという形は過去のことを表すので、これを〈過去形〉というのは問題ないとして、スルという形はふつう未来形といわず〈非過去形〉という。それはなぜかというと、「まきを割る」のような動詞のスル形はたしかに未来を表すといってもよいが、「ある」とか「いる」とかいう動詞はスルという形で現在の状態を表すので、こういう動詞のスル形まで未来を表すということはできない。このような動詞までふくめて動詞のスル形のテンス的意味をひとことでいおうとすれば、現在・未来形ということもできるが、現在と未来は過去ではないということから、スル形は〈非過去形〉という。一般に、「割る」のようにスル形が未来を表す動詞は運動を表すので、〈運動動詞〉といい、「いる」のようにスル形が未来ではなく、現在の意味を表す動詞は、静的な状態を表すので、〈状態動詞〉といって区別する。

ところで、「まきを割る」というときは未来において「まきを割る」という運動が終了することを、「まきを割った」というときは過去において運動が終了したことを表している。これに対して、「まきを割っている」というと、発話時点において、まきを割っている過程にあること、つまり主体の動作の過程が継続中であることを表している。このとき、割りはじめる段階と割りおわる段階は全く問題にされていない。また、「まきを割っていた」といえば、動作の過程が継続中であったのが過去のある時点においてであったということを表す。現代日本語では、スル、またはシタというか、シテイル、またはシテイタというかで、運動を終了する（または、終了した）ものとして表すか、その過程が継続中であるものとして表すかが区別されているのである。このように、基準時点において運動がどのようなあり方をしているかを表しわけるシステムを現代日本語の〈アスペクト〉という。その際、スル形で表されるような基準時間における運動のあり方を〈完成相〉、シテイル形で表されるような運動のあり方を〈継続相〉といって区別している。

ここで一つ注意しておかなければならない点は、継続相においては、「まきを割っている」は〈過程の継続〉を表すが、例えば「洗濯物がかわいている」というと、すこしちがってくることである。これは、外に出て、洗濯物が乾燥して風にまっているのを発見して、話し手がこういっているような場合であって、洗濯物がかわく過程、すなわち水分がとれて乾燥していくところを話し手が見ていたわけではない。これは、「かわく」という変化が終結した結果として生ずる水分の取れた状態が継続しているという意味を表している。以後、このシテイル形の表す、主体が変化した結果そうなった状態の継続を表すという意味を簡単に〈変化の結果の継続〉という。つまり、〈運動動詞〉を大きく二つにわけて、「割る」のような主体の動作を表す動詞を〈動作動詞〉といい、「かわく」のような主体の変化を表す動詞を〈変化動詞〉というとすれば、動作動詞のシテイル形が〈過程の継続〉を表すのに対して、変化動詞のシテイル形は〈変化の結果の継続〉を表すということができる。（図1参照）

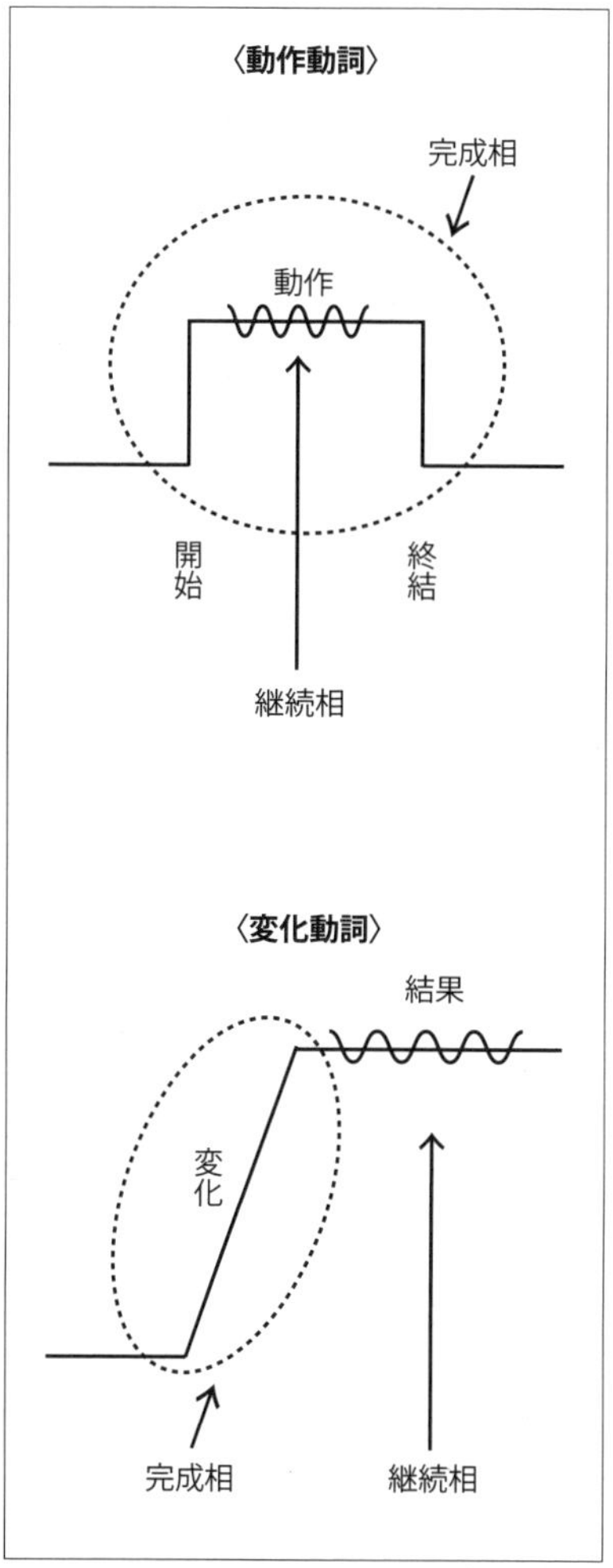

図1

変化動詞と動作動詞は完成相においても区別が存する。変化動詞「かわく」は、水分が取れてしまえばその洗濯物はそれ以上かわくことはありえないことからしられるように、そこに至ればそれ以上その運動がつづけられなくなる脱水のような限界点をもっている動詞である。したがって、運動の終了とは運動がその限界点に到達することを表すと考えることができる。

これは、「割る」のような、はたらきかけの主体の一定の目的のもとに行われる一連の運動を表す動作動詞においても同様である。しかし、動作動詞においては、限界に到達するのはあくまで対象に関してであり、主体に関してではない。したがって、主体の運動としては無限界的であるといえるので、「まきを割っている」というシテイル形は動作の継続を表すことになる。しかし、「まきを割った」という例でいえば、まきがすべて割れてしまえば、それ以上「割る」という運動がつづけられなくなることから、この動詞も対象に関してあらかじめ見通される終結点をもっている。つまり、「割る」のような動作動詞も、対象が目標に到達してしまえば、それ以上運動をつづけることはできないから、完成相は限界到達を表しているものと見ることができる。

ところで、主体の動作を表す動詞には「割る」のような動詞と異なって、「歩く」のようにそれ自身の意味のなかに目標としての限界点をもっていない動詞もある。「割る」のように、その動作がつきはてそれ以上展開しない限界をその語彙的な意味のなかにふくんでいる動詞を〈限界動詞〉という。それに対して、「歩く」のように、理論上無限につづけることができ、動作のつきはてる限界点がその動作の性格からはみちびきだせない動詞を、〈無限界動詞〉という。

ここで、須田義治（二〇一〇）にしたがって、同じく動作を表す動詞でも、これまで動作動詞といってきた「割る」のような動詞は、主体が何らかの対象にはたらきかける行為を表しているので、〈行為動詞〉という。また、奥田靖雄（一九九四）が、「《物》の機械的な運動をとらえている動詞は、動作動詞からくべつすることが必要である」（36）

といっているのにしたがい、「歩く」のような、それ自体においては動作が方向づけられる目的をもっていない、均質的な物理的な運動を表す動詞を〈うごき動詞〉といって区別する。

奥田（一九九四）、奥田（一九九七）の両者をもとに、これまでに検討した三つの動詞グループの主要な動詞をかかげる。

〈行為動詞〉

Ⅰ動作動詞　たたむ、あける、わる、きる、つける、ぬる、いれる、かわかす、あたためる、うつす、だす、なぐる、だく、まわす、ならす、のむ、ほる、ころす　Ⅱ再帰動詞　きる、ぬぐ　Ⅲふるまい動作　a　移動動作　ゆく、かえる、あがる　b　空間的な配置の変更　のる、もたれる　c　姿勢の変更　たつ、すわる　Ⅳ心理的、認知的な動作、言語活動や表現　みる、はなす、しかる、かぞえる、おどる

〈変化動詞〉

Ⅰ物の変化　たおれる、われる、きばむ、つく、うかぶ、あたたまる、にごる、ふえる　Ⅱ植物の変化　さく、くさる　Ⅲ人間の生理的な変化　しぬ、ねる　Ⅳ人間の社会的な状態の変化　結婚する、入学する　Ⅴ知的な状態の変化　しる、理解する　Ⅵ運動の強度における変化　しずまる、はやまる　Ⅶ気象状態　はれる、くれる

〈うごき動詞〉

Ⅰ物のうごき　ただよう、よろめく、もえる、こぼれる、もれる、とぶ　Ⅱ生物の移動　あるく、はしる　Ⅲ生物の生理的なうごき　なく、わらう　Ⅳ物の出現　たつ、でる　Ⅴ気象状態　ふく、なみだつ

「歩く」のような動作は、主体がつづけようとすればいつまでもつづけることのできる運動であるので、「歩いている」というシテイル形が過程の継続を表しているということはうごかない。一方、限界性のない動詞であるから、完成相の方は限界到達とはいいにくいが、完成相の形は、赤ん坊がはじめて歩いたのをとらえて「あっ、歩いた」などという時の「歩いた」のような例からすれば、運動が開始限界に到達したとみなすことができる。しかし、歩くという運動であると認定できるのは、普通なら、すくなくとも二、三歩つづけざまに、交互に足を出す運動を行って、体を前に進めたときにはじめていえるものであるから、これは、最低限その運動であるといえる状態がつづいて、それが終了したことを表しているといったほうがよい。つまり、限界をもたない動詞の完成相は、始発、ないしは発生という限界点に到達することを表すと考えることもできる一方、どんな期間であれ一定期間つづいて終わった運動を、ひとまとまりのものとして、一括的に表したものと見ることもできる。完成相を一括性の観点から規定することは、実は行為動詞の場合にも可能で、その完成相は、あるところまで終わった主体の運動をひとまとまりものとして一括的に表しているものと見ることができる。

「歩く」のような運動でも、「駅まで歩いた」のような使われ方においては、駅についてしまえば、それ以上歩く必要がないので、運動が自動的に終了すると見ることもできる。しかし、これは「歩く」のような運動が、自らのうちに限界点をもっているからではない。移動する距離が有限であるため、それがつきれば運動がつづけられなくなるというだけである。つまり、外的に限界を設定されることによって、運動が終結するのである。したがって、うごき動詞でも、このような場合には、運動が完成するとは、なんらかの形で限界に到達することだということもできるが、限界に到達した運動は結局のところひとまとまりものとして存在するといえるのだから、本質的には、現代日本語の完成相のアスペクト的意味はひとまとまり性を表すといってよいだろう。

さて以上のような意味的な変種をふくみながらも、最初の①〜④の四つの形は、表1の整理から分かるように、テンスもアスペクトも同時に表す形として存在している。この四つの語形はどんな表現をするときにもこのどれかをつかわなければならないという意味で、義務的な形である。

以上のように単語が語形変化して、文法的意味を区別するシステムを日本語はもっており、こうしたシステムをあきらかにする文法論の分野を、文や単語の結びつきの文法をあつかう〈統語論〉(syntax)に対して、〈形態論〉(morphology)という。そして、ここでのべたテンスやアスペクトのように、二つ以上の形態の表す対立する意味において、個別的意味を一般化したものを、形態論的な〈カテゴリー〉という。また、形態論的カテゴリーの基礎のうえになりたっている体系を上掲のように表示したものを形態論的な〈パラダイム〉という。なお、テンス・アスペクトの対立がもっとも典型的にあらわれるのは、ここであつかった、変化や行為やうごきを表す〈運動動詞〉においてであるが、性質や静的なありさまを表す〈状態動詞〉においては、事情はやや異なる。

テンス／　アスペクト	完成相	継続相
非過去形	スル	シテイル
過去形	シタ	シテイタ

表1

奥田靖雄(一九九四)は、日本語においては、状態は変化動詞の表す結果の状態によって表されることがおおいが、「変化の結果ではない、《ただの状態》をさししめしている動詞も存在する」(38)として、つぎのような動詞をあげる。

〈状態動詞〉Ⅰ人間の心理・情動的な状態　いらだつ、こまる　Ⅱ人間の生理的な状態　ふるえる、しびれる　Ⅲ場所の状態　にぎわう、こむ　Ⅳ物の状態　ひかる、かがやく、きらめく　Ⅴ自然の状態　かすむ、たなびく、むす、ひえる　Ⅵ存在　ある、いる

そして、「この状態動詞は継続相のかたちをとって、継続のなかの状態をいいあらわすわけだが、その完成相も、まえの状態からあたらしい状態への移行はいいあらわさず、ただの状態の継続をいいあらわす。…このような現象がなぜおこってくるのか、といえば、状態動詞がいいあらわす《状態》は、それ自身では限界をもたず、継続的であるため、完成相において状態の終了をいいあらわすことが

できないからである」（39）と奥田（一九九四）で説明しているように、状態動詞はアスペクト的ふるまいがあきらかに行為動詞やうごき動詞とは異なっている。つづけて、奥田は「このように、《状態動詞》はアスペクトの観点からきわだった特徴をもっているわけだが、さらにこの動詞は「する」という完成相・非過去のかたちで現在テンスをいいあらわしていることでも、変化動詞や動作動詞とはことなっている。さらに、アスペクトにおいて完成相と継続相の対立が中和しているとすれば、この対立が《表出と記述》という対立の表現に利用されながら、文の人称性とからみあってくる」（40）として、言語機能の問題にもふれている。これは、カール・ビューラー（一九三三、一九三四も同様）が、人間の言語のはたらきとして、「対象や事態との写像関係をなしている」〈記述〉と「送り手の内的状態を表出する」〈表出〉と、「聞き手に対して呼びかける」〈呼びかけ〉を区別するのにしたがったものであろう。

ここで行為動詞とうごき動詞をひろい意味で動作動詞ということにし、これまで見てきた現代語動詞の分類の過程を図に示すなら、おおよそ図２のように示すことができる。

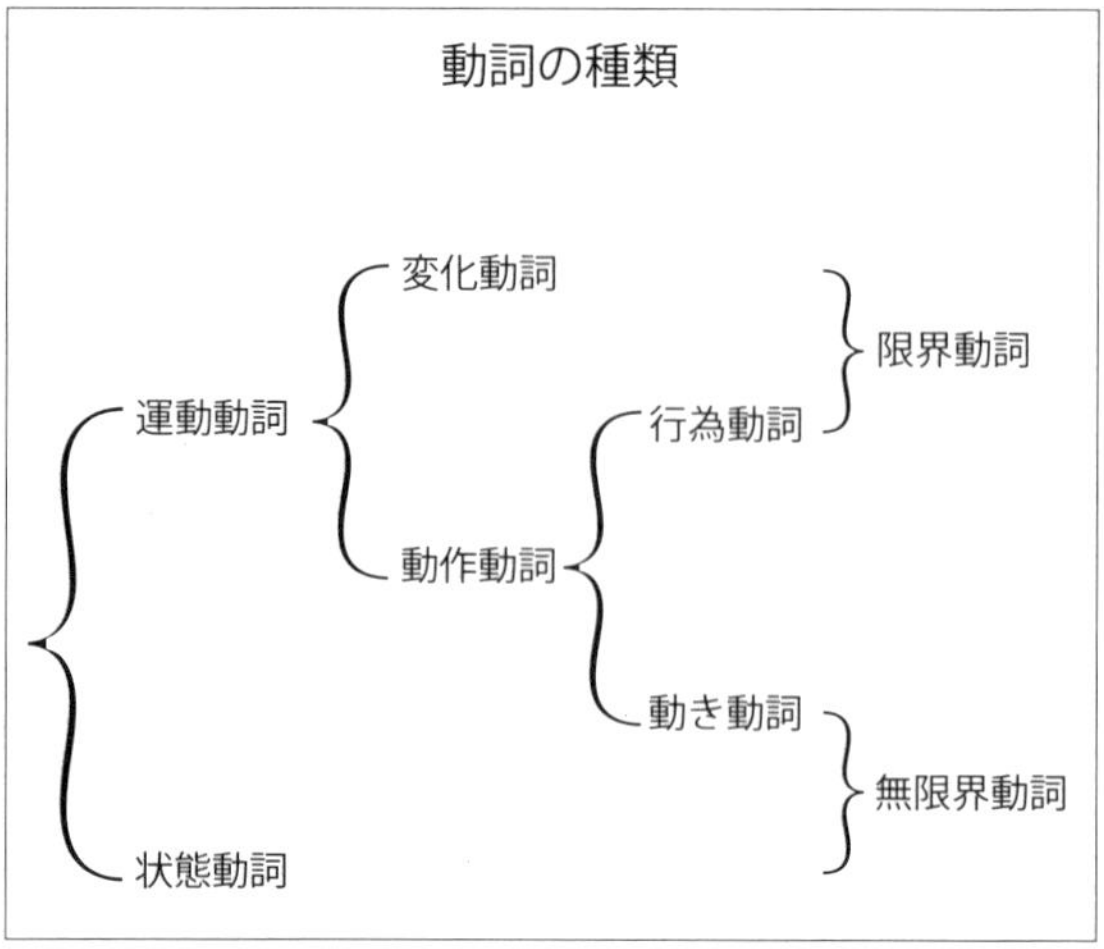

図２

（二）テンス・アスペクト――抽象的意味の動詞

前章であつかった動詞について、奥田靖雄（一九九七）は、「動詞の語彙的意味は、動作、変化、状態、ひとくちにいえば人や物の運動をとらえているものとして規定することができる」（２）とし、それらは、「かぎられた時間帯のなかに成立し、展開し、きえてゆく、いちいちの具体的な動的な現象をその語彙的な意味にうつしだしている」（2）ものであるとしている。しかし、奥田は、語彙的意味をこのような運動に単純化するのはよくないとして、これらのような具体的一回的な単純な運動を表すものとはその対象的内容において質的に異なる動詞として、さらに活動を表す動詞、態度を表す動詞などを区別する。奥田によれば、活動とは、「おなじひとつの目的あるいは意図によって、ひとつの人間の活動にまとめられる、いくつかの動作をその意味のなかにとらえているもの」（3）であるとし、「言語的な意味としての《活動》では、それが、具体的な動作から成立していることを暗示しているとしても、その動作の具体性はきりすてられていて、いくつかの動作をひとつにまとめあげる目的志向性が前面にあらわれてくる」（3）と説明している。ここでは、このようにいわれる動詞を奥田にしたがい、〈活動動詞〉と称することにする。奥田は活動動詞として、以下のようなものをあげる。

〈活動動詞〉　はたらく、あそぶ、あきなう、つかえる、そだてる、やしなう、まなぶ

また、活動動詞のほかに、奥田は、「具体的な場面の中にあらわれてくる、心理的な現象としての状態をその意味のなかにとらえ」（3）るのではなく、「場面からきりはなされて、固定化して、しばらくのあいだ持続する、物や人にたいする人間の感情的な態度」（3）を表す動詞を〈態度動詞〉とよんで、具体的な運動を表す動詞から区別している。

〈態度動詞〉　信じる、心配する、軽蔑する、尊敬する、うらむ、にくむ、あこがれる、ほれる

そして、それは「あたかも人間にそなわっている、恒常的な、ポテンシャルな特性のごとく文のなかにあらわれて、感情的な態度の観点から人間を特徴づけている」（3）ものであるとし、それを〈態度動詞〉とよんでいる。さらに、

奥田は「考える、思うのような動詞も、使用によっては態度動詞としてはたらく」（3）として、これらもそれにくわえている。

このように、奥田は動作、変化、状態といった具体的な出来事を表す動詞の他に、「物理的な、心理的な現象としての動作あるいは状態を恒常的な特性にとらえなおすところの、特性にまでたかめるところの、動詞のグループ」（3）として、活動動詞と態度動詞を位置づける。

この規定のなかにふくまれている「状態を恒常的な特性にとらえなお」したものとして、さらに、奥田は「過程性（動作性あるいは状態性）をきりすてて、《特性》や《関係》をいいあらわしている動詞のグループもある」（3）とする。以下にかかげるような「物や人に恒常的にそなわっている特性、関係」（4）をとらえている動詞は、一般には状態動詞にふくめられているが、ここではこれらを〈特性・関係動詞〉と名づけ、ただの状態を表す〈状態動詞〉と区別したい。

〈特性・関係動詞〉　すぐれている、ひいでている、きわだっている、そびえている、ことなっている

〈特性・関係動詞〉はテンス・アスペクト的に特別で、スル形やシタ形をとらず、基本的にシテイル形やシテイタ形をとり、恒常的な状態の持続を表すものである。すでにとりあげた〈活動動詞〉〈態度動詞〉とともに〈特性・関係動詞〉も抽象的な出来事を表す動詞として、具体的な出来事を表す動詞に見られたような、テンス・アスペクトの典型的な対立を示さなくなることに注意が必要である。なお、須田義治（二〇一〇）は、奥田の指摘をさらに発展させ、狭義の〈活動〉のほかに、〈作業〉と〈生活様態〉を新たに同様の意味をもつものとしてたてるが、奥田のいう活動動詞にあたるのは、須田のいうところでは〈生活様態〉を表す動詞だけである。

(三) パーフェクトとその変種

シテイル形は継続の意味をもつものと規定したが、実際は次のように継続を表しているとみることのできない用法がある。このような用法を〈パーフェクト〉(perfect) という。

①一郎はその計画にはみこみがないといっている。
②三時に会議ははじまっています。

①では、現在における何らかの意味での継続ではなく、発話時以前に一郎がみこみがないといったという、ほとんど過去ともいえる意味が表されている。しかし、過去ではなく、彼がそういったという事実が発話時において効力をもっていることを表しているといった方がいい。②の場合も、会議の開始が実現ずみであることを表している。開始が実現ずみであるということは単に開始を過去に位置づけるのではなく、現在開催中であることを表しているが、それは開始が実現したことの効力として表されているのである。

このように、パーフェクトは時間的には発話時より以前に完成した運動を表すのだが、過去形のように以前の運動をまるごと過去のある時点にむすびつけることはなく、現在、運動が実現ずみであること、つまり運動が実現し、その実現が発話時においてなんらかの効力をもっていることを表すものである。したがって、パーフェクトは、発話時点に先立つ段階における運動の成立を表すと同時に、あとをおう発話の段階におけるその効力を表すという二つの意味を表すというところにその本質がある。

①②の場合このような意味が生ずるのは、①の「いう」や②の「はじまる」が、開始、途中、終結などの内部構造をもたず、まるごとの非分割的な把握しか許さない動詞であるからだと考えられるが、パーフェクトの意味は、一定

の条件があれば、そうした動詞以外にもあらわれる。

③履歴書によれば、花子は三年前に博士論文を書いている。

④搭乗記録によれば、山田は四月三日の最終便に乗っている。

これらにおいて、「書く」や「乗る」という運動の内部構造は無視され、運動は非分割的な全体として問題にされており、それが発話時より以前に起こったことが表されている。もし③が、ただ「花子は博士論文を書いている」だけであれば、「書く」という動作の過程がとりだされ、その継続を表す意味になるが、文中に「三年前に」という過去の時点を表す状況語が存在するため、発話時より以前に起こったことを表している。また、④が、ただ「山田は最終便に乗っている」だけであれば、結果の局面がとりだされ、それが継続していること表す意味になる。これが、発話時より以前に起こったことを表しているのは、「四月三日」という過去の時点を表す語が存在するためである。しかし、これらは運動が発話時より以前に起こったことだけを表しているわけではない。同時に③の「博士論文を書いた」ことや④の「最終便に乗った」ことは、履歴書や搭乗記録に記載されているという記録性、または動作主体を経歴の面から特徴づける意味をもっている。そこで、こうした用法を特に〈経歴・記録〉の意味ということができる。

また、こうした構文的特徴がなくとも、場面的または文脈的条件によってパーフェクトの意味が生ずることもある。それは、運動の成立がもたらした効力が証拠として場面やコンテクストに存在することがわかる場合である。

⑤（花壇にある弟の太郎の足跡を見て）太郎がまた歩いている。

⑤で、話し手は弟が歩いたところは見ていないが、弟の靴の跡を見つけて、それより前に花壇を踏み荒らすという

という弟の行為が成立したことを表したものである。しかし、「歩く」という運動は、うごき動詞であるから、その終結後に常に特定の結果を残す運動ではない。この場合もうまく歩けば靴跡は残らないから、花壇に靴の跡があることは、「歩く」という運動の結果ではなく、歩いたことを証拠だてる痕跡にすぎない。そして、この場合には話し手はその証拠に基づいて、運動の成立を推測しているという特徴がある。この意味をここでは、〈運動の成立と結果・痕跡の存在〉と称することにする。

以上のように、シテイル形に継続の意味のほかにパーフェクトの意味が存在することはまぎらわしいかぎりだが、現代日本語においてパーフェクトの意味が生ずるには、一定の語彙的条件とともに、構文的条件、または場面的条件があることに注意しておくことが重要であろう。

ロシアの言語学者、マスロフ（一九八四）のように、パーフェクトの概念をひろくとり、先立つ段階とあとをおう段階の二つの時間のことをのべ、先立つ段階の事実は完成したこととしてとりあげ、あとをおう段階の状態や存在は継続しているものとしてとりあげるものを《パーフェクト》（以下マスロフの立場のパーフェクトであることを特に注意するときは《　》でくる）とする立場からいうと、〈経歴・記録〉のような意味は〈動作パーフェクト〉とされ、〈変化の結果の継続〉の意味は、先立つ段階の変化の完成は前提とされるだけであるが、広くこの規定におさまるので、パーフェクトの一種として〈状態パーフェクト〉とされる。そして、マスロフの立場では、〈過程の継続〉の意味は、《パーフェクト》とは無関係で、完成相と対立する不完成相とされる。マスロフのような立場に立てば、現代日本語のシテイル形は、《パーフェクト》全体をカバーしており、その上にさらに、不完成相の〈過程の継続〉の意味を表しているということになる。

（四）絶対的テンスと相対的テンス

テンスにおいて、発話時を基準時間として設定するテンスを絶対的テンスというのに対して、発話時以外の何らかの時間を基準時間として設定するテンスを相対的テンスという。現代日本語では絶対的テンスは主文の終止形述語にあらわれやすく、相対的テンスは従属文の連体形述語にあらわれやすいという傾向がある。すでにのべたスルが未来、または現在を表し、シタが過去を表すというのは絶対的テンスの場合である。相対的テンスの場合は、過去か非過去かといった対立ではなく、一定の時間を基準にして、先行性（以前）、または非先行性（同時、以後）という対立を表す。

①わたしはあした集会にでられませんから、あとで出席したひとから、様子をききます。
②そこにもここにも人々のつかう扇子がしろくうごいた。
③つぎの週に外国へ行く人のために送別会をしていた。（高橋太郎他（二〇〇五）による）

①で、未来のことであるのに、「出席した」と過去形が使われているのは、これが主節の「ききます」という未来の事態より以前であることを表すためである。②で、過去のことであるのに、「つかう」という非過去形が用いられているのは、これが主節の「うごいた」という過去の事態と同時であることを表すためである。また③で、過去のことであるのに、「行く」という非過去形が用いられているのは、これが主節の「送別会をしていた」という過去の事態よりあとに起こることであることを表すためである。

なお、現代日本語では、相対的テンスは、従属節中にあらわれるのが普通であるが、古典語においては主節においてもよく出現する。特に物語の語りの文のテンスは基本的に相対的テンスである。

（五）時間的限定性とアクチュアリティー

パーフェクトはアスペクトとかかわりの強いカテゴリーだったが、テンスにかかわるカテゴリーとして重要なものに、〈時間的限定性〉がある。ボンダルコ（一九九九）によれば、〈時間的限定性〉というカテゴリーは、その出来事が一定の時点に定位できる具体的なものであるか、そうではなく一定の時点に定位できない抽象的なものであるのかにかかわるカテゴリーである。なお、これまで論じてきた、現在、過去、未来過去かといったテンス的意味は、上述におけるような具体的な時間的限定性をもった事態が示す意味であるということに注意が必要であろう。

①二年前漱石の『こころ』を読んだ。
②このごろはよく六時に起きます。
③ミツバチは花の蜜をすう。

①は、二年前という過去の特定の時間に起こった出来事を表しているので、時間的限定性がある。現実に起こった出来事は、かならず特定の時点に起こっているはずであるという意味で、時間的限定性のある出来事はアクチュアル（現実的）である。②は〈くりかえし〉の例で、くりかえされる全体というマクロの出来事はおおよそ現在に属することを表すという意味で時間的限定性はあるが、それを構成する個々のミクロの出来事については、発話時の周辺のどこかで起こる可能性をもっているだけで、具体的にどこか特定の時点でそれが起こることは表してはいないので時間的限定性はない。③は、主体が一般的であり、過去から未来にわたるすべての時間において存在する出来事を表しているという意味でまったく時間的限定性はない。これは、基準時点そのものが存在していない、学術論文、参考書、教科書などにおける法則性や規則の論述に際して用いられる非過去形である。

〈くりかえし〉の場合には、「このごろはよく六時に起きています」といっても意味がかわらないように、スルとシテイルの形の上の対立はあるが、意味の対立はない。つまり、アスペクト的な対立はないが、次の例のような例からあきらかなように、テンス対立は存在している。

④食うものがなくて、毎日トウモロコシの干したやつをかじった。

⑤私もまた、時々本でも読みに帰る。（高橋太郎他（二〇〇五）による）

さきにあげた②が現在におけるくりかえしの例であるのに対して、④は過去におけるくりかえし、⑤は未来におけるくりかえしである。しかし、③のような恒常的な出来事の場合には、「ミツバチは花の蜜をすっている」といっても意味が変らないから、アスペクト対立もないが、「ミツバチは花の蜜をすった」ともいえないから、テンス対立もない。

また、時間的限定性の問題は、その出来事がアクチュアルであるか、非アクチュアルであるかというモダリティーのちがいともかかわる。工藤真由美（一九九五）によれば、アクチュアリティーと時間的限定性との関係は図3のよ

【広義モダリティー】	アクチュアル	アクチュアル・ポテンシャル	ポテンシャル
【時間的限定性】	個別・具体的 ・ アスペクト対立有 テンス対立有	抽象的 ・ アスペクト対立中和 テンス対立有	一般的（脱時間） ・ アスペクト対立無 テンス対立無

図3

うである。

個別・具体的であるとは、その出来事が発話時と明確な時間的関係をもつということであり、抽象的であるとはそうではないということである。したがって、さきにスルが未来を表し、シタが過去を表すといった時は、アクチュアルなテンスのことを意味しており、その未来、または過去は、アクチュアルな未来、またはアクチュアルな過去である。

第二部　古典日本語のテンス、アスペクト、パーフェクト

（一）古典日本語の時間表現の体系

古典日本語の形態論的システムを現代日本語とくらべると、まず注目されるのは、テンス・アスペクトを表すメンバーの量がおおいことである。古典日本語において動詞のテンス・アスペクトのシステムを形成している語形には、はだかの形、および動詞に、タリ、リ、ツ、ヌ、キ、ケリなどの接辞をつけた形とともに、動詞に、テキ、ニキ、タリキ、リキ、テケリ、ニケリ、タリケリ、リケリなどの複合的接辞をつけた形もある。語彙的意味を表す部分と文法的意味を表す部分とに分解できないという意味で、これらを〈総合的形式〉とよぶことにする。総合的形式のなかでは、テキ、ニキ以下の複合的な接辞をもつ形式は、ツ形、ヌ形、タリ形、リ形、キ形、ケリ形などの単独の接辞をもつ形式やはだかの形とくらべると、あきらかに使用頻度はちいさい。しかし、単独の接辞をもつ形やはだかの形がパラダイムの特定の位置に十分におさまりきらないくらいの豊富な意味をもつのに対して、複合的な接辞をもつ形式は単義的で、明確にパラダイムの特定の位置を占めるものがおおい。

この他にシテアリ、シテ侍リ、シテオハスなどの、補助動詞をもち、二つ以上の単語に分析できる〈分析的形式〉がある。

①「さてその児は死にやしにし」と言へば、「生きてはべり。…」と言ふさま、いと馴れたり。（源氏・手習）〔「それでその子は死んだか」と僧が聞くと、「生きております」と答える宿守の様子は普通と変らない〕

このたぐいは、タリ・リ形に準ずるものである。「生きてはべり」は、「生きたり」ですむところを、タリ形では丁寧の意味が表せないので、タリ形の語源的な形～シテアリにもどし、アリを侍リにかえたものと考えられる。ただ、シテアリなどのように待遇価値のないものもあり、一概にはいえない。また、その意味用法も総合的形式とまったくおなじであるとはいえないので、別にあつかうのが適当である。この他に、分析的形式としては、シテヰタリ、シヰタリなど、「居る」をふくむ形式があるが、これらはつぎの時代の時間表現の萌芽としては非常に重要であるが、平安時代においてはまだ十分に文法的形式としては確立してはいないと考えられる。

体系を考えようとするときには、分析的形式についても考慮をはらう必要はあるが、総合的形式について記述すれば、古典日本語の時間表現にどのような体系と意味の変種があるかはおおよそつかむことができると考えるので、以下では分析的形式は検討の対象からはずし、総合的形式を中心に古典日本語のテンス・アスペクトを考察していきたい。なお、資料としては、会話文を比較的おおくふくむ、落窪物語、枕草子、蜻蛉日記、宇津保物語、源氏物語、栄花物語（一部）、狭衣物語、浜松中納言物語、大鏡（一部）、今昔物語集（一部）を用いる。形態論的な用法の検討を中心としたいので、用例としてとりあげるのは、会話文の、動詞の、終止法の、のべたての、断定形である。

さらに詳細にいえば、終止法でも推量形や否定形などはとらない。また、主節の述語になる動詞であれば、係り結びによる連体形、已然形、いわゆる連体どめの終止も終止法の範囲にふくめた。なお、会話文は、注釈書でかぎ括弧でくくられているところを会話文と認定したが、括弧がなくても、引用の助辞「と」「とて」があるところは会話文とした。なおまた、会話文には、心中詞もふくめ、会話文と同等にあつかえるものにかぎってであるが、和歌も会話文にふくめた。

個々の語形の分析にはいる前に、まえもって古典日本語の時間表現の体系を概括しておけば、おおよそ表2のようになろう。古典日本語のテンス体系は、過去と非過去の対立をもつシステムであり、アスペクト体系は完成相と不完成相の対立をもつシステムであり、それとは別に動作・状態の《パーフェクト》が存在する。動詞のアスペクトにおいては、完成相がツ・ヌ形で表されるのに対して、不完成相ははだかの形で表される。不完成相の過去がキ形によって表されるのに対して、完成相の過去はテキ・ニキ形によって表される。また、パーフェクトの過去はタリキ・リキ形によって表される。

なお、過去と非過去という区別は、形態論的なテンスを区別する基準として、それぞれの形態がもつテンポラルな意味から共通の側面をとりだしたものであり、それぞれの形態が実際にもつ具体的な時間的意味そのものではない。また、本書では工藤真由美（一九九五）などのつかい方にしたがって、ひろくアスペクトといったときにパーフェクトをふくめることもあるが、古典日本語においては、パーフェクトはアスペクトと完全に区別されるべきものである。

古典日本語のパーフェクト形式であるタリ・リ形とアスペクト形式のはだかの形やツ・ヌ形をくらべると、タリ・リ形で表されている意味は、アスペクト形式のように運動の過程には焦点はなく、運動の結果として出現する物の存在や状態が表現されている。

テンス＼アスペクト	完成相	不完成相	パーフェクト
非過去形	ツ・ヌ	はだか	タリ・リ
過去形	テキ・ニキ	キ	タリキ・リキ

表2

②御堂には「などかいと久しうは」とて、「かの御法事はいと近うなりぬらんを、いかが定められたる」との給はすれば、「この廿日の程になん候ふ」と申給へば、（栄花・二六）〔御堂におかれては、「どうしてこんなに時間がかかるのか」とおっしゃって、「あの女御の御法事がさし迫ってきたようだが、小一条院はどのようにお決めになられたのか」と仰せになるので、「御法事はこの月の二十日ごろでございます」と申される〕

③「かくのごと、手を組みたるやうに行き交じり、この中に、いささか疎《おろ》かならず、命を限りて侍るに、『かかることをなむあひ定むる』と聞き侍りなば、この娘どもをも取り放ちて、帝にも、かれこれにも、またあひ見せ奉るべきにも侍らず。…」と聞こえ給へば、（宇津保・国譲・下）〔后の宮が、次の東宮に梨壺腹の御子を立てることに賛同するよう兼雅らに求めるが、「左大臣家とはこのように、手を組んだようにお互い血縁で繋がっており、そのなかでも少しも疎かでなく、命のあるかぎり緊密な関係でおりましょうと約束いたしましたのに、『このようなことを相談した』と聞かれましたら、左大臣は自分の娘たちを婿としている夫から引き離して、帝であれ誰であれ、二度と会わせようとはしないでしょう。…」とご返答なさる〕

同じ「さだむ」でも、タリ・リ形の②では、日にちをこたえていることからあきらかなように、さだめた結論がとわれていることはあきらかである。それに対し、はだかの形の③では、結果はどうあれさだめようとする運動が問題になっている。単純化していえば、タリ・リ形は結果を、はだかの形は運動を表している。タリ・リ形の例にはこのような場合のほかに、〈変化の結果の継続〉を表す意味があり、その場合も運動そのものではなく、その結果の状態を表現することにポイントがあることはたしかである。また、アスペクト形式にはツ・ヌ形もあるが、ツ・ヌ形の表す意味もはだかの形と同様に結果ではなく、運動に焦点があたった意味である。以上に対して、ケリ形は、なんらかの手がかりにもとづいて、予期していなかったことに気づくことを表すため、新たに気づかれたことなら、どんな時間のことでも、またどんな運動のあり方でも表すことができ、特定のテンス・アスペクト的意味を表さないので、パラダイムの中に特定の位置をしめることはない。しかし、ケリ形には主観的な〈表出〉的側面だけではなく、客観的な叙述を目ざす〈記述〉的な側面があり、後者の機能においては、テンスとしての過去の意味にとどいていると考えることができるので、時間表現のメンバーから完全にはずしてしまうことはできない。

第三部以降では、それぞれの語形が、このパラダイムに位置づけられたようなテンス、アスペクト、パーフェクト的な意味をもつのかどうか、およびその変種としてどのような個別的な時間的意味をもつのかを、テンス、アスペクト、パーフェクト、さらには時間的限定性の観点からあきらかにしていきたい。なお、アスペクト的な個別的意味の種類に関しては、ボンダルコ（一九七一）の分類を参考にしている。

（二） 古典日本語のテンス

表2のパラダイムで、はだかの形やタリ・リ形が、テンスとして非過去を表すことについては、次の例が発話時と同時の出来事を表していることからあきらかであろう

①たつた川もみぢばながる神なびのみむろの山に時雨ふるらし（古今・二八四）〔立田川に紅葉の葉が流れている。御室山にしぐれが降っているらしい〕

②暁方に風すこししめりて、むら雨のやうに降り出づ。「六条院には、離れたる屋ども倒れたり」など人々申す。（源氏・野分）〔六条院では、台風のあと、「離れた建物などが倒れている」と人々が報告する〕

これら、キをもたない非過去形に対して、なんらかの形で接辞キをもつ形が過去形であることは、接辞キのつかない動詞が現在の出来事を表すのに対して、キがついた動詞が、発話の行われた日より以前に起こった出来事を表すという性質をもつことからあきらかであろう。

③「むすめただ一人はべりし。亡せてこの十余年にやなりはべりぬらん。…安からぬこと多くて、明け暮れものを思ひてなん、亡くなりはべりにし。もの思ひに病づくものと、目に近く見たまへし」など申したまふ。（源氏・若紫）〔「大納言には娘が一人ございました、それがなくなって十年余りになりますでしょうか。…娘は心を労

することが多くて、明け暮れもの思いに沈んで亡くなってしまいました。もの思いから病気になるものだとは、まのあたりに見せられましたことで…」などと僧都は源氏に申しあげなさる〕

④「大将の君は丑寅の町に、人々あまたして鞠もてあそばして見たまふ」と聞こしめして、（源氏・若菜・上）〔「大将の君は東北の町で大勢して蹴鞠をさせてご覧になっていらっしゃる」とお聞きになって〕

③は、十数年前に娘が病でおとろえていくのを見たといっているのに対し、④は、現在蹴鞠を見ているといっている。③のように発話の行われた日の前に起こった出来事は、発話時に効力や影響をもつことはすくないと思われるので、そのような出来事を表すキ形は現在ときりはなされた過去、すなわちアオリスト的過去を表すものといえよう。ただし、キ形で表されることは、昨夜から数十年くらい前までのかなりひろい時間的範囲に起こった出来事を表すが、現在の出来事や人間の一生のスケールをこえた何世代も何世紀も前の出来事を表すことはない。

これらの例で、はだかの形が非過去でキ形が過去であることは問題がないとして、次にヌ形が非過去形で、テキ・ニキ形が過去形であるということを、ヌ形とニキ形を比較することによって示しておきたい。

⑤鐘の声かすかに響きて、明けぬなり、と聞こゆるほどに、人々来て、「この夜半ばかりになむ亡せたまひぬる」と泣く泣く申す。（源氏・椎本）〔鐘の声がかすかに響いてきて、夜が明けてくるようだと思っていらっしゃると、使いの人々が来て、「昨夜、夜中ごろに八の宮がお亡くなりになりました」と泣く泣く言上する〕

⑥朱雀院は、嵯峨の院へ、…「…多くの年、父母の顔もあひ見ずして、悲しき目を見て、たまたま帰り侍りて後、同じきやうに、いくばくも侍らぬほどになくなり侍りにき。…」と奏せさせ給ふ。（宇津保・楼の上・下）〔「…俊蔭は何年もの間父母の顔も見ることとなく悲しい目に遭い、運よく帰朝いたしてからも、同様に不運で、何年もたたぬうちに亡くなってしまいました。…」と朱雀院は、嵯峨の院へ奏上させられる〕

両者の時間性のちがいは、ヌ形の場合は、直前のことであるが、ニキ形の場合は、すでに亡くなった俊蔭の父母に関する、とおい過去のことである。これは、時間性（テンポラリティー）の面で考えるなら、キ形が発話時からとおい過去の出来事を表すのに対して、ツ形、ヌ形が発話時にちかい過去の出来事を表すといいかえてもよい。

このように考えてくると、むしろ、問題になるのは、キ形、テキ・ニキ形、タリキ・リキ形を過去としたことより、同様に以前の出来事を表すツ・ヌ形を非過去形とすることであろう。

しかし、ツ形、ヌ形は、キ形とは異なって、発話が行われたのとおなじ日に起こった出来事を表すことができる。発話時、またはそれとおなじ日におこった出来事というのは、当然発話時になんらかの効力や影響をおよぼしているという意味で、そのような出来事を表すツ形、ヌ形は過去であるといっても現在とつながっている。そのような意味から現在とのつながりのないことを積極的に表すキ形とこれらは区別してよいだろう。

こうしたテンス的性格のちがいとともに、キ形は、その知覚活動が以前に終了していることとと同時に、知覚した対象がすでに世界から消滅しているときにも用いられるが、ツ・ヌ形はそうではなく、知覚対象そのものは消滅しておらず、それを知覚する活動だけが以前に終了している場合に用いられるというちがいもある。また、次の例は、

⑦「夜更けはべりぬ」と聞こゆれど、なほ入りたまはず。（源氏・須磨）〔「夜も更けました」と申し上げるけれども、源氏は奥にお入りにならない〕

発話時以前の出来事を表しているとも、これから夜が更けるという、発話時以後のことを表していると見ることもできる。このような用法もふくめると、ツ形、ヌ形には発話時をはさむ前後二つの時点に生起する運動を表す意味があることになる。しかし、これは、ツ、ヌ形が運動を非分割的にさしだす完成相であるため、発話時と同時の出来事を

表すことはできないということのうらがえしであるだけであり、直前ということも、テンスとしての過去とは見るべきではないと考えられる。

また、直前も過去の一種とみる立場にたつとしても、ツ形、ヌ形の表す過去は直前の発話時にちかい過去であり、接辞キをもつ形によって表される、発話時から隔絶したとおい過去の出来事とは明確に区別できると考えられるので、ツ形、ヌ形はすくなくとも非遠過去であるということができる。ここで、現在と隔絶したとおい過去はもっとも過去らしい過去であるから、それを表す接辞キをもつ形を過去形というとすれば、それをもたない、発話時の直前の出来事を表すツ形、ヌ形も、基本的に現在の出来事を表すはだかの形もひとしなみに非過去形ということができるだろう。

1、古典日本語の未来と現在

しかし、ツ形、ヌ形を非過去というのはいいとしても、はだかの形は非過去でいいのかという問題もある。これは、はだかの形をはっきりと現在を表すといってしまってはいけないのかという問題である。もちろん、キをもつ形に対して、キをもたない形というのは、無標項であるから、無標項の必然としてそれは、現在の出来事も未来の出来事も表していい道理である。しかし、はだかの形が明確に未来を表す例はそうおおくはない。そういう例があるとしてもあとで見るように、それは、移動動詞などにかぎられ、すべての動詞に見られるわけではない。また、未来は推量や意志を表すム形式が、そのモーダルな意味とともに未来を表しているのだから、はだかの形は未来の出来事を表す役割をおっていないのではないかという考え方もあろう。そのように考えるなら、はだかの形は基本的に現在を表す形であるとすることも可能であるということにはなる。

たしかに、竹取物語で、倉持の皇子の策略が描かれた部分に見いだされる次の箇所のような例においては、はだかの形は未来を表しているといえるとしても、同時にそれと全く同じ環境で通用されているム形式もまたそういうことになる。

①くらもちの皇子は、心たばかりある人にて、おほやけには、「筑紫の国にゆあみにまからむ」とて、暇申して、かぐや姫の家には、「玉の枝とりになむまかる」と言はせて下り給ふに、（竹取・四）

また、次のように上代の祝詞などにおいては、願望の対象は、未来において確実に特定の時間的位置を占めることになる事実として表現されている。祈りの言葉を唱えるとき、推測ではなく、まさにそのよう以外にはなりえない、確固とした確信が表現されると考えなければならない。したがって、そのような場においては接辞ムは、モーダルな意味で中立的な、未来時制の表現として解釈されることになる。万葉集の歌などでも、作者の願望は非現実であると解釈される限りでは未来ではないが、未来において現実に完成するものとして提示されていると考えるなら未来を表しているということができるのである（コルパクチ・一九五六）。

②御年の皇神《すめがみ》等の前に白さく、皇神等の依《よ》さしまつらむ（牟）奥つ御年を、手肱《たなひぢ》に水沫《みなわ》画き垂り、向股《むかもも》に泥《ひぢ》画き寄せて、取り作らむ（牟）奥つ御年を、八束穂《やつかほ》の茂《いか》し穂に、皇神等の依さしまつらば、初穂をば千穎八百穎《ちかひやほかひ》に奉り置きて、甕《みか》の上高知り、甕の腹満て双べて、汁にも穎にも称辞竟《たたへごとを》へまつらむ（牟）。（祝詞・祈年祭）

たしかに、この例のような特殊な場合には、推量法の形式がテンスの表現にとどいているということもできるかもしれない。しかし、それは例外的なものであって、未来といえるものであるとするなら、それは確実に起こることがらを指していなければならない。非現実的なものとして推量されている以上、出来事そのものの時間的位置づけが未来という時間帯に想定できようとも、それは、テンスとして未来を表しているとはいえない。つまり、ム形式がテンスとしての未来の表現を代替しているということがあっても、それはあくまで推量法であって、断定法ではない。したがって、あいかわらずはだかの形には断定法としての未来をになうべき役割は存在するということになるのではないかと考えられる。

現代日本語においても非過去のテンス的意味は、完成相と継続相で異なっているが、古典語においても完成相と不完成相ではその意味は異なっている。現代語では動詞の完成相、つまりスル形のテンス的意味は未来で、継続相シテイル形のテンス的意味は現在であるが、両者は非過去とされる。これに対して古典語では、完成相のツ・ヌ形のテンス的意味は、直前過去と直後未来、不完成相のはだかの形のテンス的意味は基本的には現在ということになるとしても、現代語と同様に、両者ともに非過去ということに問題はなかろう。なお、ツ・ヌ形も、未来の出来事を表すことができるのだから、その分、はだかの形の未来を表す役割が軽いといえないこともない。しかし、それははだかの形が未来を表すことをさまたげるものではない。それは、現代語において、完成相形式が基本的に未来を表す一方で、基本的には現在を表す継続相形式も未来を表すことができるのと同じである。それでも古典語では、以上でとりあげた例のようなケースではムードのム形式がテンスへはみだすことがあるため、はだかの形の側のテンス的意味として未来はその存在場所を十分にもっていないということはできるだろう。しかし、無標項である以上、はだかの形は未来を表しうる可能性を十分に有しており、まして近代語ではその意味的な中心を未来にうつすことになるのだから、はだかの形のテンス的意味を基本的にであっても現在に限定しない方がいいだろう。

2、 古典日本語の過去

さきに、ケリ形は、どんな時間のことでも表すことができるため、特定のテンス的意味を表さないとして、テンスのメンバーからはのぞいたが、時間状況語などを手がかりに考えると、キ形やツ・ヌ形などと、その表す時間帯に差がある。ケリ形が用いられる時間帯について、ケリ形がその文のなかでどのような時間状況語と共起するかを手がかりにしてさぐってみたい。

キ形については、発話時点を基準とするテンスを表す時間副詞と共起する場合について見ると、「今、今日、今朝」のような現在を表す副詞と共起した例がない。その一方で、「よべ、さいつ頃、ひととせ」などのような過去を表す副詞と共起した例はおおく見いだせる。しかし、「昔、先々」などとおい過去を表す時間状況語はすくない。また、ツ・ヌ形については、一日の時点を表す時間状況語と共起する例がおおく見られ、特に、発話時点をふくむ日であることを表す「今、今日、今朝」などと共起することが非常におおい。そして、発話時より以前を表す「昨日、ひとひ、昔」などとは全く共起していない。一方、ケリ形については、「今、今日、今朝」のような現在を表す状況語と共起する例はあるが、「よべ、さいつ頃、ひととせ」などのような過去を表す状況語と共起する例はない。また、過去を表す時間表現でも、ケリ形には「昔、先々」などとおい過去を表す時間副詞はおおく見いだされるが、キ形にはそれがすくないというちがいがある。このかぎりで三者のちがいをいえば、ツ・ヌ形は、基本的に現在の出来事を表し、キ形は決して現在の出来事を表さず、過去の出来事を表すのに対して、ケリ形は、現在、またははるかにとおい過去の出来事を表すということになる。それは、次の例からもあきらかであろう。

①暗くなるほどに、「今宵、中神、内裏よりは塞がりてはべりけり」と聞こゆ。〔源氏・帚木〕〔源氏が内裏から戻りしばらくして暗くなった時分、「今晩はこの場所は内裏からは方塞がりでした」と女房がいい出した〕

②「…女のことにてなむ、賢き人、昔も乱るる例ありける。…」など、のどやかにつれづれなるをりは、かかる御心づかひをのみ教へたまふ。〔源氏・梅枝〕〔「女の問題で、昔にも立派な人が失敗する例がある」と源氏は夕霧に教訓する〕

ここで、時間状況語の「今、今日、今朝」などで表される時間帯を「現在」、「よべ、さいつ頃、ひととせ」などで表される時間帯を「過去」、「昔、先々」などで表される時間帯を「大過去」ということにし、発話時より以前の時間帯にツ・ヌ形式、キ形式、ケリ形式が用いられる場合を整理すると、それぞれの用いられる時間帯は図4のように示すことができる。

図4

しかし、次の宇津保物語の例における、上の三種の過去の意味を表す形式のちがいは図で示したようにはなっていない。ケリ形の用いられる時間帯は現在である。

③大将もうち臥し給ひ、尚侍の殿も、琴に手をうち懸けて、いささか寝入り給ふともなきほどに見給ふやう、「昔の物の声の、さも、あはれにめづらしく聞き侍りつるかな。大将も、御楽の声も、あはれに愛しうなむ。さて、今日、門に参らむ人、必ず召し入れて見給ふべき人なり」と、治部卿の御声なり。いらへ聞こえ給はむとするほどに覚めて、いみじう泣き給ふ。大将、まだ寝給はねば、「あやし」と驚き申し給へば、「いとあはれなることをなむ見つる。隠れ給ひて後、『夢にだに見え給へ』と、心細うわびしかりしままに思ひしかど、絶えてなむ見え給はざりしに、ただ今、かくなむ見え給へる。この南風・波斯風は、中にすぐれて面白き物にし給ひしを、木のうつほより出でむとせしと、さては、昨夜こそいささか掻き鳴らしつるを聞き給ひけるか。あはれなる詩を誦じ給ひしも聞き給ひけるよ。いみじう悲しうなむおぼゆる」と泣き給ふ。大将も、「聞き給ひけること」と、悲しくて

泣き給ふ、ことわりなり。「人のこと、いかなることならむ。『かかるを見給ひける』と思ふなむ、効はなけれど、いとあはれにうれしう」など聞こえ給ふ。（宇津保・楼の上・下）（大将も少し横になられ、尚侍も、琴に手をかけたまま、少しばかり眠りに落ちられたというほどでもないところで、夢にごらんになること、「昔、わたしが弾いていた琴の音の、いかに趣深くたぐい稀な響きのするのを聞きましたよ。大将のも、あなたの琴の音も、心に深くしみ入って、面白くてね。ところで、今日、門前にまいる者は、必ず招き入れてお会いになるべき者ですからね」と、治部卿のお声なのである。ご返事申しあげようとしたところで目が覚めて、尚侍はさめざめとお泣きになる。大将が、まだ眠っておられなかったので、「変だ」と驚いて、声をかけてさしあげると、尚侍は、「たいそう感動的な夢を見たのです。父上がお亡くなりあそばして以来、『夢の中だけでも姿を見せてください』と、心寂しかった気持のままに願っていましたが、いっこうに姿を現してくださらなかったのですが、今し方、こうのように夢に現れあそばしました。このなん風、はし風の琴は、秘琴のなかでも優れたすばらしいものだとしておられたのですが、北山の木のうつほより出ようとしたときと、それに加えて昨夜にかぎって、いささかかき鳴らしたのをお聞きになったのかしら。あなたが心にしみる漢詩を朗誦なさったのも、お聞きになっていましたよ。とても悲しくてなりません」といってお泣きになる。大将も、「治部卿がお聞きになったのか」と思うと、悲しくてお泣きになるが、それも当然のことである。大将は、「治部卿のいわれた人のことは、どういうことなのだろう。こんな夢をごらんになったのかと思うと、現実的な価値はなくても、とても感激するし、うれしい」などと申される）

例は、俊蔭の娘（尚侍）とその子（大将）が演奏のあと、尚侍が夢の中で亡父俊蔭がいったその内容を大将にはなすところである。ここで、キ形とケリ形はかなりはっきりした対照をなしている。いずれも裏罫傍線部の聞き給ひけるか、聞き給ひけるよ、聞き給ひけること、見給ひけるはケリ形で、伝聞された出来事を表している。最初の聞き給ひけるかは、尚侍が聞いた、「昔の物の声の、さも、あはれにめづらしく聞き侍りつるかな」と俊蔭が夢のなかでいったことをさしているし、二番目の聞き給ひけるよと三番目の聞き給ひけることは、おなじく俊蔭が「大将も、御楽の声も、あはれに愛しうなむ」といったことを、二番目は尚侍の伝聞として、三番目は大将の尚侍からの伝聞として表している。また、見給ひけるは尚侍が夢を見たといったこと（「あはれなることをなむ見つる」）を大将の伝聞として表している。

これに対して、二重傍線部の思ひしかど、見え給はざりしに、し給ひし、出でむとせし、誦じ給ひしはキ形で、話し手である尚侍の過去の経験を表しているということができる。

ここで表されている時間帯に注目すると、キ形で表されているのは、まだ大将が子供だったときの何十年もまえのことが中心であるのに対して、ケリ形で表されているのは、昨晩から今にいたる直前のことである。この直前のことについては、ケリ形が用いられないときは、見つる、見え給へる、掻き鳴らしつるのように、ツ・ヌ、タリ・リ形が用いられていて、過去形は用いられていないのである。このことからわかることは、ケリ形はツ形やリ形とおなじようにむしろ非過去のことを表すのに用いられているということである。すなわち、テンス的に見ると、ケリ形はキ形と同様の過去を表すとはいえないのである。むしろ、現在と同時的なことを表しているのである。

一方で、②のような例があるので、ケリ形は現在を表しているだけではない。このようなことから、ケリ形はテンス的にフリーであるといえる。なお、一個所、誦じ給ひしは例外で、直前のことであるのにキ形が用いられている。これは、すぐ目がさめたといっているのだから、時間的には直前のことなのであるが、詩を朗誦したのは、みじかくても睡眠をへだてた前のことであるので、過去形が出現したということで、本例の時間設定の過去とも非過去ともとれる微妙な性格によるものであろう。

以上のテンスについての議論は、会話文におけるテンスを考えてきたので、基本的に、発話時を基準にして、それより以前であるか、そうでないかによって区別される絶対的テンスのみをとりあげることになったが、古典語においては相対的テンスもよく用いられるので、それにも注意しておかなければならない。相対的テンスとは文脈中のほかの出来事の時間を基準にしてそれより以前か、そうでないか（基本的には同時か）によってテンスを区別するシステムである。古典語においては、主節でとりあげられる出来事を基準にする連体形や中止形においてと同様に、終止形においても相対的テンスがしばしば出現する。それが特に顕著なのは、次に示すような語りの文においてである。

④今は昔、中納言なる人の、御女あまたもち給へるおはしき。大君、中君には婿どりして、西の対、東の対に、花々として住ませ奉り給ふに、三四の君、裳着せ奉り給はんとて、かしづきそし給ふ。（落窪・一）

本例は落窪物語の冒頭で、最初の文の述語はキ形であるが、すぐ次の文の述語は、はだかの形である。最初の文において、この物語は過去に位置づけられたわけであるが、次文以降で、はだかの形が用いられるのは、その出来事が最初の文で指定された過去の時点と同時であることを示す、相対的テンスで用いられているからであると考えられる。しかし、会話文でも長い物語的な文、つまり〈語りの文〉には同様に相対的テンスが用いられる。

⑤さて、また同じころ、まかり通ひし所は、人も立ちまさり、心ばせまことにゆゑありと見えぬべく、うち詠み走り書き、かい弾く爪音、手つき口つき、みなたどたどしからず見聞きわたりはべりき。…神無月のころほひ、月おもしろかりし夜、内裏よりまかではべるに、ある上人来あひて、この車にあひ乗りてはべれば、大納言の家にまかりとまらむとするに、この人言ふやう、『今宵人待つらむ宿なん、あやしく心苦しき』とて、この女の家はた避きぬ道なりければ、荒れたる崩れより、池の水かげ見えて、月だに宿る住み処を過ぎむもさすがにて、おりはべりぬかし。もとよりさる心をかはせるにやありけん、この男いたくすずろきて、門近き廊の簀子だつものに尻かけて、とばかり月を見る。菊いとおもしろくうつろひわたり、風に競へる紅葉の乱れなど、あはれと、げ

に見えたり。（源氏・帚木）〔交際相手はなかなかの女性で琴もかなり上手だと思っていたが、十月のある日、ある殿上人と車に乗りあわせたところ、その殿上人が途中で自分の交際相手のもとへ立ち寄り、縁に腰掛けて暫く月を見ているというところ。雨夜の品定めでの左馬頭の浮気な女の体験談〕

⑤は、はなしはじめのところでは、「見聞きわたりはべりき」と、キ形で叙述しているが、途中から「見る」のようなはだかの形の叙述にかわる。雨夜の品定めの場面を発話時とすれば、この出来事は発話時より以前の体験談であるから過去形を用いるべきなのに、本来非過去を表すはだかの形が用いられているのは、左馬頭がこの女性の素性を聞き知った時点と、この殿上人の行為の時点とが同時であることを意味しているといえるだろう。つまり、このはだかの形は同時性というテンス的意味をもっていることになる。

なお、物語の語り文などでは、逆に過去形式も絶対的テンスではなく相対的テンスとして用いられるのが普通である。

⑥石山より出でたまふ御迎へに右衛門佐参れり。一日まかり過ぎしかしこまりなど申す。昔、童にていと睦ましうらうたきものにしたまひしかば、かうぶりなど得しまで、この御徳に隠れたりしを、おぼえぬ世の騒ぎありしころ、ものの聞こえに憚りて常陸に下りしをぞ、すこし心おきて年ごろは思しけれど、色にも出だしたまはず。昔のやうにこそあらねど、なほ親しき家人の中には数へたまひけり。（源氏・関屋）〔石山からお帰りになるお迎えに、右衛門佐が参上した。先日お供もせずそのまま通り過ぎてしまったお詫びなど申しあげる。昔、童で身近にかわいがっていらっしゃったので、五位に叙せられなどしたときまで、この殿の御恩を頼っていたのに、思いもかけぬ変事があったころ、世間の思惑を憚って常陸に下ったのを、いささかお心に隔てをおいてこの何年かはお過ごしになっていたけれども、それは顔色にもお出しにならない。昔のようではないにしても、やはり親しい

家人の中には入れていらっしゃるのであった〕

⑥の現代語訳の傍線部は、現在の物語の現場からかなりさかのぼった、源氏が須磨に流されたころの出来事である。したがって、ここにさかんに用いられているキ形は絶対的テンスとしてではなく、相対的テンスとしての先行性の意味で用いられている。

⑦大床子の御膳などは、いとはるかに思しめしたれば、陪膳にさぶらふかぎりは、心苦しき御気色を見たてまつり嘆く。すべて、近うさぶらふかぎりは、男女、いとわりなきわざかな、と言ひあはせつつ嘆く。…いとたいだいしきわざなりと、他の朝廷の例まで引き出で、ささめき嘆きけり。(源氏・桐壺)〔桐壺帝が大床子の御膳などはまったく縁遠いものとお思しめしていらっしゃるので、お給仕に奉仕する人は、みなこのおいたわしい様子を拝して嘆息する。おそば近くお仕えする者は、男も女も、話し合ってはため息をついている。…まったく不都合なことだと、異朝の例まで引き合いに出して、ひそひそとささやきかわして嘆いたのであった〕

これに対して、ケリ形が用いられている⑦では、時間が過去にシフトすることはなく、はだかの形と同様に、現在の物語の現場と同時の出来事を表すのに用いられている。つまり、相対的テンスとしてはケリは同時性を表すのである。⑥においても、最後の「数へたまひけり」は、現在の物語の現場の時間をさしている。このことは、ケリをテンスとして過去を表すものとはできないことを示すものであろう。

（三）　古典日本語のアスペクト

現代日本語のアスペクトではシテイル形式が継続相であることをしるしづけるのに対して、古典日本語のアスペクトでは、ツ形、ヌ形が完成相であることをしるしづける。しるしづけがある項を有標項といい、それと意味的に対立するしるしづけのない項を無標項というが、古典日本語においては、ツ形、ヌ形が有標項として、積極的に運動の完成を表すのに対して、はだかの形は無標項として、運動がいまだ完成していないことを表すか、または明確に完成していないことを表さないまでも、すくなくとも運動が完成しているとはいわないということを表す。

完成的意味も不完成的意味も、そのなかには意味的な変種をふくんでいる。その変種を個別的意味というとすると、完成相と不完成相では、個別的な意味同士が相互に次のように関係しあっている。

表3

個別的アスペクト的意味の対立・競合

	完成相		不完成相
一回的意味とその変種	Ⅰ 具体的事実の意味	←対立→	Ⅰ 具体的過程の意味 継続的意味 志向的意味 遂行的意味 直前的意味
	限界到達の意味 一括的意味	↗競合↙	Ⅱ 一般的事実の意味
抽象的意味	Ⅱ 例示的意味 潜在的意味	←競合→	Ⅲ くりかえしの意味 潜在的質的意味

基準時点において一回的な運動が完成したことを表すものをツ・ヌ形の〈具体的事実の意味〉といい、基準時点において一回的な運動がいまだ完成していないことを表すものを、はだかの形の〈具体的過程の意味〉という。ツ・ヌ

形は〈具体的過程の意味〉を表すことはなく、はだかの形は、〈具体的事実の意味〉を表すことはないという点で、〈具体的事実の意味〉はツ・ヌ形が完成相であることを特徴づける意味であり、〈具体的過程の意味〉ははだかの形が不完成相であることを特徴づける意味である。この二つの意味は〈対立〉しているといえる。同時に、はだかの形は、それが無標項であることとかかわって、一回的な運動を表すかそうでないか、また継続的意味を表すかそうでないかにかかわりなく、単純に運動の存在を表す〈一般的事実の意味〉をもつ。ただし、〈一般的事実の意味〉はツ・ヌ形の〈具体的事実の意味〉と同じ環境においてあらわれることがあるという意味で、それと〈競合〉している。

ロシア言語学では、〈相の競合〉の術語のもとに、以下のように〈競合〉を定義している。

《相の競合》の術語は、基本的な表現の内容を変えずに、他方の相の代わりに一方の相を用いることだと一般にはみなされている。相の交代に際しては、相のおのおのは、自身の固有の意味の一つにおいて登場する。しかも、一方の相のそれぞれの個別的意味に、他方の相の一定の個別的意味が該当する。(『言語学用語概念百科便覧』I－771)

以上の個別的意味は、一回的意味の場合であったが、アスペクト形式のはだかの形とツ・ヌ形には一回的意味でない抽象的・一般的意味を表す場合がある。ツ・ヌ形の抽象的・一般的意味には〈例示的意味〉と〈潜在的意味〉があり、はだかの形の抽象的・一般的意味には〈くりかえしの意味〉と〈潜在的質的意味〉があり、両者は競合関係にある。アスペクト的意味は、動詞の語彙的意味に条件づけられることがおおいので、ここにのべた対立、競合の実態は、動詞の意味の種類ごとに見ていく方がわかりやすい。【用例編】においては、奥田靖雄(一九九四、一九九七)にしたがって、アスペクト的性質の観点から分類した動詞の種類にしたがって、古典語のツ・ヌ形、はだかの形、タリ・リ形の用例を示していく。ただ、行為動詞は数もおおく、さらに下位分類した意味に応じてアスペクト的性格がかわるので、行為動詞はさらに以下のように下位分類して示す。

〈**動詞分類表**〉

●行為動詞

○はたらきかけ（働掛）　開く、生む、置く、隠す、掛く、変ふ、作る、縫ふ、濡らす、弾く、折る

○移動　出づ、去ぬ、入る、帰る、来、過ぐ、まうづ、まかづ、参る、行く、渡る

○通達　言ふ、承る、仰す、書く、語る、聞く、聞こゆ、問ふ、宣ふ、申す、教ふ

○授受　借る、捨つ、奉る、賜る、給ふ、遣はす、取らす、取る、施す、領ず

○知覚　ご覧ず、聞く、聞こし召す、まぼる、見出づ、見つく、見る

○立居　大殿籠る、隠る、籠る、候ふ、立つ、泊る、乗る、臥す、居る

○動作的態度（動態）　預く、祈る、掟つ、訪る、責む、助く、契る、任す、見す

○一般的動作（一般）　行ふ、す、仕る、始む、参らす、ものす

●変化動詞　明く、受く、亡す、移る、遅る、生ふ、老ゆ、隠る、叶ふ、消ゆ、暮る、咲く、死ぬ、知る、添ふ、立つ、絶ゆ、付く、なる、寝、濡る、果つ、経、止む

●うごき動詞　ありく、騒ぐ、立つ、流る、鳴く、走る、吹く、降る、笑ふ

●状態動詞　覚ゆ、聞こゆ、心地す、悩む、匂ふ、惑ふ、見ゆ、病む、煩ふ、侘ぶ

●活動動詞　急ぐ、思し宣ふ、通ふ、暮す、過ぐ、過ぐす、住む、仕る、経、巡らふ

●態度動詞　侮る、忌む、恨む、怖づ、思ふ、恋ふ、背く、頼む、恥づ、待つ、怠る

●特性・関係動詞　愛嬌づく、余る、遅る、劣る、通ふ、優る、似る、まさる

表4

なお、抽象的・一般的意味は、くりかえしの意味をのぞいて少数しか見いだせないので、具体的な意味の場合のように、動詞の意味の種類ごとに対照させるということはしない。

（四）古典日本語のパーフェクト

平安時代のタリ・リ形は、アスペクト的にはパーフェクトを表すものであるが、同時にメノマエ性を表す。アスペクト的には現代語のシテイル形とにているが、シテイル形は積極的にはメノマエ性を表すことはない。《パーフェクト性》とは、あとをおう段階においてなんらかの効力をもつ運動がさきだつ段階において成立したことを表すものである。したがって、さきだつ段階においての運動の成立という側面と、あとをおう段階におけるその結果の継続や痕跡の存在という二つの側面をもつ意味である。また、《メノマエ性》とは、話し手がメノマエにその運動を目撃していることを表し、モーダルな意味としてその運動の実在性を示すものである。以下では、パーフェクト性にメノマエ性がどのようにからんでタリ・リ形の個別的意味を形成しているのかをあきらかにしたい。なお、本書では、タリ形とリ形を特に区別せず、タリ・リ形として一括してあつかう。

1、《パーフェクト》性

《パーフェクト》の用法は、①のような〈状態パーフェクト〉の意味と、②のような〈動作パーフェクト〉の意味とにわかれる。

①宮、対面したまひて、御物語聞こえたまふ。いと古めきたる御けはひ、咳がちにおはす。…「かしこくも古りたまへるかな」と思へど、うちかしこまりて、（源氏・朝顔）〔五の宮がお会いになって、お話をもうしあげられる。まったくお年を召したご様子で、何度も咳き込んでいらっしゃる。…源氏は「おそろしく老い込まれている

ものだ」と思うけれど、かしこまって申し上げられる」

②…見れば、異命婦たち、「いづこよりあるぞ。興ある物どもかな」と言ひ騒ぐ。乳母、「仁寿殿の女御の、『女一の宮の御産屋《うぶや》の残り物』とて賜へるぞや」とて、引き開けつつ見て、（宇津保・蔵開・上）〔仁寿殿の女御のもとから、靫負《ゆげひ》の乳母のところに届けられた様々の贈り物を見て、別の命婦たちは、「どこからの贈り物ですか。すばらしい物ですね」といって、騒ぐ。乳母は、「仁寿殿の女御が『女一の宮の御産屋の残り物だ』といって下さったた」といって、開けてみる〕

ここでは、①のようにシテイルと訳すことができるものを〈状態パーフェクト〉または〈変化の結果の継続〉、②のようにシタと訳すのが適当なものを〈動作パーフェクト〉または単に〈パーフェクト〉とよぶことにする。①は、主体の変化した結果の継続を表すものである。変化の結果の継続という意味は、厳密にいうなら、その運動が終了限界に到達し、その結果として生じた状態が継続していることを表すものであるが、終了限界への到達は前提として言及されているにすぎない。これに対して、②は、その結果についても言及しているが、その運動が終了限界に到達したことを単なる前提としてではなく、積極的に表しているものである。さきだつ段階について、前提として言及するだけか、積極的にその実現を表しているかというちがいはあるが、①②ともにあいつづく二つの段階にかかわっているという意味で、ここに用いられているタリ・リ形はマスロフのいう《パーフェクト》を表すということができる。

2、メノマエ性

メノマエ性とは、松本泰丈（一九九三a）が、「基本的に、はなしてが自分でみていることをのべることにかかわっている」（118）とし、「テンスやアスペクトが、デキゴトをなりたたせる舞台の時間的なしくみをうけもつカテゴリーであるのに対して、メノマエ性は、直接には、時間表現にかかわる以上に、空間表現にこだわるカテゴリーだといえそうである」（118-9）と説明している文法概念である。そして、松本泰丈（一九九三b）は、奄美喜界島（大朝戸）方言の以下のようなシテアル形について、①のような例では「コトガラを実際にメノマエにみながらいっている」（894）ため、②のような例では行為の結果の状態が現にメノマエにある場合に用いられているため、メノマエ性を表す形式だとしている。

① cinǰa nuriti ai. キモノガヌレテアル．
② hamin'i misu iriti ai. カメニミソヲイレテアル．

さらに、松本泰丈（一九九六）では、メノマエ性を以下のように定義している。

さまざまなすがたで、ココに、イマ、アクチュアルにあらわれているデキゴトと、それをハナシテが目撃していることを、ある文法的なかたちに表現してつたえているとき、そこにいいあらわされている意味的な内容をメノマエ性といっておく。メノマエ性は、モーダルにはレアルな現実にかかわり、テンス＝アスペクト的には現在の状態にかかわってあらわれるなど、いくつかの文法的なカテゴリーの複合としてなりたっている。（77）

その結果、シテアル形はつぎのようなモーダルな意味をもつ。

発話時以前にアクチュアルに存在したことが、いまハナシテのメノマエにアクチュアルに存在することとのつながりのなかで、客観的な必然性にもとづく論理的な含意としてとらえられている。（90）

「ココにイマ、アクチュアルにあらわれているデキゴト」を目撃している場合に表される意味であるということから、メノマエ性が、一回的で特定の時間にむすびつけることのできる具体的な運動や状態にかかわる意味であることがしられる。

また、松本泰丈（一九九三b）は、メノマエ性が一人称ではあらわれにくいことを指摘し、「一人称のハナシテ自身の行為を、シテアル形でつたえるのが、シテの行為の証拠をメノマエにしながらのべるというしくみにそぐわないからだろう」（899）とのべ、メノマエ性と人称とのかかわりについて示唆している。

さらに松本泰丈（一九九六）では、メノマエばなれという現象にも注目し、つぎのようにのべている。

ハナシテがココに、イマ目撃しているデキゴトをいいあらわしてつたえることがメノマエ性の中心にあるとしたら、各種の意味的な側面においてそれからとおざかることによって、メノマエばなれが生じる。つまり、ここでメノマエばなれというのは、メノマエにないことを積極的にあらわそうとするのでなくて、メノマエ性から解放されて、他の意味へとうつることである。（96）

そして、③のような「目撃しながらつたえているのではなくて目撃してからしらせている」（96）文や、④のような「シテが一人称だと準備性のほうが表面化して客体の結果の状態がメノマエにあらわれることが義務的でなくなる」（97）文などが生ずることにも言及している。

③ sabaja zjo:gucinanzi usjari. ぞうりはいりぐちにおいてある。
④ waŋ se:ja.――― waga tutari. わたしのさけは。――わしがとってある。

なお、松本泰丈（一九九三b）では、奄美喜界島（大朝戸）方言のシテアル形が、メノマエ性を表さない場合として次のような例をあげ、説明をくわえている。

uɴ utaa zirooŋa utati aɴdoo. ソノウタハ二郎ガウタッテアルヨ。

このシテアル文だと、単純シタ形の utataɴdoo ウタッタヨをつかった文にくらべて、ソノウタハキミガハジメテジャナイヨ、といったニュアンスがきわだってくるようである。さっきうたったうたが、あるいはうたった行為がまだメノマエにあるかのようにとらえられる結果、過去の行為＝コトガラが単に過去のものとしてでなく、現在につながる側面をもつことになるのだろう。（902）

さらに、このような例について「メノマエ性が具体的、客観的なものから出発して、メノマエにあるかのようにのべることをへての結果、あるいはそれをたもちながらも、しっかり、丹念にのべるというのべかたのほうへと、つまり、モーダルな方向へとずれてきているのではないかとかんがえられる。メノマエ的なシテアル形に対して強調的なシテアル形といっておいてもいい」（902―3）とまとめている。

タリ・リ形はメノマエ性を表す形式でもあることによって、そのパーフェクトとしての性質も特殊なものになっている。結果、個別的意味の区別は、基本的に、パーフェクトにおけるさきだつ段階とあとをおう段階のどちらに重点があるかのちがいと同時に、メノマエ性のありなしによってもなされる。なお、その際、メノマエ性のありなしは、その文の伝達的モダリティーや、運動の人称性ともふかく関係してくるので、単純に形態論の問題としてだけ考えるわけにはいかない。

第三部　非過去形式の意味

（一）完成相ツ形、ヌ形の個別的意味

1、具体的事実の意味

古典日本語のツ形、ヌ形は、はだかの形と対比するなら、いずれにせよ完成相アスペクトに位置づけられることはうごかない。とすれば、ツ形、ヌ形の意味のちがいは、出発点的にはどうであったかは別として、共時的には完成相のアスペクト的意味の変種として説明される必要がある。ここで、過程性がなく、限界性をもつ変化動詞の完成を表すという点から見れば、ヌ形は限界到達を表すということができる。一方、ツ形は、行為動詞の完成相にあらわれるということからは限界到達の意味を表すと考えることもできるが、同じく過程性をもつものの、限界性をもたないうごき動詞にもあらわれるということからは、限界到達ではなく、動作過程を一括的にさしだす意味であると考えられる。

現代日本語においても、完成相の意味には、限界に到達したことを表す意味〈限界到達の意味〉と、ひとまとまり

ものとして一体的にさしだす意味〈一括的意味〉の二つがある。しかし、現代語においては、どちらの意味も非過去ではスル形、過去ではシタ形によって表され、いちいちの場合にそのどちらの意味での完成かはわからない。これは、限界到達の意味も、動詞の意味的な特質をはなれてみれば、限界にいたる過程における始発、過程、終結の各段階をひとまとまりものとして一括的にさしだす意味のなかに包摂できるものであるからであろう。

ところが、古典語においては、両者は区別され、〈限界到達の意味〉はヌ形で、〈一括的意味〉はツ形で表される。ツとヌがどういう動詞につくかについては、ツが他動詞でヌが自動詞、ツが意志動詞でヌが無意志動詞、ツが動作動詞でヌが変化動詞とするなどの議論があるが、コルパクチ（一九五六）はあらたに活動体主語の運動か不活動体主語の運動かという観点をいれ、次のように整理している（表5）。

	活動体主語	不活動体主語
他動詞	ツ	―
	ヌ	―
自動詞	ヌ	ヌ
	ツ（稀）	―

表 5

古典語においては、ツがあらわれるかヌがあらわれるかは、完成相のヴァリアントとしてその差異を考えなければならないとしても、出発点的にはそうではなかった可能性をこの整理は示唆している。つまり、本来的にはヌは不活動体主語の述語にあらわれるもので、ツは活動体主語の述語にあらわれるものであった可能性がある。これは、さらにふるい日本語が類型論的にいえば、活動体主語の文と不活動体主語の文の区別を、運動の主体・対象の区別より優先していた、活格類型の言語であったことを示唆するものともいえそうである。それが、ヌが活動体の主語の自動詞の述語や、一部活動体主語の他動詞の述語に範囲をひろげ、古典語のような形になったと想像させるのである。

古典語において〈限界到達の意味〉と〈一括的意味〉の区別が、ヌ形が用いられるか、ツ形が用いられるかによって区別されていることは、次のような例を検討することによってたしかめられるだろう。

①「風の吹きあげたりつる隙《ひま》より、髪いと長く、をかしげなる人こそ見えつれ。…」とのたまふ。（源氏・手習）〔「風が簾を吹き上げた隙間から髪が実に長くていかにも美しい姿の人が見えたのです」と、小野の山荘に浮舟を見いだしたことを、弟の禅師の君に中将は語る〕

まず、①のように、運動性の欠如した内的な知覚を表す状態動詞などにおいて顕著なのであるが、対象はそのまま存在しつづけていても、主体がその対象からはなれたりして、それが知覚できなくなったとき、あとからそのときの知覚活動をひとまとまりの事実としてさしだすことがしばしばある。このような場合に、ツ形は運動や状態を一括的にさしだす意味だと考えることができよう。また、それはつぎのような場合によくツ形が用いられることからもたしかめられる。

②いらへ、「『子どもに、物習はさむ』とて、後になむ。『女に、え習はさぬは。少し外の方にさし出でて、物の音など調べ置きて、かしこよりも深く入りなむ』とて、常に言ひおこせ侍りつる。」（宇津保・蔵開・下）〔「仲忠の質問に対して、『子供に習わせる』といっては、山に籠っている兄（仲頼）は楽器を持ってくるようにいい、『女には習わせず、今いる所よりもっと山深く入るつもりだ』と常に消息してきた」と仲頼の妹は答える〕

②のように、コンテキストに「常に」のような、くりかえしを表す指標をふくむ場合には、ヌ形があらわれることもあるが、ツ形があらわれることがおおい。もし、これがはだかの形でとりあげられていれば、くりかえしを構成している個々の運動はこれからも起こる可能性をもっているが、ツ形が用いられる場合にはそのような可能性は示していない。そして、発話時までに起こった運動すべてが一括的に発話時以前に具体的に位置づけられているという点で、

このツ形の意味は運動をひとまとまりのものとして一括的にさしだす意味である。

〈具体的事実の意味〉には、〈発話時以前〉、すなわち過去に起こった運動を表すものと、〈発話時以後〉、すなわち未来に起こる運動を表すものとの二つがある。ツ形は、ほとんどが発話時以前の運動を表し、以後の運動を表すものはすくない。一方、ヌ形は、もちろん発話時以前の運動を表す用法がおおいが、以後の運動を表すものもかなり見られる。

〈発話時以前〉

③　中納言、「…此家は、かれ侍らばこそ領じ侍らめ、今はいかがせむ。爰にしるべきにこそ侍れとて、いたうあばれぬさきにつくろひ侍りつる。…」とて、うちしほたれ給へば、（落窪・三）（「…この邸はあの落窪の姫君が生きていれば所有するでしょうが、生きていない今は仕方がありません。私が所有するのが当然であると存じまして、ひどく荒廃しないうちに修理いたしました。…」といって、中納言は涙ぐまれる）〈発話時以前〉

④今までも世にありへむと思はぬを背く道にも後れぬるかな（栄花・三三）（今までも生きながらえようと思わなかったのに、出家することさえ人にたちおくれてしまったことよ）〈発話時以前〉

〈発話時以後〉

⑤「…つゆにても御心ゆるしたまふさまならば、それにかへつるにても棄てはべりなまし」とて、かき抱きて出づるに、はてはいかにしつるぞと、あきれて思さる。（源氏・若菜・下）（「…少しでも自分を思う気持ちがあるなら、命を捨ててもいい」といって、柏木が抱いて出ようとするので、どうするつもりなのかと、女三宮は思う）

⑥尼君には、ことごとにも書かず、ただ、「この月の十四日になむ、草の庵まかり離れて深き山に入りはべりぬる。かひなき身をば、熊狼にも施しはべりなん。…」とのみあり。（源氏・若菜・上）（入道は尼君には詳しく書かず。ただ、「今月の十四日に草庵を捨てて、山に入ります。無用の身は熊や狼に施してやりましょう。…」とだけ消

息してきた〕

2、抽象的・一般的な意味

2・1　例示的意味

ボンダルコ（一九七一）によれば、この意味は、くりかえされるたくさんの動作の一つが、他の同様の動作についての実物教示的な理解をあたえる、例としてとりたてられる用法である。この用法においては、運動の反復性は、典型性と具体性の独特の組み合わせによって伝えられる。具体性、一回性を通じて、典型が伝わるといってもよい。この用法は、一つの具体的な事実を全体として提示するように見えるが、それは〈具体性のみせかけ〉である。コンテキストは、その運動がくりかえされることを示すからである。ロシア語におけるその表現性については、以上の説明とはややちがうが、

具体的、特定的一回的動作の生起という定義から、具体的、特定的状況への固定という条件を取り去ると、任意の一つを取りあげることになるが、任意の一つ、ということは、どれでもよいから一つ、ということだから、一つの個別を通して全員、全体について語ることになる。一つの例、個別を通しての一般化を3）例示的用法という。（7）

のように、ラスードヴァ（一九六八）がのべているのも参考になる。

なお、この意味のように時間的限定性のない、周辺的意味においては、運動の内部構造は問題にならないので、動

詞の種類ごとに用法を検討するというやり方はとらない。

①男などのうちさるがひ、ものよくいふが来たるを、物忌なれど入れつかし。〈枕・一四〇〉〔つれづれがなぐさめられるので、冗談が上手で話の面白い男が来たりすると、物忌みの時でも内にいれてしまう〈地の文〉〕

2・2　潜在的意味

この用法は、現在または未来にその運動の実現の潜在的な可能性、または不可能性があることを表現するものである。現在の瞬間には具体的運動は実現しておらず、現在に属しているのはその実現の可能性のみである。しかし、ツ・ヌ形が表す運動は、現在において実現の可能性のある運動ではなく、むしろ未来にその実現の可能性のある運動である。したがって、その事実が未来のある一定の時期に確実に起こることを示しているものと解釈されるときは、〈具体的事実の意味〉の発話時以後に起こる運動を表す用法に属することになる。

その本質において、潜在的な運動はどんな瞬間にも存在しうる恒常的なものであるという意味では、〈例示的意味〉にちかい。しかし、ここであつかう意味は基本的に個別的主体に生ずる意味であるという点で例示的意味とは異なる。同じ恒常的な事実を、〈例示的意味〉は、一回性をこえた典型として描写し、〈潜在的意味〉は、個別主体における実現の可能性として描写するものであるというちがいがある。

②儀式など例に変らねど、この世のありさまを見はてずなりぬるなどのみ思せば、よろづにつけてものあはれなり。〈源氏・御法〉〔この世の方々の行く末も最後まで見届けないで終わってしまうのかという、紫の上、晩年の心境〕

（二）　不完成相のはだかの形の個別的意味

〈具体的過程の意味〉は、はだかの形が不完成相であることを特徴づける意味で、ツ・ヌ形の〈具体的事実の意味〉と同様に一回的な具体的な運動に関するものであるが、運動の過程をとりだしているか否かでそれと対立するものである。

〈具体的過程の意味〉には、その変種として〈継続的意味〉、〈志向的意味〉、〈遂行的意味〉、〈直前的意味〉の変種を区別することができる。

〈継続的意味〉は運動の過程が継続のなかにあることを表し、はだかの形の不完成相としてのもっとも中心的な意味であるので、この意味は動詞の語彙的意味にかかわらず存在する変種である。未来における運動の成立を見通しとして表す〈志向的意味〉は、テンス的には未来を表すものの、アスペクト的には不完成相にとどまっているとみなすことができる。文によってのべられる行為がこの文を声に出すことによって実行されることを表す〈遂行的意味〉は、テンス的には現在であるが、発話が終了するまではその運動は終っていないという意味で、やはりアスペクト的には不完成的意味にふくめられるものである。

〈一般的事実の意味〉は、運動の実現の仕方や経過にかかわらず、ただ存在、または実現したものとして、運動そのものを一般的に指示する意味を表す。この意味の存在は、はだかの形が無標項であることにふかいかかわりがあり、はだかの形の個別的意味のなかでは、その頻度のたかさにおいて、基本的な意味である。この用法には、同じ事実をツ・ヌ形の〈具体的事実の意味〉でも表すことができる場合があり、そのときには、ツ・ヌ形と競合する。

〈くりかえしの意味〉と〈潜在的質的意味〉は、反復や恒常的性質などの抽象的意味を表すもので、ツ・ヌ形の〈例示的意味〉、および〈潜在的意味〉と競合する。

〈潜在的質的意味〉は、その運動の実現の潜在的な可能性を表すものであり、ツ・ヌ形の〈潜在的意味〉と類似性があるが、〈潜在的意味〉が〈例示的意味〉と同様に一つの典型的な事例に集約して表すニュアンスがあるのに対して、はだかの形の〈潜在的質的意味〉はそうした運動が起こる可能性をその主体の恒常的な特質として表す。

1、具体的過程の意味とその変種

1・1 継続的意味

〈継続的意味〉は、運動の過程が継続のなかにあることを表す意味で、はだかの形の不完成相としてのもっとも中心的な意味であるので、この意味は動詞の語彙的意味にかかわらず、存在する。

①「儺やらふとて、犬君がこれをこぼちはべりにければ、つくろひはべるぞ」とて、いと大事と思いたり。〔源氏・紅葉賀〕〔姫君が人形を忙しそうに並べながら、「追儺《ついな》をするといって、犬君がこれをこわしてしまったので、つくろっております」という〕

現代日本語のシテイル形には継続的意味として、動作の継続の意味と変化の結果の継続の意味と二つの変種があるが、古典語のはだかの形には継続的意味として存在するのは、動作の継続のみである。変化の結果の継続はタリ・リ形によって表される。したがって、動作動詞では古典語のはだかの形の意味は、現代語のシテイル形に対応するが、変化の結果の継続の意味は表さないので、変化動詞などの過程性は、変化の進行の過程を表すか、または限界到達の直前の段階を表すにとどまる。

1・2　志向的意味

〈志向的意味〉は、おもに移動動詞にあらわれ、運動の目標を達成しようとする志向があることを表す。結果として、未来の時点において目標に到達し、運動が成立することを表すことになる。テンス的には未来を表すが、アスペクト的には不完成相にとどまっている。

②「夜半に、こはなぞと歩《ママ》かせたまふ」と、さかしがりて、外ざまへ来。いと憎くて、「あらず。ここもとへ出づるぞ」とて、君を押し出でたてまつるに、（源氏・空蝉）〔「これはまあ、どうして夜半にお出歩きなされます」と、世話やき顔をして女房が戸口の方へやってくる。小君は実際憎らしいやつだと思って、「何でもないよ。ただ、ここへ出るだけだ」といって、源氏の君を押し出しもうしあげる〕

〈志向的意味〉は、〈継続的意味〉から派生したものと思われる。それはつぎの③のような例からうかがうことができる。③で、尼君の歌は、京へ向かう船中で歌われた歌であるから、「こぎかへる」は、移動動作の過程にあることを表しているものと考えられるが、これから京へ向かうという志向を表しているものと考えることもできる。移動動詞は限界動詞であるから、その過程をとりだすと、京への到着という限界を目標とした運動の過程になる。そうした過程の表現のなかで、その先にある未来における到着を志向するという意味が胚胎しても不思議ではない。ここに〈志向的意味〉が生ずる基盤があると考えられる。

③辰の刻に舟出したまふ。…ここら年を経て、いまさらに帰るも、なほ思ひ尽きせず、尼君は泣きたまふ。

かの岸に心よりにしあま舟のそむきしかたにこぎかへるかな（源氏・松風）

〔明石の上を伴い、京へ向かって明石の浦を出立した母の尼君は、長い年月を経て、いまさら京に帰る感慨に耐

えず、泣きながら、船中で、「尼となって一旦捨て去った京の方向へふたたび漕ぎ帰っています」と詠ずる〕

志向的意味は、基本的には②のような一人称ののべたてか、④のような二人称のたずねにあらわれるのであるが、⑤のように、未来の出来事を表すものは、三人称の運動にあらわれる例も見いだしうる。しかし、そうした例となると、ほとんど現代日本語の完成相スル形の用法とかわらなくなる。

④人知れず口惜しうおぼしけるに、明日になりて、「姫君は、今宵やわたし給」と聞え給へば、〔狭衣・三〕〔若君の袴着は大臣邸ではできないかと、狭衣が心中ひそかに残念に思っておられたところ、若君の袴着が明日に迫ったときに、一品の宮が、「あの姫君は、今日堀川の大臣のもとにお移しなさいますか」とおっしゃる〕

⑤播磨守は、国にて、え知らざりければ、人をなむ遣りける。「左の大臣殿の北の方、この君にかうかうの事し出で給へり。此月の廿八日になん舟に乗り給ふ。その国に着き給はん、あるじまうけ給へ」といひたれば、〔落窪・四〕〔長男の播磨守は、任国にいて、妹の四の君の結婚を知ることができなかったので、弟の少将は使いを遣って「左大臣様の北の方が、四の君によい縁談を世話してくださいました。この月の二十八日に権帥夫妻は乗船なさいます。あなたの任国にお着きになった時、歓迎の支度をしてください」といってやる〕

〈志向的意味〉は、ツ・ヌ形の〈具体的事実の意味〉の発話時以後の運動を表す意味と競合する。しかし、ツ・ヌ形の発話時以後の運動を表す意味は、完成相が発話時と同時の運動を表すことができないため、発話時以後に実現の時点がずれざるをえなかったものであるから、完成相を表すというツ・ヌ形の一般的意味に合致するものである。それに対して、〈志向的意味〉は、志向性というモーダルな意味にささえられることによって、未来の運動を表すが、〈具体的過程の意味〉の変種として位置づけられ、アスペクト的には不完成相にとどまっていると見られる。この用法が断定法の側から、意志というモーダルな意味を胚胎して未来の出来事を表す意味を獲得しようとするものであるとすれば、推量のム形式は、推量法の側から、モーダルな意味を減じて未来の出来事を表す意味を獲得しようとするという、逆のモメントをもっているものといえよう。

1・3 遂行的意味

〈遂行文〉とは、それを声に出していうことがまさに行為であるような文、コムリー(一九七六)にしたがえば、文によってのべられる行為がこの文を声に出すことによって実行されることになる文である。たとえば、お願いをするときに、頭をさげるかわりに「お願いします」と口でいったような文で、一人称で用いられ、それによって描写される運動が場面に存在しない場合にあらわれる。テンス的には、発話時間内に運動時間がぴったりおさまるのだから、現在である。アスペクト的には、発話が終了するまではその運動は終っていないという意味で、アスペクト的には不完成的意味にふくめられるものである。

⑥をばの殿ばら宮づかへしけるが、今は和泉守の妻にてゐたりけるがり文遣る。「とみなる事にてとどめ侍らぬ。恥づかしき人の、方違に曹司に物し給べき几帳一つ。…」と、はしりかきてやりたれば、「…几帳奉る」とて、紫苑色のはり綿などおこせたり。(落窪・一)〔自分の叔母で、宮仕えしていたのが、今は和泉守の妻になっていた人のもとに、阿漕は手紙を送る。「急なことで、お頼みしないではいられないことです。私の知っている立派なお方が、方違えで、私の部屋にいらっしゃるはずなので、几帳一つをお貸しください。…」と走書きして、使いを遣ると、「…几帳も差し上げます」といって、紫苑色のはり綿の衣をよこした〕

⑥は、口頭でなく手紙文であるが、「几帳奉る」も遂行文であると考えられる。受けとった側は送られてきた布生

地を見ながら手紙を読んでいるので、授受の行為を手紙文によって説明しているものととれば、後に説明する〈一般的事実の意味〉の説明の用法にもとれないことはない。⑦は一人称ではなく、形式上は三人称の文であるが、実質的には遂行文であると思われる。

⑦「ただここもとに、人伝ならで申すべき事」などいへば、さし出でて問ふに、「これ、頭の殿の奉らせ給ふ。御返りごととく」といふ。（枕・八二）〔主殿司《とのもづかさ》が「直接私から、お取次ぎでなく申し上ぐべき事がございます」というので、出て行って聞くと、主殿司は「これは、頭の殿からあなたにおさし上げになるお手紙でございます。ご返事をすぐに」という〕

⑦で、手紙を奉るという行為は清少納言の手に手紙がわたってはじめて成立するのであって、今の段階では取次ぎの主殿司の手にある途中の段階だから、この「奉る」という形は完成的意味ではないことはあきらかである。さらに、これは、「頭のたてまつる」とのべることが、頭から授与するという行為に相当しているといえるので、一人称ではないが、遂行文に準ずると考えたものである。しかし、このような例になると、手紙をわたしながら「奉る」といっているので、眼前の動作を言葉で説明しているという面が強くなり、〈一般的事実の意味〉の説明の用法とまぎらわしくなる。

1・4　直前的意味

動詞の語彙的意味に時間の経過とともに運動が進展するという性質のない限界動詞がある。いわゆる瞬間動詞で表される運動がそれである。これらにおける、はだかの形の意味は、その運動が限界に達する直前にあるという意味になる。

⑧日うち暮るるほどまうづるは、こもるなめり。小法師ばらの、持ちあるくべうもあらぬに、屏風のたかきを、いとよく進退して、畳などをうち置くと見れば、局に立てて、犬防に簾さらさらとうちかくる、いみじうしつきたり、やすげなり。（枕・一二〇）〔日も暮れるころにお参りするのは、今晩から参籠しようという人らしい。小坊主たちが、持ち運べそうにもないのに、鬼屏風の丈の高いのをいとも器用に持ち運んで、畳などを置くと見るまに、局にし立てあげて、犬防ぎに簾をさらさらとかける、その手順というものは仕事に馴れきったふうで屈託がない〕

この意味になる場合は、動詞はいわゆる終止形であるが、あとの文とは、「…と見れば、…と見るに、…と見る間に」のような表現を介してつながっている。この点から、一種の従属文としてはたらいていると見ると、これらは主文との同時性を表しているとみることができる。その時点は、「置くか置かないうちに」などとも訳せるように、運動が限界に達するかどうかという瞬間を表しており、限界に到達しているとも、いないとも明確にしていないという意味で不完成的アスペクトを表している。なお、この用法はツ・ヌ形式にはない。

2、一般的事実の意味

運動のあり方、ないしはその経過がどのようなものであるかということにかかわらず、運動を一般的に指示する意味である。したがって、運動が一回的か反復的かや、持続的か瞬間的かということは問題にならない。この用法は、その運動が存在することが発話の前提となっていて、その事実性は文脈からすでにあきらかであり、完成的か否かを特に表す必要がないときにあらわれることがおおい。したがって、この用法は、すでに完成した運動をとりあげているが、ことさらに完成相形式を用いず、はだかの形ですませたものであるということもできる。実際の文脈においては、その意味は一回的に完成した具体的な運動を指示しているものとしても、また単にその運動の存在を確認しているだけであるものであるとしても、どちらでもいい場合がある。したがって、はだかの形の〈一般的事実の意味〉は、ツ・ヌ形の〈具体的事実の意味〉と競合し、同じ環境でどちらもあらわれうる。この意味には、運動の存在非存在、または実現非実現だけを単純に指示する場合と、その運動だけでなく、それと同様な他の運動もそれに帰属させることのできる、一般的な運動を表す場合との二つがある。ただ、両者は截然とわけられるものではなく、一つの例がどちらにもとらえることができる。前者は、疑問、理由、説明、来臨などを表す文におおく見られる。また、後者は、評価、問い返し、感嘆、反語などを表す文によくあらわれる。

〈言語活動〉

引用文をともなった、言語活動を表す動詞は、引用の内容に焦点があるので、引用動詞そのものには焦点がない。したがって、すでに完成した言語活動を指示するが、その存在が表されるのみである。

①「…『男は田舎にまかりて、妻なん若く事好みて、はらからなど宮仕人にて来通ふ』と申す。…」と聞こゆ。(源氏・夕顔)〔「…『亭主は田舎に出かけていて、細君が若く風流好みで、その姉妹などが宮仕人で、出入りする』と宿守は申します」と惟光は申し上げる〕

〈疑問〉

運動の存在自体をとう疑問文と、運動の存在は前提としてその構成や条件などをとうものとの二種類があるが、両者ともに運動についてはその存在のみを問題にしているものといえる。

②その後、こなたかなたより、文などやりたまふべし。いづれも返り事見えず。…、中将はまいて心いられしけり。例の隔てきこえたまはぬ心にて、「しかじかの返り事は見たまふや。こころみにかすめたりしこそ、はしたなくてやみにしか」と愁ふれば、〔源氏・末摘花〕〔末摘花に、源氏と頭中将の両方から手紙をやるが、返事がないので、あせった頭中将は何一つ隠しておけない性分なので、「しかじかの御返事は御覧になりましたか。試しに気持ちをほのめかしてみましたところ、具合の悪い終わりかたになってしまいました」と源氏に愚痴をこぼす〕

③「いかなる行き触れにかからせたまふぞや。述べやらせたまふことこそ、まことと思ひたまへられね」と言ふに〔源氏・夕顔〕〔源氏がけがれに触れたといって引きこもっているのに対して、頭中将は、「本当はどんなけがれにお触れになったのか。おっしゃっていることは本当とは思えません」と、源氏をとい詰める〕

〈理由〉

運動の存在が前提になっていて、それをひきおこした理由が問題にされる場合である。

④「かくな思しめしそ。やすらかに思しなせ、とてこそ聞こえさせはべれ。…」と、心知りたるかぎりは、みなかく思ひ乱れ騒ぐに、〔源氏・浮舟〕〔薫と匂宮の板挟みになって死にたいともらす浮舟を力づけようと、姉がまきこまれた事件の話しをした右近は、「そんなにご案じなさいますな。お気持を楽になさるようにと思ってこんな話しを申し上げるのでございます。…」などといい、他の事情の分かっている者も心配し取り乱している〕

〈説明〉

ある運動がおこっていて、その運動の根拠や背景が問題にされる場合である。眼前描写的性格をもつことがおおい。

⑤中納言の御よろこびに、前尚侍の君に参りたまへり。御前の庭にて拝したてまつりたまふ。…「よろこびなどは、心にはいとしも思ひたまへねども、まづ御覧ぜられにこそ参りはべれ。…」と申したまふ。（源氏・竹河）〔中納言が新任のお礼の挨拶回りに玉鬘のもとに参上なさった。御座所の前の庭で拝舞申される。…「祝い事など、さほどのことも存じませんが、何よりもまずお目にかかりたくて参上いたしました」と申される〕

〈来臨〉

人の到着の説明に用いられるものである。これも眼前描写的性格をもつ。

⑥三日、また申のときに、一日よりも、けにののしりてくるを、「おはしますおはします」とゆひつづくるを、一日のやうにもこそあれ、かたはらいたしと思ひつつ、（蜻蛉・中）〔三日、また申の時に、先日よりもいっそうやかましく兼家が先払いして来るので、「おいでです、おいでです」と侍女たちがしきりにいうけれども、このあいだの素通りのようなことになったら困ると、心苦しくつらいことだと思う〕

〈評価〉

すでに成立した運動についての評価をつたえる文において用いられているものである。表現の内容が、特定のある出来事だけでなく、それと同様な他の出来事にもあてはめることのできる、一般的な運動を名づけるという性格もある。したがって、運動の時間的あり方は問題外となり、その存在のみが問題になっているものである。

⑦「朔日《ついたち》などには、かならずしも内裏へ参るまじう思ひたまふるに、何にかくいそがせたまふらん」と聞こえた

まへば、「などてかさもあらん。老いくづほれたらむ人のやうにも、のたまふかな」とのたまへば、（源氏・少女）〔雲居雁と引き離された夕霧が意気消沈して、新年の参内もおっくうがっているのを、「耄碌《もうろく》した老人みたいにおっしゃることだ」と、大宮がたしなめる〕

〈感嘆〉

当該の運動がおこったことが、おもいがけないこととして認識される場合である。

⑧にはかにおりゐさせたまひぬ。世の人、「飽かずさかりの御世を、かくのがれたまふこと」と惜しみ嘆けど、（源氏・若菜・下）〔冷泉帝が急に御退位あそばされた。「世の人々は、まだまだお若く盛んな御代を、こうも急にお退きあそばされる」と惜しみ嘆く〕

〈問い返し〉

話し手のいったことについて、聞き手が、そんなことが一般的にありうるのかという意味で文全体を疑問の対象にするものである。

⑨雨降りし日、来あひたりし御使どもぞ、今日も来たりける。殿の御随身、かの少輔が家にて時々見る男なれば、「まうとは、何しにここにはたびたびは参るぞ」と問ふ。「私にとぶらふべき人のもとに参うで来るなり」と言ふ。「私の人にや艶なる文はさし取らする。けしきあるまうとかな。もの隠しはなぞ」と言ふ。（源氏・浮舟）〔匂宮の使者と宇治で偶然鉢合わせをした薫の随身が、やってきた理由をとうと、匂宮の使者は「自分の恋人に文を渡しにきたのだ」というので、「（自分の恋人だったら、手紙をわたす必要はないのに）お前は自分の恋人に自分で恋文

を渡すのか。…」という〕

〈反語〉

修辞疑問、すなわち反語の文に用いられているものである。反語の文ももともと疑問文であるから、運動の存在自体をとう疑問文と、運動の存在は前提としてその構成や条件などをとうものとの二種類があるが、両者ともに運動についてはその存在のみを問題にしているものと考えられる。

⑩「…わざとの妻にもあらざなりとはいかでか知り給。いとさいふばかりなき人にもあらぬを」との給へば、(落窪・二)〔中将に面会した乳母が、婿に中将をのぞむ右大臣が、現在二条邸にいる落窪の君を身分の低いものと考えているという話を伝えると、中将は「二条邸にいる女君をれっきとした本妻でないとは、どうして右大臣がご存知か。女君は十分本妻になり得る身分の人なのに」とおっしゃる〕

⑪むすびける契りことなる下紐をただひとすぢにうらみやはする(源氏・宿木)〔「他の人と結ばれた人を今さらどうして一本気に恨みなどしましょうか」と詠んで、薫は中の君に送る品物に添えた〕

3、抽象的・一般的な意味

3・1 くりかえしの意味

一般に〈反復〉といわれる用法である。ミクロの運動によってなりたっているマクロの出来事を表しているが、あくまでも名づけ的意味はミクロの運動とかわらず、それがくりかえされることを表しているのみである。くりかえし全体というマクロの出来事に注目すると、そのテンス的性質は、広い意味での現在に属することを表すものであるが、それを構成する個々のミクロの出来事に注目すると、それが発話時の周辺のどこかで起こる可能性をのべているだけで、具体的にどこか特定の時点でそれが起こることは表してはいない。なお、この場合、くりかえし全体はすでにはじまっており、これからもつづくものととらえられているので、〈具体的過程の意味〉の継続的意味を表す用法からの派生であると考えることができる。なお、一回性のある具体的な運動を表す動詞にはあるが、状態性や恒常性のある動詞や、反復を下位動作としてふくむ活動動詞などには見いだしにくい。

①いとあやしき宿守の翁を呼びて率て来たり。「おはしまさばはや。いたづらなる院の寝殿にこそはべるめれ。物詣の人は常にぞ宿りたまふ」と言へば、(源氏・手習)〔「お泊りになるなら、お早く。役にも立たない建物ですが、物詣の人はいつもお泊りになっています」といって、宇治の院の宿守は僧都らを快く迎える〕

3・2　潜在的質的意味

この意味においては、運動の実現の潜在的可能性が発話時点において存在していることが表されており、しばしばそれは主体の特質として表現される。特定の時点に定位されない運動が問題になるので、この意味は〈くりかしの意味〉にもちかい。しかし、反復的または習慣的な運動の現実的な経過が表現されているのではなく、その運動の実現の可能性やその実現の能力が表現されているのである。なお、ツ・ヌ形の〈潜在的意味〉とはちがって、この場合は運動のまるごと性は表現されない。したがって、ツ・ヌ形の〈潜在的意味〉が、運動がまるごと未来に起こる可能性を表すのに対して、これは現在をふくむすべての時間における生起の可能性を表し、主語の特質を示すことになる。なお、この意味は、〈くりかえしの意味〉において、そのくりかえされる運動が主語の属性としてとらえなおされた結果生じたものと考えることができる。

②「狐の人に変化するとは、昔より聞けど、まだ見ぬものなり」とて、わざと下りておはす。（源氏・手習）〔「きつねが人に化けるということは昔から聞いているけれども、まだ見たことがない」といって、僧都は下に降りる〕

（三）タリ・リ形の個別的意味

1、変化の結果の継続

マスロフのアスペクト論などで〈状態パーフェクト〉といわれる意味は、タリ・リ形の個別的意味としては、現代日本語で一般に通用している用語にならって、〈変化の結果の継続〉とよぶことにする。この意味になる動詞はいろいろの種類にわたるが、基本的に限界動詞である。

①ありつる子の声にて、「ものけたまはる。いづくにおはしますぞ」とかれたる声のをかしきにて言へば、「ここにぞ臥したる。…」と言ふ。（源氏・帚木）〔「どこにいらっしゃるのか」と小君が聞くと、空蝉が、「自分はここで横になっている」と答える〕

②「こは、など。かく鎖し固めたる。あな埋れや。…」とうめきたまふ。（源氏・横笛）〔夜遅く帰宅したが、雲居雁が怒って起きて来ないので、夕霧は「どうしてなんだ。こんなふうに鍵をかけているなんて。ええ、もううっとうしい。…」と不満げにいう〕

行為動詞の場合には、タリ・リ形の表す結果の状態の意味は、主体の変化した結果の状態であるか、対象の変化した結果の状態であるかによって、二つに区別される。行為動詞においては、①のような主体の動作によって主体が変化することを表す動詞の場合は主体の変化した結果の状態を表し、②の「鎖し固む」、のような対象にはたらきかけ、対象を変化させる動詞においては、対象の変化した結果の状態を表す。現代語においては、おもに主体が変化した結果の状態を表すシテイルに対して、対象の変化した結果の状態しか表さないシテアルが分化していて、②のような意味は普通シテアルで表す。そして、シテアルで表したときは、「公園に木が植えてある」のように、「植える」という運動の主体はもはや主語ではなく、主語は対象である「木」であるということになる。古典語においては、次の③のように、動作対象がヲ格であらわれたり、動作主体をうやまう敬語が出現する場合もしばしばあり、現代語のシテアル文にくらべて他動詞文性がたもたれる場合がおおいようである。

③「同じ柴の庵なれど、すこし涼しき水の流れも御覧ぜさせん」と、せちに聞こえたまへば、…、あはれなりつるありさまもいぶかしくておはしぬ。げに、いと心ことによしありて、同じ木草をも植ゑなしたまへり。月もなきころなれば、遣水に篝火《かがりび》ともし、燈籠などもまゐりたり。南面いときよげにしつらひたまへり。（源氏・若紫）
〔源氏は、僧都の誘いに応じ、若紫のことも気になるので僧坊へと足を運び、僧坊の庭の様子を見る〕

2、パーフェクト

ここでパーフェクトとよぶ用法は、さきにのべた〈動作パーフェクト〉である。マスロフの動作パーフェクトの規定にしたがうなら、あとをおう段階における結果の継続の意味は、背後にしりぞいて、さきだつ段階における運動の成立が中心的な意味をもつ用法である。しかし、古典日本語のパーフェクトは、おおわくではこの〈動作パーフェクト〉の規定のうちにおさまるが、より状態パーフェクトにちかい。ひとことでいえば、古典日本語のパーフェクトは、運動が完成し、運動の成立した結果、または痕跡がなんらかの形で場面に存在することを表すものである。また、古典日本語においては、パーフェクトの用法は、メノマエ性がからむことによって、現代語にはない複雑な様相をおびる。

古典語のパーフェクトの特徴は、まず第一に、いまものべたように、運動の完成も表現はしているが、むしろその結果や痕跡の存在を表現することに眼目がある。これは、運動の成立した結果、または痕跡が存在しなければ用いられないということであるから、動詞がなんらかの結果をうみだす動詞であるか、なんらかの痕跡が生じているコンテキストがなければならないということである。

第二の特徴は、基本的に、運動の成立した結果、または痕跡が話し手によって目撃されているというコンテキストのなかで、運動の成立をとりあげるものであるということである。これは、運動の成立した結果、または痕跡は、話し手によって目撃されていることになる。しかし、これは、結果、または痕跡が発話場面に存在せず、話し手がそれを目撃はしていない場合もあることを否定するものではない。ただし、その場合でも、結果、または痕跡は発話場面に存在するかのようにあつかわれ、それがアクチュアルに存在することを通じて、それをうみだした運動もアクチュアルであることが保障されるというしくみになっている。

①北の方にも、「この帯、出で来たり」とも申し給はず。（宇津保・忠こそ）〔「なくなっていたこの帯が出てきた」と千蔭は北の方にもいわなかった〕

②むげにあるまじき由を奏し給へば、「いで何か。そのうちうちのことどもも、みな聞きたり。…」と仰せらるれば、（狭衣・二）〔狭衣が琴を弾けという帝の所望を断ると、帝は「どうして、お前が隠している琴の楽才は、私は皆聞いている。…」とおっしゃる〕

例①のようなタリ・リ形の表す意味を、ここでは〈運動の成立と結果・痕跡の存在〉ということにする。〈運動の成立と結果・痕跡の存在〉の用法の中心は、メノマエ性にいろどられ、結果や痕跡が話し手から目撃されているという特徴のあるものがしめている。現代日本語においては、効力が経歴・記録などの証拠として存在していることを表す用法を、〈経歴・記録〉の用法というが、古典日本語にも〈経歴・記録〉の用法はあり、例②がそれにあたる。〈運動の成立と結果・痕跡の存在〉の意味が、話し手のメノマエにあるその証拠が現実的なものである場合であるとすれば、〈経歴・記録〉の用法は、それが話し手の目撃することのできない抽象的なものである場合であるということになろう。ただし、これはパーフェクト的意味とメノマエ性の有無が完全に連動するということではなく、〈運動の成立と結果・痕跡の存在〉の意味でもメノマエ性の希薄なものもあるということは当然のこととして認められる。

さらに古典日本語のパーフェクトは、メノマエ性がらみで、さらに別の用法ももつ。それは、松本（一九九三b）が奄美方言のシテアル形について強調的なシテアル形といったものに相当するものである。この用法は、〈経歴・記録〉にも近いが、ここにいたればもはやパーフェクトともいいにくく、過去形といってもよいものである。そこで、これを〈以前の実現〉と称することにする。

2・1　運動の成立と結果・痕跡の存在

この用法は、基本的には運動の成立があとをおう段階において目に見えるかたちで結果をもっていることを表すものである。

③何くれと言長き御答へ聞こえたまふこともなく、思しやすらふに、寄りたまひて、御几帳の帷子を一重うちかけたまふにあはせて、さと光るもの、紙燭《しそく》をさし出でたるか、とあきれたり。（源氏・螢）〔兵部卿宮への返事を

申し上げるでもなく、玉鬘がためらっていらっしゃるところへ、源氏が近寄って几帳の帷子を一枚横木に掛けると同時に、さっと光るものが目にはいったので、紙燭を差し出したのかと、玉鬘はびっくりした」

③は、なんらかの運動の結果として生じているはずの光の存在についてのべているものである。語り手は玉鬘の立場にたって叙述しているが、その玉鬘は、光りをもたらした原因が何かは本当は認知していない。したがって、紙燭をさしだしたという運動は、一つの解釈の可能性としてしか提示できず、疑念を表すため助辞「か」をとる必要ができている。

奄美方言に見られるメノマエ性を表す行為動詞のシテアル形の表現は、運動の主体および運動そのものは目撃しておらず、その結果や痕跡のみを目撃していることを表すものであった。この点においては、奄美方言も古典日本語も基本的におなじなのである。

ただ、奄美方言ではそうした場合でも断定の文ですむようであるが、古典語ではしばしば疑念が同時に表現される。運動そのものは目撃されておらず、目撃されているのは結果または痕跡として生じた現象だけであるのだから、それをもたらした運動が可能的なものとしてあつかわれることは理由のないことではない。

2・2　経歴・記録

その運動の成立が発話時点においても効力があることが、主体の経歴として存在していることや、またはその運動の成立についての記録が存在していることによってたしかめられるのがこの意味である。しかし、この意味においては、経歴そのものは抽象的で目に見えるものではないし、記録そのものも必ずしも発話場面に存在しているわけでない。

④かくて、暁方になりて、上、「かかる、理なり。この母皇女は、昔名高かりける姫、手書き、歌詠みなりけり。院の御姉の、女御腹なりけり。さりける人の、さる折々にし置きたりけることなれば、かくいみじきなり。これは、女一の宮には見せたりや」。〔宇津保・蔵開・中〕〔仲忠の講義が明け方になったころ、帝は「このようなすばらしい内容であるのも道理だ。この俊蔭の母皇女は、昔、名高かった姫君で、しかも能筆で歌詠みでもあった。嵯峨院の御姉にあたる方で、女御腹であった。そのような方が、折々書き込まれたものだからこそ、このように優れているのであろう。これは、女一宮には見せたか」と聞く〕

⑤かの宮よりは、「なほかう参り来ることもいと難きを、思ひわびて、近う渡いたてまつるべき事をなむ、たばかり出でたる」と聞こえたまへり。〔源氏・総角〕〔匂宮から中の君へ「宇治に行くことは思うようにならないので、近いところへお迎え申し上げる手筈を整えてあります」としらせてくる〕

④において、俊蔭夫妻の残した歌集を妻の女一宮に見せたかという質問は、もちろん見せるという運動の成立もといただしているが、同時にその効力である、女一宮がその存在を現在しっているかどうかも問題にしているという意味で、経歴・記録の意味である。⑤は、一人称で、準備的意味のニュアンスのある場合である。これは、匂宮が、都に中の君を迎えるための住まいの用意などを整えているということであるが、その住まいが発話時においてメノマエにあるわけではなく、したがって、運動の対象にメノマエ性があるわけではない。しかし、そうした準備ができあがっていることは表明されている。このような準備のニュアンスのある用法も、準備を抽象的な効力と考えるなら、経歴・記録の意味に入れてよいものと思われる。この用法は、松本泰丈が、過去の行為が「まだメノマエにあるかのようにとらえられる結果、過去の行為＝コトガラが単に過去のものとしてでなく、現在につながる側面をもつことになる」と説明しているものにあたるだろう。

2・3　以前の実現

松本（一九九三b）が奄美方言のシテアル形について強調的なシテアル形といったものに相当するものである。メノマエに証拠があることにもとづいて、運動の成立を表す性質をもつため、タリ・リ形で表されることがらはつよい確実性をもつ。それがさらにすすむと、証拠がメノマエになくても、あたかもメノマエにあるかのようにとらえ、運動が発話時以前にアクチュアルに存在したことを論理的な含意として示すようになる。そうした過程をへて、つよい確実性を表す意味がやきつけられてきたものと思われる。この用法は、〈経歴・記録〉にちかいが、効力が明確に存在しないので、もはやパーフェクトとはいいにくく、むしろ過去にちかい。しかし、過去形のように絶対的なテンスを表すわけではないので、〈以前の実現〉といっておく。タリ・リ形がこの意味で用いられる例は、次のような報告の文においてよく見られる。

⑥平中納言、大将殿にまうで給ひて、侍におはす中将の君に対面し給へり。中納言、「『久しく候はぬかしこまり聞こえむ』とてなむ候ひつる」とのたまへば、「御消息聞こえむ」とて入りぬ。おとどに、「平中納言、参り給へり」と聞こえ給ふ。（宇津保・嵯峨の院）（平中納言は左大将邸に参上なさって、侍所においでになった中将の君にお会いになった。平中納言が、「長い間ごぶさたしておりましたお詫びを申し上げようと思ってまいりました」とおっしゃると、中将の君は、「おいでになったことをお伝えしましょう」といって、奥へ入った。中将の君が左大将に、「平中納言がおいでになりました」とお取り次ぎ申される）

⑥で、中将の君が大将殿に「平中納言がいらっしゃった」と伝達する部屋には、平中納言はいないから、中将の君からも大将殿からも平中納言は目撃できない。しかし、侍所もふくむ大将の屋敷というように発話場面をひろくとれば、発話時において平中納言が屋敷に存在していることはたしかである。なお、これは貴人の来臨の現場にのぞんで、

それを言葉で説明するという意味で、眼前描写的な説明性もあり、その点では〈一般的事実の意味〉とも用法的にちかい。

3、恒常的状態

恒常的状態とは、最初からそうであり、永遠にそうであるような状態、いいかえるなら過去から未来にわたる時間軸上をあますところなくすべておおっているような状態である。状態動詞、態度動詞、活動動詞、特性・関係動詞においては、タリ・リ形はこの恒常的状態を表す。「おぼゆ」は、はだかの形では状態動詞として具体的過程の意味を表し、タリ・リ形では特性・関係動詞として恒常的状態を表す。

①時々うけたまはる御琵琶の音なむ昔おぼえはべる。（源氏・紅梅）〔時々お聞きする琵琶の音色は、昔が思いだされます〕

②「大臣は、ねびまさりたまふままに、故院にいとようこそおぼえたてまつりたまへれ。…」など、思ひ出できこえたまひて、（源氏・竹河）〔玉鬘は、「夕霧大臣は、年をおとりなさるにつれて、故源氏の君にとてもよく似通い申していらっしゃる。…」などと、昔を思いだしている〕

おそらく、①のような、昔の音色をその琵琶を聞くたびに思いだすということから、そのあいだに類似関係があるという意味が生じたのであろうと思われるが、「おぼえたり」は「にている」という特殊な語彙的意味をもつようになり、古典語のなかですでに、「おぼゆ」というはだかの形との関係はきれている。

なお、メノマエ性がからむことによって、態度動詞においては、客観性を表す性質がつよくなり、恒常性は後退する。その結果、「にる」のような、特性・関係動詞はもっぱら恒常的状態を表すが、「おもふ」のような態度動詞は恒常的状態とともに客観的状態の意味も表すことになる。

③中納言、「何ごとにか侍らむ。見侍らばや」。「『人に、な見せそ』とあれば」とて見せ給はねば、「わが君は、思し隔てたるこそ」とて、手をさし入れて取りつ。（宇津保・蔵開・上）〈藤壺から女一宮に消息がきた。仲忠が「見たい」というと、女一宮が、「人に見せるなと書いてあるので、見せない」という。仲忠は「分け隔てをなさっている」といって、取る〉

③は、「分け隔てをする」という女一宮の態度は生活のなかで一貫して継続しているものであるから、恒常的状態を表している。女一宮が「分け隔てをする」気持ちをもっていることは、藤壺からの消息を見せないといったという女一宮の言動によって客観性が付与されている。

ところで、態度動詞、特性・関係動詞においては、タリ・リ形だけではなく、次のようにはだかの形も〈恒常的状態〉の意味を表すことがある。それは、これらが奥田のいうように「恒常的な、ポテンシャルな特性のごとく文のなかにあらわれて」主体を特徴づける動詞であることによるものであろう。

④「三の宮うらやましく、さるべき御ゆかりそひて、親しく見たてまつりたまふを、うらやみはべる。…」とのたまふにぞ、すこし耳とまりたまふ。（源氏・朝顔）〈女五宮が、「三宮（葵上の母）がうらやましい身の上で、ちゃんと源氏のようなゆかりのかたがおできになって親身に世話をなさっていらっしゃるのをうらやんでおります。…」とおっしゃるのも少し源氏の耳にとまる〉

第四部　過去形式の諸問題

（一）キ形とケリ形のちがい

①右近ぞ、「さもあらじ。かの御乳母の、ひき据ゑて、すずろに語り愁へし気色、もて離れてぞ言ひし。宮も、逢ひても逢はぬやうなる心ばへにこそうちうそぶき口ずさびたまひしか」。（源氏・東屋）〔右近は中の君の心配を否定し、「浮舟の乳母が自分をつかまえて私に愚痴をこぼした様子では、何もないようにいっていました。私が見たところでも、匂宮も何もなかったかのような歌を口ずさんでいらっしゃった」と、見聞を伝える〕

②御前駆《さき》追ふ声のいかめしきにぞ、「殿は今こそ出でさせたまひけれ。いづれの隈《くま》におはしましつらん。…」と言ひあへり（源氏・少女）〔さきを追う声が盛大なのを聞いて、「殿様は今おでになったのだ。これまでどこにかくれていらしたのだろう」と女房たちがいい合っている〕

キのついた述語の形（キ形）とケリのついた述語の形（ケリ形）のちがいについてはじめて正面から問題にしたのは、トルコ語の目睹回想（経験回想）-di と伝承回想（非経験回想）-miş のちがいとキとケリのちがいとが一致するとした細江逸記（一九三二）である。細江の考え方は、キ形とケリ形が、主観的な回想というムード的意味をもつと考え、その回想性が両者において上述のような差をもつと考えたものである。

細江のような見方に問題点があるとすれば、キ形が過去を表すことは一般的に認められているところであるが、ケリ形が同様に過去テンスを表すものかどうかという点である。たしかに、ケリ形には、「昔」などと共起する時間的にとおい時点の出来事を表す例がおおいことはすでに指摘したが、いわゆる詠嘆の意味を表すといわれる例には、例②のような現在の出来事や恒常的事態を表すものもしばしば見いだされる。また、語りの文などでは、物語の現場に先行する出来事ではなく、同時的な出来事を表している。

細江のいうような、出来事が、目でとらえられたことであるか、他人から聞いたことであるかというちがいは、情報のでどころについての区別で、このような情報のでどころについて指示する文法的カテゴリーは evidentiality〈証拠性〉といわれる（Aikhenvald 2004）。伝聞の意味をもつことはたしかだから、ケリ形は、文法的意味として、この evidentiality の意味を表すといってよい。

しかし、キ形はほんとうに目でとらえた情報であるという、evidential な意味を表すといえるであろうか。ケリ形に evidential な意味があるとしても、キ形は、evidential な意味をもたないのではないかという疑問が生ずる。もしそうなら、キ形とケリ形のちがいを evidentiality にもとづいて区別できるという根拠はうすくなる。そしてさらに問題であるのは、evidentiality にもとづいて両者を区別するという背景に、両者ともにテンスとして過去を表すということが大前提として認められているということにも問題がある。

これらのような疑問が妥当だとすると、キ形とケリ形は過去という共通性をもっているうえで、evidentiality において対立するのではなく、キ形は、テンスを表すという特徴をもつのに対して、ケリ形は、evidential な意味を表すという特徴をもつといえば十分であることになる。

キ形が過去を表すということは、例①を見るまでもなく、そう認定することに異論はないだろう。問題は、キ形は、①のように常に積極的に目撃したり直接に聞いたりしたことを表すものであり、evidentiality において、直接的な情報の出所を表すといえるかどうかである。たしかに、キ形には、その表す過去が五十年くらい前までという人間の一生の時間的スケールにおさまる出来事が源氏物語などではおおいことも確認できるが、漢文訓読的な文章などでは、あきらかにその範囲をこえた、時間的にとおい過去の出来事を表すケースもしばしば見いだされるからである。このことは、キ形は直接見たり音で聞いたという情報の出所を表さず、evidentiality においては中立的であることを示しているのではないかと思われる。キ形が evidentiality に関して中立的であるというのは、キ形は、間接的な情報であっても、間接性を表現する必要がないと判断されるときにも用いられるということである。その結果、キ形のなかには、直接的な経験にもとづくものも、間接的な経験にもとづくものもひとしくあらわれることになる。にもかかわらず、実際のキ形の用例に、evidentiality という観点からは直接経験を表すものとすることができる例がおおく見いだされるのは、キ形の表す過去ということのモダリティーとしての意味に、かつては直接確認できるような現実性があったということに起因するものであろう。

日本語のキ形とケリ形の区別のてがかりになったトルコ語においても　事情は同様である。トルコ語についても、一般には–di は経験回想と理解されているが、Johanson(2003) では、話し手は、evidentiality による区別を示すことが必須であると考えないときには、間接経験を表す–miş を用いず、–di を用いることができるとしている。それにしたがうなら、トルコ語においても、直接経験を表すとされる。–di は、evidentiality の点において中立的であるということである。一方、–miş は過去を表すことがおおいが、テンス形式ではなく、間接的認識という evidentiality を表す形式であるとされているのである。

（二）キ形およびその複合形式

過去形式のアスペクト的意味を全体としてあきらかにするためには、キ形、テキ形、ニキ形、タリキ形、リキ形を一括してあつかう必要がある。はだかの形、ツ・ヌ形、およびタリ・リ形がテンスとして現在を表すのに対して、ここでは、単独のキ形も、複合的なテキ形、ニキ形、タリキ形、リキ形も、接辞キをもつ形はテンス的に過去を表すと考える。本書では、テキ形、ニキ形は、ツ・ヌ形が完成相を表すので、不完成相を表すキ形に対して完成相過去を表すものと考える。しかし、実際にはキ形とテキ・ニキ形は競合していると見られることがしばしばあり、対立のあり方はそれほど明確なものではない。また、タリキ・リキ形は、パーフェクトの現在を表すタリ・リ形に対してパーフェクトの過去を表すものと考える。しかし、タリキ・リキ形は、時間的意味より、モーダルな意味の方が卓越しており、過去パーフェクトとして機能することはなく、完成相過去の変種であると考える方がよいようである。

ただし、両者を完成相過去の変種と見たとしても、テキ・ニキ形とタリキ・リキ形とのあいだには意味のちがいがある。そのちがいは、テキ・ニキ形が運動全体を非分割的にさしだすアスペクト的意味を表すのに対して、タリキ形はその運動にかつてメノマエ性があったことを表し、運動の現実性を強調するところにある。こうしたちがいがありながらも、キ形と異なり、テキ形とニキ形は、運動の経過についての意味を捨象せず、一回的な運動を具体的なすがたにおいて表すものである点は共通しており、〈具体的事実の意味〉の過去を表すものと考えられる。

過去形式の個別的意味においては、不完成相のキ形には具体的意味の他に抽象的意味も存在するが、完成相のテキ・ニキ形にはツ・ヌ形にあった抽象的意味は存在しない。したがって、過去形の抽象的意味においては、完成相と不完成相の競合関係は存在しない。そこで、用例編においても、特に抽象的意味をとりたてて対照することはせず、キ形の抽象的意味の用例については、〈具体的過程の意味〉といっしょに検討することにする。

第五部　過去形式の意味

（一）　テキ・ニキ形の個別的意味

1、具体的事実の意味

キ形は、〈具体的過程の意味〉においては継続的意味を表し、運動を非分割的にさしだす意味を積極的にはもってはいないといえる。これに対して、テキ・ニキ形の〈具体的事実の意味〉の場合は、運動の完成したことが積極的に表現されている。一方キ形には〈一般的事実の意味〉で用いられる場合があり、そのときには積極的に完成性が表されていなくとも、完成的な運動をさし示し、両者は競合する。

完成相の〈具体的事実の意味〉と不完成相の〈一般的事実の意味〉がどの点で区別できるのかは、テキ・ニキ形の意味を考える際に重要な点である。その際、パーフェクト的ニュアンスは明確に完成的意味が表されていないかぎり生じないと考えられるので、それがあるかどうかが、〈一般的事実の意味〉と〈具体的事実の意味〉を区別する有力な手がかりになる。テキ・ニキ形は、運動が以前に終結したことによる効果が現在存在しているという、パーフェクト的ニュアンスをもつのことがおおいので、完成相であるといえる。

①右の大殿の聞き給ひて、「さ思ひしことぞや。后の宮にも、しか聞こえてきかし」と思す。（宇津保・国譲・下）〔季明の妻が里に帰ってしまったことを、兼雅もお聞きになって、「やはり思ったとおりだ、だから后の宮にも源氏方の妻がみないなくなるのではないかと申しあげたのだ」とお思いになる〕

キ形は、構文的条件などによって、動詞で表される運動が伝達の焦点になっていない場合に、テキ・ニキ形と競合することがしばしばある。しかし、そのような場合でも、テキ・ニキ形は現在をふくむそれ以後の時間との関係性、つまりパーフェクト性をもつが、キ形は現在との隔絶性、すなわちアオリスト性が顕著であるというちがいをもつ。〈一般的事実の意味〉か〈具体的事実の意味〉かは、述語がキ形かテキ・ニキ形かによってある程度表しわけられるのだが、動詞によってキ形、テキ・ニキ形のどちらをとるかがおのずと決定されてくるという側面もある。山本博子（二〇〇〇）が指摘するように、テキ・ニキ形になる動詞で表される運動には、

②「いでや、聞こえてもかひなし。御方は早う亡せたまひにき」と言ふままに、二三人ながら咽せかへり、いとむつかしく、せきかねたり。（源氏・玉鬘）〔右近が、「申し上げてもどうにもなりません。夕顔様はすでに亡くなっています」というと、その場にいた三人ともむせかえり、涙を押さえかねている〕

のような、「死」などの、もとにもどることがありえない不可逆的な運動がめだつ。そのような運動の完成は、もとにもどすことのできない結果をもたらす。つまり、一旦その運動が完成してしまえば、その完成がどんなに以前のことであっても、それがもたらす結果はその後も永続的に持続し、ずっと後の発話時においてさえ存在することになる。

したがって、こうした運動の完成相は、パーフェクト的ニュアンスをあらわしやすいと考えられる。源氏物語、宇津保物語、狭衣物語のなかでテキ・ニキ形が用いられている動詞から、そのような動詞をさがしだすと、つぎのような動詞をとりだすことができる。これらは、基本的にキ形ではあらわれない動詞である。

〈ニキ形〉生まる、なくなる、死ぬ、滅ぶ、尽く、失す、罷り絶ゆ、絶ゆ、破る〈下二〉

〈テキ形〉生む、破る〈四〉、起き明かす

キ形が運動の実現、または存在のみを表す傾向をつよくもつことによって、現在との隔絶性という点で特徴づけられるのに対して、テキ・ニキ形は、具体的に運動の完成を表すことによって隔絶性をもちつつ、パーフェクト的ニュアンスをもつという点で特徴づけられる。テキ・ニキ形のこのような性質は、完成相の方からパーフェクトへ接近しているということでもあり、タリキ・リキ形との競合関係に拍車をかける形になっている。

（二）キ形の個別的意味

1、具体的過程の意味

この意味は、ある過去の具体的運動を、その過程にあるものとしてさしだすことである。アスペクト的には、はだかの形の〈具体的過程の意味〉の過去である。

テキ・ニキ形の中心的な意味は、ある運動を非分割的にすでに終了しているものとして提示するものである。それに対して、キ形においては、運動を非分割的にひとまとまりのものとしてさしだす意味を積極的にはもっていない。しかし、キ形のこの意味においては、過去のある時点において運動がまだ終わっていないことが積極的に表されているわけだから、テキ・ニキ形によって表される完成相と対立しこそすれ、競合することはない。

①「…格子の穴開けて見しかば、母屋の御簾を上げて、火、御前に燈して、この大将の得給へる皇女と、碁なむ打ち給ひし。…」（宇津保・国譲・上）〔「…格子の穴からのぞくと、御簾を上げて、火を燈して、女一宮と藤壺が碁を打っていらした。…」と、兄実正に実忠が、藤壺をはじめて垣間見した時のことを語っている場面〕

①は、格子に穴を開けてのぞいたときという観察の瞬間が設定されており、その瞬間をよこぎって、碁を打つという運動が進行中であったことを表しているので、具体的な運動の過程をとりあげた意味である。これは、〈具体的過程の意味〉の典型としての〈継続的意味〉を表したものである。

2、一般的事実の意味

運動のあり方、ないしはその経過がどのようなものであるかということにかかわらず、運動を一般的に指示する意味である。この場合、運動が一回的か反復的かや、持続的か完成的かということは問題にならず、しばしば、一回的に完成した具体的な運動を表していると解釈することもできる一方で、くりかえされる抽象的な運動を表していると解釈することもできる。

ところで、不完成的な出来事も時間がおおく経過してからふりかえるなら、たいていの出来事は終結しているはずである。それが自然なことであるとするなら、キ形によって表される古典語の過去時制は時間的にとおい過去であるから、不完成的な出来事であっても、一括的に全体の把握が可能になっていると考えられる。その結果、キ形によって指示される出来事は、一括的な出来事としても把握可能であるということになるが、それはキ形が時制としてとおい過去であるというテンス的な特徴によっているのであって、キ形がアスペクト的に完成相であるからではない。はだかの形の場合には一定の条件のもとで、動詞の表す運動に焦点がない場合には、その運動が存在している、ないしは実現していることだけを指示する〈一般的事実の意味〉をもったのであるが、キ形の場合は、そうした条件がなくとも、〈一般的事実の意味〉を表すことができる。

⑤右近ぞ、「さもあらじ。かの御乳母の、ひき据ゑて、すずろに語り愁へし気色、もて離れてぞ言ひし。宮も、逢ひても逢はぬやうなる心ばへにこそうちうそぶき口ずさびたまひしか」。（源氏・東屋）〔右近は中の君の心配を否定し、「浮舟の乳母が自分をつかまえて愚痴をこぼした様子では、何もないようにいっていました。匂宮も何もなかったかのような歌を口ずさんでいらっしゃった」と、自分の見聞を伝える〕

⑤は言語活動を表す動詞で、あらかじめ乳母が自分をつかまえて愚痴をこぼした（「語り愁へし」）といっているので、「言ひし」という乳母の伝達行為そのものには焦点はなく、「もて離れて」で表される、「浮舟と匂宮との間には何もなかった」というその内容に焦点がある事例で、「言ひし」も運動の存在を表すだけである。しかし、このような条件がなくとも、すでに起こった一回的な運動をさし示すはたらきで、しばしばキ形が用いられる。そのような不完成相の〈一般的事実の意味〉が用いられるところでは、積極的に完成性は表されていないが、完成相を用いてもいいような場合がおおく、両者は競合関係にあるといえる。

3、くりかえしの意味

〈くりかえしの意味〉は、行為動詞にしかあらわれない。一時的にせよ恒常的にせよ、なんらかの意味で状態性をもつ動詞の場合にこの意味が生じないのは、それらにおいては一回一回の運動がきれてくりかえされるということにはならず、全部がつながってしまって一つづきの状態の意味になってしまうからだと考えられる。

②「舌の本性にこそははべらめ。幼くはべりし時だに、故母の常に苦しがり教へはべりし。…」と思ひ騒ぎたるも、（源氏・常夏）〔近江の君は、父である内大臣に「舌の生まれつきの性質なのでしょう。幼い時でさえ、亡くなった母はいつも嫌がって早口をやめるように教えていました」などと話す〕

〈くりかえし〉は〈反復〉ともいわれる用法である。キ形のこの意味では、くりかえし全体は、かなり長い期間にわたる過去に属することが表されている。この意味の例では、「常に、いく度、たびたび」などの頻度を表す標識がないと、〈一般的事実の意味〉とまぎらわしいものがおおい。

4、潜在的質的意味

③「この殿に昔より住み給ふ人や聞き給ふ」と問はす。「『治部卿の殿』となむ申し侍りし」と言へば、（宇津保・楼の上・下）〔男が、童に「この屋敷に昔から住んでいた人が誰だか聞いていますか」と尋ねさせると、門衛は「『治部卿の殿』と申しました」と答える〕

④「しかじか物こそ候へ」と、申出でたるを、「絵をなん、いみじう書い給し」など、さきざきも聞かせ給て、「あ

れをだに、御形見に見ばや」など、思し願ひつれば、「いみじうゆかし」と、思したるも、ことはりなれば、御几帳近う、ひき寄せなどして、とり出でたり。（狭衣・四）〔母の飛鳥井女君の残した絵を、その忘れ形見の一品宮に、女房の中将が、こういうものがあるというと、一品宮は「母君は絵を大変上手にお書きになれた」と聞いていて、「形見としてそれだけは見たい」と望んでいたので、そう思うのも当然と思い、お見せした〕

これは、過去の物事の潜在的性質を表すものである。③は、すでになくなった俊蔭のよび名をこたえているものである。呼称そのものは、その人物が死んでも、その人物のラベルとして、時間をこえて存在する一般的なものである。しかし、この場合のように、その人物がなくなっていると、呼称も過去のものとならざるをえない。したがって、このキ形は過去の物事の特性を表すものである。④で、「書い給し」は、飛鳥井の女君が上手に絵をかくことができるという主体の能力を表すもので、それが女君の性質であることを表している。しかし、その能力の持ち主である女君はすでになくなっているので、過去の物事の特性を表すものとなっている。

(三) タリキ・リキ形の個別的意味

タリキ・リキ形には、状態パーフェクトの過去と動作パーフェクトの過去とがある。状態パーフェクトの過去はパーフェクト相の過去ということができるが、動作パーフェクトの過去は、そのように位置づけることはむずかしい。というのは、ヨーロッパ諸言語での動作パーフェクトの過去は、過去完了、または大過去などといわれ、その意味は過去のある時点以前に運動が成立していることを表すものであるが、タリキ・リキ形はそのような意味にはならないからである。

メノマエ性の観点から見ると、タリキ・リキ形によって表される運動は、〈変化の結果の継続〉の過去と、〈運動の成立と結果・痕跡の存在〉の過去においては、基本的に現在ときりはなされた過去におけるメノマエ性のある運動を表すものである。しかし、メノマエ性をもっていたということによって、つよい現実性がその運動にあったということは強調されることになるが、かつて目撃されていた結果や痕跡がいまは存在しないということが同時に表されるので、結局はその運動が現在からきりはなされたとおい過去の出来事であることが強調的に表現されることになっている。そのほかの意味の場合は、メノマエ性によることがないため、現在からきりはなされたとおい過去の出来事ではあるが、単にその運動に現実性があったことが強調的に表現されるだけである。

1、変化の結果の継続

これは、過去における、状態パーフェクト、すなわち変化の結果の状態を表すものである。したがって、この用法については過去パーフェクトということができる。しかし、たまたまタリキ・リキ形をとる動詞にいわゆる変化動詞がすくないせいであろうか、その数はおおくはない。

①民部卿おはして、物語し給ふついでに、「先つ頃、かの山もとにまうでて侍りき。かののたまひ置きしことども、侍りし書ども奉りて、『うち渡り給ひね』と聞こえしかば、『今更に、何しにかは。若き人は、さも』などなむ。御服、いと重く着給へりき。…」と聞こえ給へば、（宇津保・国譲・中）〔実正が、「先日、志賀の山本にいる実忠の北の方を訪問した時、亡き父君の遺言を伝えて、『そこへいらっしゃい』と誘ったが、『今更自分はそういう気はないが、娘は若いのでお連れくださいい』という姿は、御喪に十分服しておいででした」などと話す〕

①は、過去のある時点（ここでは、訪問した時点）において、変化の結果の状態が継続していたことを表している。

もちろん過去においては結果的状態にメノマエ性があった例であるが、いまはそれはなくなっていることから、現在ときりはなされた過去におけるメノマエ的事態を表すものである。

2、運動の成立と結果・痕跡の存在、経歴・記録

②「…心に忘れずながら、消息などもせで久しくはべりしに、むげに思ひしをれて、心細かりければ、幼き者などもありしに、思ひわづらひて撫子の花を折りておこせたりし」とて、涙ぐみたり。（源氏・帚木）〔頭中将の内気な女の体験談――「…その女のことは忘れず、消息などもしばらくしないでいたら、女はすっかり元気をなくして、心細かったようで、小さい子供などもあったので、思案にあぐねた様子で撫子の花を折ってよこしました」といって、中将は涙ぐんでいる〕

この例は、内気な女が本妻からいやがらせをうけた際、撫子の花をおくってきたということを表しているのだが、「おこす」主体が女であることから、語り手の頭中将は受けとり手としてかかわっており、語り手は贈り物としての花を目撃できる立場にあったのだから、メノマエ性を表している例と考えてよかろう。しかし、もちろん撫子の花が雨夜の品定めの場面においてメノマエにあるわけではない。したがって、この例は現在ときりはなされた過去におけるメノマエ的事態を表すものである。かつてメノマエ性があったということは、その運動が確実に完成したということであるから、このようなタリキ・リキ形は過去における運動の完成を強調的に表しているものといえる。このような見方をすれば、これはほとんど完成相過去の意味を表しているといってもよいことになる。

なお、過去形の場合、この意味と〈経歴・記録〉の意味の差はほとんどないので、説明をはぶいた。

3、以前の実現

ここであつかうのは、タリキ・リキ形が、もはやメノマエ的意味では用いられていないものである。非過去の場合には見られなかった、③のように、一人称の運動を表す例がある。この出来事は、当然のことであるが、非過去であってもメノマエ性がありえなかったものである。

③このおとど、あるじのおとどに聞こえ給ふ、「ここには、還饗《かへりあるじ》始め給ひし時ぞ参りたりしかし」。（宇津保・国譲・中）〔左大臣殿は主の右大臣殿にお話し申しあげる。「この三条殿へは、相撲の還饗をはじめてなさったときにお伺いしました」〕

4、恒常的状態

④「…夜目に見しかば、宮の少将にぞ似たりし。…」との給。（狭衣・一）〔堀川の大殿が、今姫君を夜見たところ宮の少将に似ていたなどと狭衣に話しているところ〕

本例の「似たりし」は、過去における恒常的な状態を表している。「似る」は関係性を表すもので、メノマエ性がなくても接辞タリ・リが必要な動詞であるので、パーフェクトの意味はない。

第六部　ケリ形態の意味

Delancey (1997) が指摘したように、evidential な意味と詠嘆の意味は同時にあらわれることもあるが、どちらか一方だけが表面化することもある。ケリ形においても同様で、直接にその運動を目撃しておらず、結果や痕跡や、証拠となる事態の知覚などにもとづいて、運動の成立を推量する場合には、両方の意味がはっきりとあらわれるが、情報が目撃や思いおこしによって獲得される場合には、詠嘆の意味が表面化することがおおい。一方、伝聞、または神話や伝承などにもとづいて、その内容をとりあげる場合には詠嘆の意味は裏面化する。

以下では、〈詠嘆〉と〈証拠性〉という二つの観点から、ケリ形のモーダルな意味にどのような変種があるかくわしく見ておこう。しかし、〈詠嘆〉と〈証拠性〉という対立は、実はそれにとどまらない面をもっている。つまり、〈詠嘆性〉があるということは、認識の成立の際の、思いがけない出来事に気づいたという話し手の驚きを表すもので、言語機能面からいう〈表出〉という機能との関連がつよく、一方〈証拠性〉があるということは、対象的な事実の客観的な叙述であることを保障するものであるので、言語機能面からいう〈記述〉と関係がふかい。以下に分類する変種のなかで、客観的な叙述性のつよい〈言及〉の意味は、〈記述〉的な意味と考えることができるのに対して、〈思い至り〉、〈再認識〉、〈気づき〉という三つの〈詠嘆性〉のつよい意味は、〈表出〉的な意味としてまとめることができる。〈記述性〉がつよいか、〈表出性〉がつよいかは、接辞ケリを有する形態が、単独のケリ形であるか、複合的なテケリ、ニケリ、タリケリなどの形であるかという形態のちがいによってもかわってくる面があるので、以下の論述では、ケリ形態のちがいにも考慮をはらいながら考えていく。

1、思い至り

evidential な意味に、気づきの意味がくわわったもので、現にある状況をそれに先行するなんらかの出来事の証拠とみなし、それにもとづいて、それをもたらしたと推論される出来事を表す用法である。それまではその出来事に気づいていなかったので、思いがけないことであるという驚きの意味がつよくつきまとっている。ケリ形のもっとも基本的意味であり、推論の結果思い至った出来事を表しているので、この用法を〈思い至り〉という。思い至りの意味は、視覚的にとらえられる結果や痕跡に情報のでどころがある①のような場合が典型的であるが、視覚以外の感覚にとらえられた事実が証拠となっている場合もある。

①手習などするにも、おのづから、古言も、もの思はしき筋のみ書かるるを、さらばわが身には思ふことありけり、とみづからぞ思し知らるる。（源氏・若菜・上）〔手習いなどにお書きになるのにも、ひとりでに、古歌もの思わしい筋のものばかり書いてしまうので、「してみると、わが身には悩みがひそんでいるのだった」と御自身思い知らされるのである〕

①は、女三の宮が降嫁したあとも、紫の上は平静をとりつくろっているわけであるが、自分が手習で書いた古い歌を見ると、我身を愁える歌ばかりであるのを見て、自分にもそうした悩みがあったということに気づくところである。つまり、これは痕跡にもとづいて、それをもたらした出来事に思い至ったことを表すものである。

2、再認識

この用法は、すでに話し手自身のしっている出来事について、それが起こった条件や理由がわかっていないとき、それがどのような条件や理由のもとで起こっているかを推論したものである。そして、こういう条件や理由があれば、そうなるのが道理であるという筋道を見いだし、その出来事について認識をあらたにすることを表すものである。この用法を再認識と名づける所以である。したがって、evidentialな意味としては、推論にもとづく間接的な把握を表すものである。同様に推論によって獲得された情報を表す〈思い至り〉と関係がふかいが、それとの用法のちがいは、接辞ケリの支配するスコープのちがいにある。すなわち、〈思い至り〉の用法においては、推論されている出来事が、ケリが直接に接している動詞で表されている運動だけであるのに対して、この場合には動詞を核とした句や節によって表されている事態全体にまでおよぶということである。そして、こういう条件や理由があれば、そうなったという筋道は、それまで想像していなかったことであるので、予想外のことであるという詠嘆の意味がつよく生ずる。

この用法においては、しられていないのはその理由や条件であり、動詞で表される運動は話し手自身のこととして体験されているのが普通であるので、とりあげられている出来事は基本的に一人称のものである。

②「妹背山ふかき道をばたづねずてをだえの橋にふみまどひけるよ」と恨むるも人やりならず。（源氏・藤袴）〔私たちが姉弟であるという深い事情もつきとめないで、文をさしあげなどもして、遂げられぬ恋の道に踏み迷ったことでした、と柏木は、玉鬘を訪問し、恨み言を述べる〕

この②では、ケリに支配される範囲は、述語動詞「踏み迷ふ」だけでなく、それにかかる「ふかき道をばたづねずて」

という条件節までふくんでおり、その全体があらたに認識される出来事になっている。〈再認識〉の用法と〈思い至り〉の用法のちがいは、まずこうしたスコープのちがいである。この歌で、恋の道に踏み迷ったということは、前からすでに十分認識されていたことであり、あらたに気づかれたことではない。そして、あらたに気づかれたのは、その際に、自分たちが姉と弟であるという事情をしらないでいたということである。この歌が、恋の道に踏み迷ったという出来事を、自分たちが姉弟であるという事情をしらないでいたことを条件として生じたものとして、認識しなおしたものである。しられていないのはその理由や条件であり、運動自体はすでにしられているということは、その運動が話し手自身のものである場合にそうなる可能性がもっともたかく、この場合も一人称の運動である。

3、気づき

これは、情報の獲得が視覚や思いおこしによってなされ、それまで想像していたこととくらべたり、それに関する意識のなかった状態とくらべて、それが想像もできなかったことであるという、驚きの気もちがつよく表される。もっぱら、それまでその存在に気づいていなかった出来事についての認識の成立を表す用法であるので、〈気づき〉となづける。つまり、これは〈思い至り〉の用法において、推論性が消失したものと位置づけることができる。しかし、推論性は背後にかくれているだけで、実際には存在していると見られる場合がおおい。ということは、〈気づき〉の用法と見られる例も、一歩踏み込んで検討すれば〈思い至り〉であるといった事例に遭遇することがありうるということである。以下にかかげた例はそうした可能性がちいさいと見なした少数の例の一つである。

③きよげなる童などあまた出で来て、閼伽《あか》奉り、花折りなどするもあらはに見ゆ。「かしこに女こそありけれ」「僧都は、よもさやうにはすゑたまはじを」「いかなる人ならむ」と口々言ふ。（源氏・若紫）〔こぎれいな女の子な

どが大勢出てきて、仏にお水をお供えしたり、花を折ったりなどするのもすっかり見える。「あそこに女がいるではないか」「僧都は、まさかあのように女をお囲いにはなるまい」「どういう人たちなのだろう」と口々にいう）

③は、僧坊のようなところに若い女房がいるなどとは考えていなかったときに、実際に若い女房などを目撃して、予想外であるという驚きの気もちをもったことが表されている。このように、とりあげられている出来事が、視覚によってとらえられた事実であるときには〈気づき〉と見なされる場合がおおい。ここには、現にそこに女がいるということを表す叙述的機能も当然のこととしてある。その結果として、時間的意味は現在性をもっており、単に「あり」というはだかの形による知覚の表明と競合的関係にある。しかし、それ以上にそれが予想外であるという話し手の評価を表すという表出的機能が色こく存在している。

4、言及

他者からの伝聞、またはその社会につたわる神話や伝承などの、そこになんらかの文化的共有知識がおさめられている言語的創造物や言語遺産にもとづいてその出来事をとりあげる意味である。この用法は、伝聞や神話、伝説、作品などの内容に言及していることを表していると考えることができるので、〈言及〉の用法と名づけることにする。このケリ形は、語りなどでは、その社会に伝統的につたえられてきている話をたくわえている情報源が存在することのしるしとなっているということもできる。社会の文化的な共有知識は、なんらかの形で他者から情報をえることによって接する以外にはないが、それがだれからもたらされたかはどうでもよくなっており、そこにおいては語られる内容は語るまえからすでに存在していたものとするという、共通の前提だけが存在しているかのようである。つくり物語であるにもかかわらず、平安朝の仮名文学作品の地の文にケリ形が頻繁に用いられていたのも、それがこうした前提で語られていたためであろう。

なお、物語などにおけるこの用法については、そのさきの展開については、語り手自身にも想像がつかなかったものとして語るという約束があり、あらたに開示される展開は思いがけないものであるというおどろきのニュアンスをもって語られるのが普通である。

④「いとあやしきことをこそ聞きはべりしか。この大将の亡くなしたまひてし人は、宮の御二条の北の方の御おとうとなりけり。…その女君に、宮こそ、いと忍びておはしましけれ。大将殿や聞きつけたまひたりけむ、にはかに迎へたまはんとて、守りめ添へなど、ことごとしくしたまひけるほどに、宮も、いと忍びておはしましながら、え入らせたまはず、あやしきさまに御馬ながら立たせたまひつつぞ、帰らせたまひける。女も宮を思ひきこえさせけるにや、にはかに消え失せにけるを、身投げたるなめりとてこそ、乳母などやうの人どもは、泣きまどひはべりけれ」と聞こゆ。（源氏・蜻蛉）〔「まことにおかしな話を耳にいたしましたのです。この薫大将がなくしておしまいになった人というのは、匂宮の御二条の北の方の御妹だったのでございます。…その女君に、あの匂宮がまことに内々お通いあそばしたのでございました。大将殿がお聞きつけになられたのでしょうか。急にお引取りになろうとして、守り役を付けたりなどものものしくしていらっしゃったところへ、宮もまったくお忍びでお越しになりながらもおはいりになることがおできにならず、みっともないお姿で御馬のままお立ちになっていっしゃったなりでお帰りになられたのでした。女も宮をお慕い申していたのでしょうか、急に消えていなくなってしまったのを、身投げしたのだろうということで、乳母などといった人々は泣き迷っておりましたそうでございます」と女一宮づきの女房の大納言の君が明石の中宮に申しあげる」

④は、最初に「いとあやしきことをこそ聞きはべりしか」とあるから、全体が伝聞であることはあきらかである。

そして、いちいちの出来事が伝聞によるものであることが、その述語がすべてケリ形になっていることによって表されている。

【用例編】

第七部　非過去形式の個別的意味と動詞の種類

（ⅰ）ツ・ヌ形

▼行為動詞

▽はたらきかけ

① 綾羅《りょうら》・錦繡《きんしゅう》・黄金・珠玉の飾り給へる衣の裏に、一乗の珠を懸け給ひつ。〈栄花・一六〉〔一乗を珠にたとえ、これを衣の裏にかけたというのは、法華経書写のたとえ〕〈発話時以前〉

② 宇治の御堂造りはてつと聞きたまふに、みづからおはしましたり。〈源氏・東屋〉〔薫は、宇治の御堂ができあがったとお聞きになると、ご自身からお出かけになった〕〈発話時以前〉

③ 「かの僧都の山より出でし日なむ、尼になしつる。いみじうわづらひしほどにも、見る人惜しみてせさせざりしを、正身の本意深きよしを言ひてなりぬる、とこそはべるなりしか」と言ふ〈源氏・手習〉〔「あの僧都が山から下りてきたその日に、尼にしてしまったのです。ひどく煩っておりました際にも、そばの人が惜しがってそれをさせなかったのですが、当人がもと強く望んでいたよしを言ってそうなったということでございました」と、薫に小宰相は言う〕〈発話時以前〉

コメント

▼行為動詞

▽はたらきかけ

コメント・1

はたらきかけを表す動詞に関しては、ツ形とはだかの形とのあいだで、一括的意味と継続的意味の対立が明確に看取できる例がおおい。（ⅰ）②の「造りはてつ」と（ⅱ）②「造らせたまふ」、（ⅰ）⑤の「弾きつる」と（ⅱ）⑤「弾かせ給ふ」などはその例である。（ⅱ）⑧の「設けさせ給ふ」も継続的意味である。

完成的意味と不完成的意味の対立は、別のかたちであらわれることもある。（ⅰ）①の「懸け給ひつ」と（ⅱ）①「かけ給」、（ⅰ）④の「縫ひたまひつ」と（ⅱ）④の「縫ひつく」などでは、ツ形が一括的意味であるのに対して、動作が瞬間的であるためであろう、はだかの形は直前的意味を表して対立している。また、（ⅰ）③の「なしつる」と（ⅱ）③の「なさるる」、（ⅰ）⑥の「渡しきこえたまひつ」とその直後の場面である（ⅱ）⑥の「渡したてまつりたまふ」などでは、一括的意味と〈一般的事実の意味〉で対立している。ただし、（ⅱ）⑥は、くりかえしの意味にとることもできる。なお、はだかの形が志向的意味になっているのは、（ⅱ）⑨の「参らす」で、対象のうつしかえを表す動詞である。三人称の行為であるが、（ⅱ）⑩の「召す」は人に対するうつしかえの意味で、そのようにいうことが、呼びつける行為になっているので、遂行的意味であると考えられる。

タリ・リ形をもつ動詞としてかかげられているものでは、①

（ii）はだかの形

▼行為動詞
▽はたらきかけ

❶ 天稚御子《あめわか》、角髪《みづら》結ひて、言ひ知らずおかしげに、芳しき童姿にて、ふと降りゐ給に、いとゆふのやうなる物を、中將の君にかけ給と見るに、我は、「この世の事」とも見えず、（狭衣・一）〈天稚御子、それは角髪に結って、何とも言いようのないほど愛らしく、芳しい香りがする童子で、その御子がさっと降りて腰を据えたと見ていると、陽炎のような薄い天の羽衣を中將の君にちょっとおかけになると見ていると、君はこの人間界のことも忘れてしまう」〈直前的意味〉

❷ 「桂の院といふ所、にはかに造らせたまふ」と聞くは、そこに据ゑたまへるにやと思すに、心づきなければ、（源氏・松風）〈紫の上は、「桂の院というところをにわかにおつくらせになっているというが、そこに明石の上をお置きになっているのであろうか」とお思いになるにつけて、おもしろくない」〈継続的意味〉

❸ 「さぞかし。女なるおのらだにこそ、筋の絶えむことは思へ。ぬしたちは、何のなり給ひつればか、『女の子、愛し』とて、かかる大いなることの妨げをばなさるる」（宇津保・国譲・下）〈そうでしょうよ。女である私でさえ、皇統にこの藤原氏の血筋が絶えたらどうしようかと、心配いたしておりますのに。あなたたちは、まったく、なんと生まれ変わられたものか、妻がいとしいからといって、このような大事を妨げようとなさるのです

（iii）タリ・リ形

▼行為動詞
▽はたらきかけ

❶ 卯の花いみじう咲きたるを折りて、車の簾、かたはらなどにさしあまりて、おそひ・棟などに、ながき枝を葺きたるやうにさしたれば、ただ卯の花の垣根を牛にかけたるとぞ見ゆる。（枕・九九）〈卯の花が非常によく咲いているのを手で折って、車の簾や横側などにさしきれず、余りを屋根の覆いや棟などに、長い枝を葺いて挿させてあるので、まるで卯の花の垣根を牛にかけてあるように見えるのだった〉〈運動の成立と結果・痕跡の存在〉

❷ さて、その山作りたる日、御使に式部丞忠隆まゐりたれば、褥《しとね》さしいだしてものなどいふに、「けふ雪の山作らせ給はぬところなんなき。御前のつぼにも作らせ給へり。春宮にも弘徽殿にも作られたりつ。京極殿にも作らせ給へりけり」などいへば、（枕・八七）〈ところで、先日その雪山を作っている日に、主上の御使として式部丞忠隆が、参上したので、敷物をさし出して話などする時に、「今日の雪山は、お作らせになっていらっしゃらない所はありません。主上の御前の壺庭にもお作らせになっていらっしゃいます。春宮、弘徽殿でもお作らせになっていらっしゃいます。京極殿でもお作らせになっていらっしゃいます」などという」〈運動の成立と結果・痕跡の存在〉

❸ 大臣の北の方「いといたく老いたまふめり。功徳を思ほせ」とのたまひて、尼に、いとめでたくてなしたまへりけるを、…「魚のほしきに、我を尼になしたまへる。生まれぬ子はかく腹

（ｉ）ツ・ヌ形

④ 北の方、「いかに、縫ひ給ひつや」と問ひ給へば、「さもあらず。『まだ御とのごもりたり』とあこぎが申しつる」といへば、（落窪・一）〔北の方が「どうだい、姫君は縫ってしまわれたか」とお尋ねになると、使いは「お縫いになってもいません。『まだお休みあそばしておられる』と阿漕が申しました」と言う〕〈発話時以前〉

⑤『なほ、遊ばせ。禄に、らうたしと思ふ娘奉らむ』と言ひたれば、下り走り、舞踏して、になき声調べて、いとあまたの手弾きつる。（宇津保・俊蔭）〔『ご褒美にわたくしが一番かわいがっている娘をさしあげよう』といいましたら、階下に走り拝舞をして、比類もない音に調子をととのえて、仲忠はじつにたくさんの曲を弾きました」と正頼はいう〕〈発話時以前〉

⑥「若宮はおどろきたまへりや。時の間も恋しきわざなりけり」と聞こえたまへば、御息所は答へも聞こえたまはねば、御方、「対に渡しきこえたまひつ」と聞こえたまふ。（源氏・若菜・上）〔源氏が、「若宮はおめざめですか、わずかの間でも、恋しいものですね」と申し上げられると、御息所はご返事もなさらないので、母の御方が、「若宮は紫の上のところへお移し申しあげなさいました」とお答え申される〕〈発話時以前〉

⑦「誰が車ぞ」と問はせ給ふに、「源中納言殿」と申せば、「中納言にもあれ、大納言にてもあれ、かばかり多かる所に、いかで此打杭ありと見ながらは立てつるぞ。少し引きやらせよ」とのたまはすれば、（落窪・二）〔衛門督が、「誰の車か」と尋ねさせなさると、「源中納言様のお車です」と相手方の従者が申すので、衛門督は、「中納言の車にせよ、大納言の車にせよ、

コメント

の「かけたる」、②の「作らせ給へり」、③の「なしたまへる」、④の「縫ひたり」、⑧の「設けられたり」、⑪の「置きたる」、⑬の「生ほし立てたりかし」などはいずれも、結果が残っていることを表し、〈運動の成立と結果・痕跡の存在〉の意味にとることができる。結果が残っているといっても、②ではそれは雪山の存在であり、④では縫い物であり、⑧では車であり、⑪では留守番の女であり、⑬では姫君である。①は、ヲ格をうけているが、結果として存在しているのは、牛が卯の花でおおわれているという状態であるので、変化の結果の継続の意味であると考えることも可能である。また、③では、受戒したという行為ではなく、その結果、現在は魚を食べるのにはふさわしくない出家の身の上であることが結果である。

ただし、タリ・リ形であっても、⑤の「弾きたる」と⑫の「まかでさせ奉り給へるぞ」は、そのあとに何も目に見えるような結果を残しておらず、そうした行為が行われたという記憶がきざみつけられているだけなので、〈経歴・記録〉の意味と考えるのが妥当なようである。

タリ・リ形が継続的意味にとれるものとしては、⑦の「たてり」がある。このタリ・リ形は、運動の終結に注目したツ形⑦「立てつるぞ」とくらべると、結果にポイントがあることはあきらかである。なお、同様に継続的、ないしは状態的意味にとれそうなものに、⑭の「据ゑたり」と、地の文の例である⑮の「ひき返したり」がある。これらは、状態的意味であるとしても、表されているのは主体の状態ではなく、対象の状態である。特に、⑮の場合は、動作を行った主体は問題にならないので、も

（ii）はだかの形

か。…」と后の宮は言う」〈一般的事実の意味、疑問〉

④「多く見給ふるに、針にて見ゆる子は、いとかしこき孝の子なり。嫗の、丹波に侍る女の童生まむとて見給へしやうは、『いと使ひよき手作りの針の耳いと明らかなるに、信濃のはつりをいとよきほどに挿《す》げて、嫗の衣に縫ひつく』と見給へし」と言へば、（宇津保・俊蔭）〔「針の夢を見て生まれた子は、非常に賢い孝行の子です。私が丹波におります娘を産みますときに見ました夢では、じつに使いよさそうな手作りの針の穴がおおきく開いているところに、信濃のはつり糸をほどよい長さに通して、私の着物に縫いつけているところを見ました」と老女は言う」〈直前的意味〉

⑤尚侍、「一院に、『かく』と聞かせ奉らむ」とて、「いとようも弾かせ給ふかな」と聞こえ給ふに、驚かせ給ひて、几帳の帷子ふと引き上げて御覧ずれば、尚侍の弾き給ふにはあらで、火影の明かきに、いぬ宮の、いと白ううつくしげにて弾き居給へるなりけり。（宇津保・楼の上・下）〔尚侍が、朱雀院に、『じつはいぬ犬宮が弾いているのだ』と聞かせてさしあげようと思って、「大変上手にお弾きになりますよ」と申されたので、院は驚かれ、几帳の帷子をぱっとめくって御覧になってみると、尚侍がお弾きになっているのではなく、火影の明かるいなかで、いぬ宮がたいそう色白なうつくしい様子を見せて琴を弾いていらっしゃるのであった」〈継続的意味〉

⑥御方、「対に渡しきこえたまひつ」と聞こえたまふ。「いとあやしや。あなたにこの宮を領じたてまつりて、懐をさらに放たずもてあつかひつつ、人やりならず衣もみな濡らして脱ぎ換

（iii）タリ・リ形

きたなかりけり」となむのたまひける。（落窪・四）〔太政大臣の北の方は、「たいそうひどく年をおとりになられたようです。後世のために功徳をお心がけくださいと」とおっしゃって、母北の方を、尼に大層立派な作法でなさったのを、…「魚が食べたいのに、私をあの継子は尼になしなさった。自分の腹を痛めない子供は、こんなに意地悪なものですよ」とおっしゃる」〈運動の成立と結果・痕跡の存在〉

④命婦の乳母、いととく縫ひはててうち置きつる、ゆだけの片の身を縫ひつるが、そむきざまなるを見つけで、とぢめもしあへず、まどひ置きて立ちぬるが、御背あはすれば、はやくたがひたりけり。わらひののしりて、「はやく、これ縫ひなほせ」といふを、「誰、あしう縫ひたりと知りてかなほさん。…」とて、（枕・九五）〔命婦の乳母が、糸を、身頃を縫いおえて、下に置き、つづいてゆき丈の長い方を御片身を縫った、それが裏表取り違えているのに気付かず、糸の結び止めもしおおせずに、大あわてにあわてて置いてたってしまったのに、御背を合わせようとすると、はじめからちがってしまっていたのだった。おおさわぎして笑って、女房が「これを縫い直しなさい」というのを、「誰が間違ってぬってあると知って直すものですか。…」という」〈運動の成立と結果・痕跡の存在〉

⑤「さやうのものぞ、子持ち、臥しながら琵琶弾きたる」とて、笑はせ給ふ。（宇津保・蔵開・上）〔正頼が朱雀院に、先日の産養の折の管弦で、女一宮が琵琶を弾いたことを報告すると、「子を産んですぐの者だから、子供をだきかかえながら寝たままで琵琶を弾いたのか」と院が笑う」〈経歴・記録〉

（i）ツ・ヌ形

これほど車を止める場所が多いのに、どうしてこちらの打杭のある所と見ながら車を停めたのか、少し退けさせなさい」とおっしゃった」〈発話時以前〉

⑯ 青き色紙に書きて、桔梗につけたり。見給ひて、「いとかしこうも書き給ひつるかな。…」とのたまへば、〈宇津保・国譲・中〉〔若宮からのお返事は青い色紙に書いてあり、桔梗につけられてあった。ご覧になって、仲忠は「たいそう上手にお書きになられたこと。…」とおっしゃる」〈発話時以前〉

コメント

う〈変化の結果の継続〉の意味としてよい。ただ、⑭では、まだ、少将の行為を問題にしたものととることができ、〈運動の成立と結果・痕跡の存在〉の意味にとどまっていると考えることができる。

へがちなめる。軽々しく、などかく渡したてまつりたまふ。こなたに渡りてこそ見たてまつりたまはめ」とのたまへば、（源氏・若菜・上）〔源氏が若宮に会おうと部屋に入ると、「紫の上の所へお移し申し上げなさいました」と明石の御方が答えるので、源氏は「まったく妙なことだ。あちらでこの宮をひとりじめ申し上げて、まるで懐から離さず、お世話をしては、好きこのんで、着物もみな濡らして、しきりに脱ぎかえているらしい。軽率に、どうしてこのようにお渡し申し上げられるのですか。こちらに来てお世話申し上げられるのがよいのに」と仰せになる〕〈一般的事実の意味、評価〉

（ii）はだかの形

⑧「…常磐にて、例もせさせ給なる事どもの料とて、法服あまた設けさせ給ふと、この日比聞きつるも、さらばいかに。思ひをきつることのありけるぞ」と、二所して思し惑ふさま、片時だにいみじげなり。（狭衣・四）〔「…常盤でもふだんなさっておられるとかいう供養のためといって、法服をたくさんお作りになっていらっしゃると、最近聞いたが、それはどうなのでしょう」と、お堀河の大臣夫婦がお二人して思案していらっしゃる様子は、瞬時もいたたまれなく見える〕〈継続的意味〉

⑨ 大臣も御文あり。「みづからも参るべきに思ひたまへつるに、つつしむ事のはべりてなん。男ども、雑役にとて参らす。うとからず召し使はせたまへ」とて、源少将、兵衛佐など奉れたまへり。（源氏・竹河）〔夕霧は、玉鬘の大君が院に入内するに際し、自分が行けないので、代わりに、「…息子たちを手伝いに参上させます。…」と消息する〕〈志向的意味〉

⑩ いと若かりしほどを見しに、ふとり黒みてやつれたれば、

（iii）タリ・リ形

⑦ いとちかきところなるを、「御門にて、車たてり。こちはおはしまさむずらん」など、やすくもあらずいふ人さへあるぞ、いとくるしき。（蜻蛉・中）〔すぐ近くなので、「御門に車がとめてあります。兼家様はこちらへお越しでしょうか」など、心穏やかでいられないように言う者までいるのは、とてもつらい〕〈変化の結果の継続〉

⑧ 暁、源中納言殿渡り給ひなむとす。御車二十ばかり、御前、いとになく設けられたり。（宇津保・国譲・上）〔暁方に、源中納言殿夫妻は三条の邸へと御出立になる。御車は二十ほど、御前駆などまたとないほど威儀を整えられた〕〈運動の成立と結果・痕跡の存在〉

⑪「さても、昨夜明かしもはてで、さりとも、かねてさいひしかば待つらんとて、月のいみじうあかきに、西の京といふ所より来るままに、局をたたきし程、からうじて寝おびれ起きたりけしき、いらへのはしたなさ」など語りてわらひ給ふ。「むげにこそ思ひうんじにしか。などさる者をば置きたる」とのたまふ。（枕・八三）〔「それにしても、昨晩は夜を明かしてしまわないで、たといこんな時刻ではあっても、前からちゃんとああ言っておいたのだから、待っているだろうと思って、月のすばらしく明るいところに西の京という所から来るとすぐに、局をたたいたところ、留守居の女がやっとことで、寝ぼけて起きてきていたその様子、その応対の言葉のばつの悪さ」といろいろ話して、宣方はお笑いになる。「まったくひどくいやになってしまったよ。どうしてあんな者を置いてあるのか」とおっしゃる」〈運動の成立と結果・痕跡の存在〉

（i）ツ・ヌ形

コメント

多くの年隔てたる目には、ふとしも見分かぬなりけり。「三条、ここに召す」と、呼び寄する女を見れば、また見し人なり。（源氏・玉鬘）〔豊後介は、ずっと若かったころを見ているのに、今は太って、色も黒くなって、見なりもよくなかったので、長年たってから見た右近の目にはすぐには見分けがつかないのであった。姫君の方に、「三条、こちらにお呼び遊ばしている」と言って、呼び寄せる女を見れば、これもまた見た人である〕〈遂行的意味〉

（iii）タリ・リ形

⑫「『まろをば、いかにせよ』とて、この宮をばまかでさせ奉り給へるぞ。…」などのたまひ明かして、（宇津保・国譲・下）〔「私にどうなってしまえということで、この女二宮を退出させ申し上げなさったのです。…」と五の宮は弾正の宮にいう〕〈経歴・記録〉

⑬ 常に書きかはしたまへば、わか御手にいとよく似て、今すこしなまめかしう、女しきところ書き添へたまへり。「何ごとにつけても、けしうはあらず生ほし立てたりかし」、と思ほす。（源氏・賢木）〔紫の上からの消息がくる。常にお手紙を書き交わしておいでになるので、君ご自身のお筆跡にたいそうよく似て、しかももう少し優美でいらっしゃる。何事につけても不足なく、育てあげたものだと、お思いになる〕〈運動の成立と結果・痕跡の存在〉

⑭ 少将の君の母北の方、「二条殿に人据ゑたりと聞くはまことか。…」（落窪・二）〔少将の母で左大将の北の方が、「二条邸に、あなたが妻を迎えているという噂は本当ですか。…」と尋ねる〕〈運動の成立と結果・痕跡の存在〉

⑮ 殿におはしたれば、わが御方の人々も、まどろまざりけるけしきにて、所どころに群れゐて、あさましとのみ世を思へるけしきなり。…台盤などもかたへは塵ばみて、畳所どころひき返したり。（源氏・須磨）〔源氏が紫の上と別れの挨拶を交わしに二条院に行くと、女房たちが所々で世の変り様を嘆いており、邸内は人少なでひっそりとしている。食卓なども一部ほこりがつもり、薄べりなども所々引き返してある〈地の文〉〕〈変化の結果の継続〉

（ⅰ）ツ・ヌ形

▽移動動詞

①−1　源中納言殿の方を見やり給へば、青色の簾に綺の端さして懸け渡したり。…大将、立ちとどまりて、「君はおはすや」。童部、「今朝、内裏へ参らせ給ひぬ」。〈宇津保・蔵開・上〉〈仲忠が、源中納言のもとに行き、君はいるかと聞くと、童が「今朝宮中に参内なさいました」と答える〉〈発話時以前〉

①−2　宮の御もとに、御文あり。「昨夜、『御遊びども承る』とて、さも久しく、

　調ぶとは音にぞ聞きし琴の音をまことにかとも弾きし宵かな

立ち返り、すくまりてこそ。内裏より召しあれば、参り侍りぬ。今、夜さり、御迎へに」と聞こえ給へり。〈宇津保・国譲・上〉〈女一宮のもとに仲忠から御文がある。「昨夜は、ご演奏を聞かせていただくということで、『ずいぶんと長い間評判には聞いていた、あなたの琴の演奏を、これはまことかと思うほどに昨夜は弾かれていらっしゃいましたね』何度も身のすくむ思いがいたしました。帝よりのお召しがございましたので、参内いたします。今夜お迎えに参ります」と書かれてあった〉〈発話時以後〉

①−3　殿上人あまた御送りに参る中に見つけたまひて、「昨日は、などいととくはまかでにし。いつ参りつるぞ」などのたまふ。「とくまかではべりにし悔しさに、まだ内裏におはしますと人の申しつれば、急ぎ参りつるや」と、幼げなるものから馴れ聞こゆ。〈源氏・紅梅〉〈殿上人が大勢お供しているなかに、

コメント

▽移動動詞

コメント１　移動動詞とメノマエ性

古典語の完了形式には、ツ、ヌ、タリ、リの四つがあることは周知の事実であろう。「参る、帰る」などの移動表現について見ると、源氏物語など中古の物語文学では、古典日本語の完了形式ツ、ヌ、タリ、リの四つのどれもが用いられている。これらが単に完了を表しているだけなら、四つもの形は不要である。しかし、アスペクト、パーフェクトの観点からより詳細に検討してみると、そこには現代語には見られない使いわけが存在している。この使いわけは、結局は登場人物の視点にとっての運動のあらわれ方のちがいに応ずるものである。その具体的なあり方は以下のようである。

（ア）相手や第三者の移動動作がとりあげられ、話し手が移動動作の到着地点にいて、移動してきた主体がそこに存在することを目撃している場合には、タリ・リが用いられている。例（ⅲ）の①−1、②、④、⑤、⑪−1、⑪−2

（イ）相手や第三者の移動動作がとりあげられ、話し手が移動動作の出発点にいて、移動してゆく主体を見送った場合にはヌが用いられる。例（ⅰ）の①−1、②−1、②−2、④−1、⑥−3

（ウ）話し手自身の移動動作がとりあげられ、話し手がその場所に到着したことを報告する場合にはツが用いられる。例（ⅰ）の①−3、⑤−1、⑥−1、⑦

（ii）はだかの形

▽移動動詞

①－1　宮の御前に御消息聞こえ給へり。「院におぼつかながり宣はするにより、今日なむ参り侍る。…」とあれば、（源氏・葵）〔源氏の君は、大宮へお手紙でご挨拶をもうしあげられた。「院が、どうしているかと待遠に仰せになりますので、本日参上いたします。…」〕〈志向的意味〉

①－2　ひき入りて寄するを、からうじて、この男一人出で来て、「なぞの車ぞ、皆出でたまひぬる所には」ととがむれば、「あらず、御達の参りたまふぞ」と言ひて、ただ寄せに寄す。（落窪・二）〔お車を邸内に引き入れて寝殿に寄せると、やっと家人が一人出てきて、「誰の車か。お邸の方は皆おでかけになってしまっている所に、まあ」ととがめるので、「何でもありません。新参のご婦人方が邸に参上なさるのだよ」と言って、かまわずどんどん車をよせつける〕〈一般的事実の意味、説明〉

①－3　かの人形求めたまふ人に見せたてまつらばやと、うち思ひ出でたまふをりしも、「大将殿参りたまふ」と人聞こゆれば、例の、御几帳ひきつくろひて、心づかひす。（源氏・東屋）〔浮舟を、なき大君のそっくりな方を探しておいでの薫にお見せしたいものと、ふとその気におなりになるちょうどその折、「薫大将殿がまいられました」と人が申し上げるので、いつものように御几帳を立ててその用意をする〕〈一般的事実の意味、説明〉

②　夜半に、こはなぞと歩《ママ》かせたまふ」と、さかしがりて、外ざまへ来。いと憎くて、「あらず。ここもとへ出づるぞ」とて、君を押し出でたてまつるに、（源氏・空蝉）〔「これはまあ、ど

（iii）タリ・リ形

▽移動動詞

①－1　女御・更衣の御局の前渡り給へば、人々、「いとめづらしく参り給へるかな。久しく見ざりつるほどに、めでたくもなりまさり給ふかな」。（宇津保・蔵開・上）〔仲忠が女御・更衣の御局の前を渡りなさると、人々は「たいそう珍しくも参内なさったこと。久しく見ないうちに、ご立派におなりになったことね」という〕〈運動の成立と結果・痕跡の存在〉

①－2　「御車率て参りたる」と申せば、「今雨やみて、しばし待て」とて臥したまひつれば、（落窪・二）〔「お車を引いて参りました」と中納言邸にやってきた使いが申し上げると、「雨がやんでから帰ろう。しばらく待て」と言って、少将は寝ていらっしゃる〕〈以前の実現〉

（i）ツ・ヌ形

若君を見つけなさって、匂宮は、「昨日は、どうして早く帰ったのか。今日はいつ参ったのか」などとおっしゃる。若君は、「早く帰ったのが残念で、まだ宮中においであそばすと人が申したので、急いで参上いたしました」と、子供らしくだが、甘えて申しあげる」〈発話時以前〉

②―1 「けさ大将のものしつるはいづかたにぞ。いとさうざうしきを、例の小弓射させて見るべかりけり。好むめる若人どもも見えつるを。ねたう出でやしぬる」と問はせ給ふ。〈源氏・若菜・上〉〈源氏が、小弓を射させて見ようと思って、息子の夕霧を探しているが、見つからないので、残念だが帰ったのかと尋ねているところ〉〈発話時以前〉

②―2 とまれる人の文あり、見れば、「ただいま、殿より御ふみもて、それがしなん、まいりたりつる。『ささして、まいり給ことあなり。かつがつまいりて、とどめきこえよ。ただ今わたらせ給』といひつれば、ありのままに、『はやいでさせ給ひぬ。これかれもおいてなんまいりぬる』といひつれば、…」などぞいひたるを見て、〈蜻蛉・中〉〈鳴滝につくと、留守居の侍女の手紙が届けられる。「ただ今、兼家殿のお邸からお手紙をもってなにがしが参りました。『これこれの次第で、山寺にお出かけなさるということだ。とりあえずお前が参上して、おとどめ申しあげよ、とのこと。殿もすぐにお越しになります』と言いましたので、ありのままに、『すでにお出かけになりました。侍女たちも後を追って参りました』と答えますと、…」などと書いてある〉〈発話時以前〉

③ 大臣、「朝臣や、御休み所求めよ。翁いたう酔ひ進みて無

コメント

（エ）話し手自身の移動動作がとりあげられ、話し手が別の場所から出発したことを報告する場合にはヌが用いられる。
例（i）の⑤―2、⑥―2

（オ）話し手自身の移動動作がとりあげられ、話し手の〈発話時以後〉の運動がとりあげられるときにはヌが用いられる。
例（i）の①―2、③

まず、二人称、三人称の場合のタリ・リとヌの使いわけについて検討すると、（ア）の場合、移動動作の実現したことが、移動を終了した主体が今話し手のメノマエにいるということによってたしかめられているという意味で、その移動動作にはメノマエ性があるということができる。そのメノマエ性があることをタリ・リは表しているということができる。

タリ・リ形の①―1「参り給へるかな」で目撃しているのは、女房達である。つまり、第三者である仲忠の到着は登場人物の視点からとらえられている。

（イ）の場合、移動動作の実現したことが、出発していった主体が今は話し手のメノマエにいないということによってたしかめられているといおうとすればいうことができる。しかし、話し手はその移動動作の結果、主体が目的地に到着しているかどうかまではたしかめていない。到着した主体を目撃していることをメノマエ性があるというなら、これはメノマエ性がないということができる。そして、そのメノマエ性がないことをヌが表しているということができる。

ヌ形の①―1「内裏へ参らせ給ひぬ」では話し手である童は、

うして夜半にお出歩きなされます」と、世話やき顔をして戸口の方へやってくる。実際憎らしいやつだと思って、「何でもないよ。ただ、ここへ出るだけだ」と言って、源氏の君を押し出しもうしあげる」〈志向的意味〉

③ ながむれば山よりいでて行く月も世にすみわびて山にこそ入れ（源氏・早蕨）〔空を見ていると、山の端からのぼってゆく月も、この世にすみかねて、また山の端にはいっていくことではある。この私は、ふたたびここ（宇治）に戻るべき運命なのだろうか」〈一般的事実の意味、理由〉

④ 「…そもそも、いかでとまり給ひしぞ。いづこよりおはするぞ」とのたまへば、（宇津保・俊蔭）〔「…ところで、一体どうして一人お残りになったのですか。どこから帰って来られたのですか」と兄たちが、やっと帰ってきた弟にお聞きになる」〈一般的事実の意味、疑問〉

⑤—1 「海賊の舟にやあらん、小さき舟の、飛ぶやうにて来る」など言ふ者あり。（源氏・玉鬘）〔「海賊の船でしょうか、小さい船が飛ぶようにして向かって来ます」と言う者がいる」〈継続的意味〉

⑤—2 左大弁の君、「いとことことし」とて参り給へば、宮、「あな憎や。この麗し者は、何しに来るぞ」とて、聞こえさし給ひつ。（宇津保・国譲・中）〔弾正の宮が藤壺と話しているところに、師澄が来られて、「何かわけありのようですな」といったので、弾正の宮は、「ええい、憎らしい。この堅物めが、何しに来たのだ」とぼやかれて、お話を中断されたのだった」〈一般的事実の意味、疑問〉

（ⅲ）タリ・リ形

② 「幼き人は大殿籠りてなむ。などかいと夜深うは出でさせ給へる」と、もののたよりと思ひて言ふ。（源氏・若紫）〔源氏が深夜、若紫を迎えに行ったところ、女房の少納言が不審に思って、どうしてこんなに遅く来たのかと聞いているところ」〈運動の成立と結果・痕跡の存在〉

④ 君は、何心もなく寝たまへるを、抱きおどろかしたまふに、おどろきて、宮の御迎へにおはしたる、と寝おびれて思したり。（源氏・若紫）〔源氏の君は、女君が無心に寝ていらっしゃるのを、抱いてお起こしになるので、目が覚めて、父君がお迎えにいらっしゃったものと、寝ぼけて思っていらっしゃる」〈運動の成立と結果・痕跡の存在〉

⑤ 「我人に見すなよ。来たりとて、人おどろかすな」と、いとらうらうじき御心にて、もとよりもほのかに似たる御声を、ただかの御けはひにまねびて入りたまふ。（源氏・浮舟）〔「私の姿を人に見せてはいけない。わたしが来たといって人を起こさないで」と、じっさい知恵のよくはたらくお方だから、もともと薫大将と少しは似ているお声をまったくそのご様子そっくりにまねをして匂宮は浮舟の部屋にお入りになる」〈運動の成立と結果・痕跡の存在〉

⑩ 帝、驚き愛でさせ給ふ。「…行正、いときなく唐土に渡れりと言へども、まだ年若くて帰りまうで来たり。…」とのたまはするほどに、（宇津保・吹上・下）〔吹上で行われた菊の宴で嵯峨院は、「…行正は、幼い時に唐土に渡ったとはいっても、若い時に帰ってきたものである。…」とおっしゃる」〈経歴・記録〉

（ⅰ）ツ・ヌ形

礼なれば、まかり入りぬ」と、言ひ捨てて入り給ひぬ。〈源氏・藤裏葉〉〔内大臣は、息子の頭中将に、「朝臣よ、客人のおやすみになる所をお世話しなさい。老人は、ひどく酔いすぎて失礼だから、ご免こうむるとしよう」と言いすてて、奥へおはいりになった〕〈発話時以後〉

④－1 「若宮あながちに若ういはけなくて稚き御身の、いづちとてふり離れては、我らを捨てておはしぬるぞや。…」と泣きまろばせ給に、〈栄花・二六〉〔若宮はむやみに年若くいとけなくて幼い御身なのに、尚侍はいったいどこへこの若宮を残して去り、われらをも見捨てておいでになってしまわれたのか。…」と、嬉子逝去に際し道長と倫子は泣き悲しんでいる〕〈発話時以前〉

④－2 「いづこととておはしつるぞ。まろは早う死にき。常に鬼とのたまへば、同じくはなりはてなむとて」とのたまふ〈源氏・夕霧〉〔夕霧が行くと、雲居雁は、「どこだと思っておいでになったの。私はとっくに死にました。いつも鬼とおっしゃるから、同じことなら、なりきってしまおうと思って」とおっしゃる〕〈発話時以前〉

④－3 宮、「など、かく遅くはおはしつる」。おとど、「かの御饗《あるじ》の、いとになく景迹《きゃうざく》なりつれば、皆人、ただ今までなむありつる。あてこその御徳に、面白うめでたきものをも聞きつるかな」。〈宇津保・俊蔭〉〔大宮が、「どうしてこんなにおそくおかえりでしょうか」と聞くと、正頼は、「あちらの饗宴がまたとなく盛大でしたので、誰もみな今の今まで楽しんでおりました。あて宮のおかげで、面白く上手な琴の音を聞きましたよ」と、

コメント

主人の源中納言が自邸から出発したことは知っていると考えられるが、主人が宮中に到着したところを目撃しているわけではない。すなわち、運動の完了した証拠を見ているわけではないので、メノマエ性はないといえる。

（ウ）の場合は、話し手自身の動作であるから、自分自身の判断で認定できることなので、客観的にたしかめる必要はない。タリ・リ形の場合と同様に到着局面を表しているが、自分自身の動作は他者の動作のように目撃することはできないので、メノマエ性がないことはあきらかである。つまり、このツ形は（イ）のヌ形と同様にメノマエ性はないといえる。

ツ形の⑦「ただ今なむまかり帰りはんべりつる」では話し手である内舎人は京から宇治に到着した報告をしている。自らの行為の報告であるから、当然メノマエ性はない。

（エ）の場合も、一人称の動作であるが、（ウ）の場合とちがって、到着局面を表しているのではない。ヌ形の⑥－2「まかではべりぬる」では、命婦が宮中を出発したということがのべられている。⑥－2は、一人称の動作であるが、（ウ）の場合とちがって、到着局面を表しているのではなく、むしろ出発局面を表しているものと見ることができる。この場合も、他者の動作のように目撃することはできないので、メノマエ性がないことはあきらかである。

（オ）の場合は、たとえば（ⅰ）③「まかり入りぬ」は、一人称の動作であるが、これから行われる運動を表しているという点で、同じヌ形でも、（エ）とは異なる。ただ、まだ出発はしていないにもかかわらず、話し手は出発点にいるわけだから、

（ii）はだかの形

⑤－3 「…『かの君の、国の扉《とぼそ》に賜へる物御覧ぜさせむ』とて来」とて、御馬二つ・鷹二つ、白銀《しろがね》の馬、旅籠《はたご》負ほせながら、中に人入れて、歩ませて御覧ぜさす。〈宇津保・吹上・上〉〔「…『涼が、国境の関で、くださった土産の品をご覧にいれよう』と思って、持参いたしました」といって、仲頼は、御馬二頭・鷹二羽、白銀の馬に旅籠を背負わせながら、その中に人を入れて、歩かせて御覧にいれる〕〈一般的事実の意味、理由〉

⑤－4 かくてこの裳瘡《もがさ》京に来ぬれば、いみじう病む人々多かり。前の大弐も「同じくは、この御堂の供養の先に」とおぼし急ぎければ、この頃上り給て、いみじき唐の綾錦を多く入道殿に奉り給て、御堂の飾にせさせ給ふ。めでたき御堂の会とののしれども、世の人ただ今は、この裳瘡に何事も覚えぬ様なり。この裳瘡は、「大弐の御供に筑紫より来《き》たる」とこそいふめれ。〈栄花・一六〉〔裳瘡が京にまで広がったので、道長はその流行を鎮めるため、阿弥陀堂造営をくわだてた。筑紫の前の大弐も「同じことなら、阿弥陀堂の供養の前に」と急いで、上京した。そして、立派な綾錦を多く奉り、御堂の飾になさった。立派な御堂の会と評判であったが、世間の人々の関心は裳瘡のことでいっぱいで、「この裳瘡は、大弐の御供をして、筑紫からやってきたのだ」との噂のようだ〕〈一般的事実の意味、説明〉

⑥－1 夕さりつ方、内裏より、御文あり。「…明日の夜さりまかで侍り」と聞こえ侍りけり。〈宇津保・国譲・上〉〔仲忠から女一宮へ、宮中から手紙があった。「明日の夜半に退出します」と申し上げた〕〈志向的意味〉

⑥－2 「…内裏よりか」とのたまへば、「しか。まかではべる

（iii）タリ・リ形

⑪－1 例の大殿の君達、中将の御辺り尋ねて参り給へり。「さうざうしくねぶたかりつる、折よくものし給へるかな」とて、大御酒まゐり、氷水召して、水飯などとりどりにさうどきつつ食ふ。〈源氏・常夏〉〔内大臣の若様達が源氏の所にやって来た。源氏は、することがなくて眠たくなっていた時なので、丁度よい時に来てくれた、と言って、一緒に食事をする〕〈運動の成立と結果・痕跡の存在〉

⑪－2 いと気なつかしう、「こちや」とのたまへば、上り参りたり。「いづこよりものせられたるぞ。『誰に会はむ』とものせられつるぞ」とのたまへば、〈宇津保・楼の上・下〉〔大将がとても親しみやすそうに、「こちらへ」とおっしゃるので、さがのの弟は、御前へ参上した。大将が、「どこからいらしたのか。誰に会おうといらしたのか」といわれる〕〈運動の成立と結果・痕跡の存在〉

（ⅰ）ツ・ヌ形

こたえる」〈発話時以前〉

⑤—1　この子を、「何しに、この山にはあるぞ」と問へば、「魚釣りに来つるぞ、『おもとに食はせ奉らむ』とて」と言へば、〔宇津保・俊蔭〕〔童がこの子に向かって、『何しにこの山に入ってきたのか」と聞くので、この子が、「魚を釣りに来たのです。母上に食べさせようと思って」という〕〈発話時以前〉

⑤—2　ひるつかた、いでつる人、かへりきたり、「御文は、いでたまひにければ、男《をのこ》どもにあづけてきぬ」とものす。〔蜻蛉・中〕〔昼ごろ、京へ出かけていた道綱が帰ってきた。「お手紙は、兼家様は御不在でしたから、召使どもにあずけてきました」という〕〈発話時以前〉

⑥—1　藤中納言、靭負の君を御使にて、「ただ今なむまかでつる。喜びなども聞こえてしがな。渡り給ひぬべしや」など聞こえ給へり。〔宇津保・沖つ白波〕〔藤中納言は、靭負の君をお使として、女一宮に、「ただ今宮中から退出してきました。昇進の喜びなどもお話ししたいと思います。こちらにお越しになりませんか」などと申し上げる〕〈発話時以前〉

⑥—2　「…むせかへらせたまひつつ、かつは人も心弱く見たてまつるらむと、思しつつまぬにしもあらぬ御気色の心苦しさに、うけたまはりはてぬやうにてなん、まかではべりぬる」とて御文奉る。〔源氏・桐壺〕〔「何度も涙におむせかえりになり、一方では、人が気の弱いお方とお見受けすることであろうと、ご自制なさらぬでもないご様子がお気の毒なあまりに、お言葉を終わりまでうけたまわりきらぬような有様で退出いたしました」と言って帝のお手紙をさしあげた〕〈発話時以前〉

コメント

出発局面を表していることは（エ）と同じである。この場合は、まだ始まってもいない動作だから、当然メノマエ性はない。

一人称の場合は、ツ形とヌ形があるが、ツ形の場合は〈発話時以前〉の運動になるが、ヌ形の場合はこのように〈発話時以後〉の運動になることがおおい。

以上の議論は人称のちがいだけにしぼって移動動詞の使いわけを見ており、文ののべかたについてはすべてのべたてであると考えて議論をすすめてきたのであるが、のべかたのちがいもふくめて表にしてみると、相手、すなわち二人称の到着をとりあげる場合、のべたての場合とはちがって、たずねの場合には、ツが用いられている。これは、二人称のたずねとは最終的な認定を相手の判断にゆだねることを表すので、相手の動作であっても一人称的にとりあつかえるからであると考えられる。

	一人称		二人称		三人称	
	のべたて	たずね	のべたて	たずね	のべたて	たずね
ツ	○	×	×	○	×	×
ヌ	○	×	○	×	○	○
タリ・リ	×	×	○	○	○	○

ツ形の④—3「など、かく遅くはおはしつる」で大宮は、話の相手である正頼の到着が遅れた理由をただしている。二人称の行為であるから、話し手は相手の行為を目撃しているわけだが、たずねの文であるため相手の判断に依拠しているので、一人称の運動と同じくメノマエ性のないツ形が用いられているものと考えられる。

（カ）ツ形が、同様に二人称のたずねに用いられている例は、そのほかでは、（ⅰ）の①—3、

（ⅱ）はだかの形

ままなり。朱雀院の行幸、今日なむ、楽人、舞人定めらるべきよし、昨夜うけたまはりしを、大臣にも伝へ申さむとてなむ、まかではべる。やがて帰り参りぬべうはべる」と、いそがしげなれば、（源氏・末摘花）〔「…宮中からですか」と源氏がおっしゃると、頭中将は、「そうです。退出してその足でうかがったのです。朱雀院へ行幸のことは、昨晩うけたまわりましたので、父の大臣にもお伝え申そうと思いまして、退出いたしました。すぐ参内せねばなりません」と忙しそうにしている〕〈一般的事実の意味、理由〉

⑥―3　さしあひて、押しとどめて立てたれば、廊に御車寄せて下りたまふ。「何ぞの車ぞ。暗きほどに急ぎ出づるは」と目とどめさせたまふ。かやうにてぞ、忍びたる所には出づるかしと、御心ならひに思し寄るも、むくつけし。「常陸殿のまかでさせたまふ」と申す。（源氏・東屋）〔浮舟の母は、ちょうど匂宮が帰邸したのに出合ったので、控えて榻《しじ》を立てて待っていると、宮は廊に御車を寄せてお降りになられる。「あれはどういう車か。暗いうちに急いで出て行くのは」と目をおとめになる。「こんな風にして、忍んで通うところからは出て行くものだ」と、御自分の日頃の経験から推量なさるのも恐ろしい。「常陸殿の御退出でございます」と、こちらの供人が申し上げる〕〈一般的事実の意味、説明〉

⑨「今日なん都離れはべる。また参りはべらずなりぬるなん、あまたの愁へにまさりて思うたまへられはべる。…」（源氏・須磨）〔源氏は、東宮に退京の消息を送る。「いよいよ今日都を離れます。もう一度おうかがいしないままになってしまいまし

（ⅲ）タリ・リ形

（ⅰ）ツ・ヌ形

⑥−3　仁寿殿より、仲忠を、せめて求めさせ給へど、さらになし。「まかでやしぬる」と仰せらる。〈宇津保・内侍のかみ〉〈仁寿殿からは、帝が仲忠をしきりにお探させになるが、どうしても見当たらない。帝は、「退出してしまったのだろうか」と仰せになる」〈発話時以前〉

⑦「殿に召し侍りしかば、けさ参り侍りて、ただ今なむまかり帰りはんべりつる。…」といふを聞くに、ふくろふの鳴かむよりも、いとものおそろし。〈源氏・浮舟〉〈殿の呼出しがあったので、今朝参上して、たった今帰ったと、京から帰ってきた内舎人が言うのを聞くのは右近には大変恐ろしかった」〈発話時以前〉

⑧　大臣、内より出でたまひけるままに、ここに参りたまへれば、宮、「ことごとしげなるさまして、何しにいましつるぞとよ」と、むつかりたまへど、あなたに渡りたまひて対面したまふ。〈源氏・宿木〉〈姑の右大臣が内裏から帰る途中、二条院に来たので、匂宮は「どうしてまた正装なんかでいらっしゃったのか」と不平をもらしながらも右大臣に対面した」〈発話時以前〉

コメント

④−2、⑧がある。

以上のように、動作主が話し手、聞き手、第三者のどれであるかによって、運動のあらわれ方はかわってくるのだが、そのちがいはタリ・リとツ・ヌの使いわけによって表されている。さらに、タリ・リをとるかツ、ヌをとるかというちがいは話し手とその動作との空間的関係によってもきまってくるということができる。

コメント2

はだかの形の場合は、⑤−1「飛ぶやうにて来る」のような継続的意味になることはほとんどなく、①−2、①−3、③、④、⑤−2、⑤−3、⑤−4、⑥−2、⑥−3のように〈一般的事実の意味〉か、一人称で①−1、②、⑥−1、⑨のように〈志向的意味〉で用いられることがおおい。〈志向的意味〉の用法は、ヌ形の〈発話時以後〉の用法と競合する。

なお、（ⅲ）⑪−2の例では、「ものせられたる」と「ものせられつる」とが競合している。タリ形が迎える立場から人物をメノマエにしているニュアンスがあるのに対して、ツ形の方は一回的な移動の完成を問題にしているように見えるが、競合的である。

（ⅲ）の①−2は、従者の報告であるから〈以前の実現〉である。また、（ⅲ）⑩で、行正は今唐にいるわけではないので、「渡れり」は若い頃の経歴である。

（ii）はだかの形

たのが、数々の悲しみの何にもまして気がかりに存ぜられるのでございます。…」〈志向的意味〉

（iii）タリ・リ形

(i)ツ・ヌ形

① 琴は押しやりて、「楚王の台の上の夜の琴の声」と誦じたまへるも、…「事こそあれ、あやしくも言ひつるかな」と思す。〔源氏・東屋〕〔琴は押しやって、薫は、「楚王の台の上の夜の琴の声」とお口ずさみになるが、…侍従が変な感心の仕方をするので、「いくらもあるのに、我ながら妙な詩をいったものだ」とお思いになる〕〈発話時以前〉

②−1 御消息、大殿よりあり。「まうで来むずるを、乱り足の気上がりて、東西知らずなむ。そこに、男ども侍らむ、御身の代はりには、雑役もせさせ給へ」とあり。御返り言、「かしこまりて承りぬ。渡りおはしまさねば、人、いとさうざうしげに」など聞こえ給ふ。〔宇津保・蔵開・下〕〔お手紙が正頼からあった。「そちらに参上いたそうと思いますが、脚気がひどくなり、どうしようもないほど苦しゅうございますので、遠慮させていただきます。そちらに息子どもがおると思います。あなたの手となり足となるように、雑用をおいいつけください」と書いてある。お返事、「かしこまって承りました。あなたがこちらにいらっしゃいませんので、人々がみな物足りなく思い申し上げております」などと申し上げる〕〈発話時以前〉

②−2 中納言殿は、ひとり例の眺め臥し給へる所に、道季参りて、「怪しき事をこそうけ給《たまはり》つれ。道成が妻は、海に身を投げて侍るなりけり。…」と申せば、〔狭衣・二〕〔狭衣の中納言が、例のように一人でぼんやりと臥せっていらっしゃるところへ、道季が伺って、「妙なことを承りました。道成の妻が海に

コメント

▽通達動詞

コメント1　通達動詞とメノマエ性

会話文の通達動詞においては、口頭の通達活動ではなく、手紙、または伝言による通達活動を表すというところにタリ・リ形のメノマエ性が観察される。このとき、通達活動の成立した結果、ないしは痕跡であると考えられるのは、話し手のメノマエに存在する書簡、または伝言仲介者である。手紙は書かれた文字という形で目に見える痕跡を残すし、伝言も伝言の仲介者の存在というかたちで目に見える痕跡を残すので、その通達活動は発話者から目撃することができるものである。

会話文での通達活動の表現においては、タリ・リ形は、(iii)の⑤−1、⑤−4、⑤−5のような消息や、(iii)の①−1、①−2、⑥のような記録や、(iii)③のような伝言による通達活動を表すときに出現する。

それに対して、ツ・ヌ形はもっぱら(i)の①、②−2、④、⑤−1、⑤−2、⑥、⑦−1、⑦−2のような直接の口頭による通達活動を表すときに出現する。目に見える痕跡を場面に残す消息や伝言に対して、直接的な口頭による通達活動は場面にそうした痕跡を残さないものである。したがって、そのような通達活動をとりあげる際に用いられる、ツ形、ヌ形にはメノマエ性はないといってよいだろう。

ただし、(i)②−1のように、手紙を読んだことを表す場合にも、「うけたまはりぬ」は用いられることがあるが、これは一種の慣用表現であろう。

（ii）はだかの形

▽通達動詞

① 「大悲者《ひさ》には、他事も申さじ。あが姫君、大弐の北の方ならずは、当国の受領の北の方になしたてまつらむ。三条らも、随分にさかえて返申は仕うまつらむ」と、額に手を当てて念じ入りてをり。右近、いとゆゆしくも言ふかな、と聞きて、〈源氏・玉鬘〉〔「御仏にはほかのことは申し上げません。主の姫君を大弐の北の方か、さもなければこの受領の北の方にしてさしあげとうございます。三条らも身分相応に出世してお礼参りはきちんといたしましょう」と、三条は額に手を当てて一心にお祈りしてすわりこんでいる。右近は、まったく忌まわしいことを言うものだと思う〕〈一般的事実の意味、評価〉

② 「『この宮は、かの御やうにて、をかしげなる』となむ承る」〈宇津保・蔵開・下〉〔「女二の宮は、藤壺に似て美しくいらっしゃるとお聞きしています」と俊蔭娘がいう〕〈遂行的意味〉

③ すなはちたち帰り来て、「『さらば、そのありつる御文を賜はりて来』となん仰せらるる。とくとく」といふが、〈枕・八二〉〔主殿司《とのもづかさ》の官人が頭の中将からの手紙を持ってきたが、返事はあとからするからといって、帰らせると、すぐ引き返してきて、「『すぐお返事をいただけないのなら、先ほどの手紙をお返しいただいて来い』とおっしゃっておいでです。はやくお返事を」と言う〕〈継続的意味〉

④−1 八月十五夜、隈なき月影、隙多かる板屋残りなく漏り来て、見ならひたまはぬ住まひのさまもめづらしきに、暁近くなりにけるなるべし、隣の家々、あやしき賤の男の声々、目覚

（iii）タリ・リ形

▽通達動詞

①−1 また、迫り痴れたる大学の衆の言ふやう、「あはれ、書に言へるやうは、『…ものは序を越さず出で立つべきものなり、…』となむ、文書に言へる。まことに、しかあるものなり」〈宇津保・藤原の君〉〔また、困窮しきっている大学の衆のいうには、「ああ、漢籍の記すところによれば、…『物事の順序を守って世に出ていくものです。…』と文書に書いてあります。ほんとうにそういうものです」〕〈経歴・記録〉

①−2 「思ひあまり昔のあとをたづぬれど親にそむける子ぞたぐひなき不孝なるは、仏の道にもいみじくこそ言ひたれ」とのたまへど、顔もたげたまはねば、〈源氏・蛍〉〔「思い余って昔の本を探してみても、親にそむいた子は例がない。親不孝は仏の道でも固く戒めているのに」と源氏がおっしゃっても、玉鬘は顔も上げない〕〈経歴・記録〉

② 大将、「今少し近く寄らせ給へ。山籠りの君を、昔は、いみじう語らひ聞こえしかば、さりとも、聞こし召すやうもありけむ」。いらへ、「山籠りの知るべき人やは」と。大将、「何か。いとよく承りたりや。…」〈宇津保・蔵開・下〉〔「今少し近くお寄りください。山籠りしていらっしゃる兄君とは、昔はとても親密に交際しておりましたので、わたしのことは御存じかと思っておりますが」と仲忠がいうと、仲頼の妹はご返事で、「山籠りの人が、あなたのような方を存じているはずはございません」という。それに対して仲忠は、「いいえ、どうして。あなたのことはよく承知いたしております。…」という〕〈経歴・

（i）ツ・ヌ形

身を投げたということでございます」といって、それが狭衣が探していた飛鳥井の姫君であったかもしれないと述べる」〈発話時以前〉

❸「蔵人の少将藤原宣方、内裏より候ふ」と申す。尚侍、とく聞きつけ給ひて、琴を弾きやみ給ふ。上たち、聞きつけさせ給ひて、「何ぞ」と問はせ給ふ。「しかしか聞こえ侍りつるを、上聞こし召しつけて、『この声の聞こえむ所を尋ねて、奏せよ』となむ仰せられつる。こなに聞こえ侍りつれば」と啓す。（宇津保・楼の上・下）〔「蔵人の少将藤原宣方、内裏より参上いたしました」と申しあげる。尚侍は、それをすばやく聞きつけられ、琴を弾きやまれる。院の帝がたも、お聞きつけになって、「何が」とお尋ねになる。少将は、「琴の音が遠くから聞こえましたので、帝もお聞きおよびになり、『この音の聞こえてくる所を探して報告せよ』とお命じになられました。こちらで琴の音が聞こえましたので、こうして参上しました」と言上する〕〈発話時以前〉

❹「いと恐ろしきことをこそ聞き侍りつれ。二の宮の越後の乳母は、『宰相の中将に盗ませ奉らむ』とたばかりて、多くの物賜はりにけるは。…かかること知りたる下衆を、はかなきことにてうち追ひ出でければ、腹立ちて言ひののしりければ、皆人聞き侍りつ。…」（宇津保・国譲・下）〔「たいそう恐ろしいことを耳にいたしました。女二宮の左近の乳母という者が、『宰相の中将に宮を盗ませ申し上げよう』と共謀して、多くの物をいただいたということです。…そのようなことを知る下衆を、ちょっとしたことがあって追い出したところ、その下衆が腹を立てて大声でいいふらしましたので、みな聞き知ったのでござ

コメント

また、基本的に口頭的言語活動を表すときは、ツ形が用いられるが、⑦−1「聞こえさせはべりぬ」のようにヌ形が用いられることがある。この場合は、余儀なくさせられる事務的な活動を意味しており、活動主体の意志的な言語活動ではないことを表そうとしたものと見られる。

なお、はだかの形は、口頭による通達活動を表すことが圧倒的におおいが、伝言や消息を表すこともあるので、一応メノマエ性に関しては中立であると考えられる。

なお、（iii）⑤−3「いみじうのたまはせたり」のように、通達動詞のタリ・リ形が口頭の発話を示すのに用いられることがある。これは、伝言でない直接の口頭の言語活動をさし示していても、それについてなんらかの評価をくだすようなときには、タリ・リ形であることがおおいということであろう。「いみじう」という評価がその対象を要求するため、対象としてのみ存在性を付与するためにタリ・リ形が用いられているものと説明することができる。言語活動の評価を表す文には、（ii）①「ゆゆしくも言ふかな」や（ii）⑤−1のようにはだかの形が用いられることもおおいので、この種の評価文においては、タリ・リ形とはだかの形は競合的状態にある。ただし、〈経歴・記録〉の意味などになると、（iii）⑤−2「かうかうのたまへる」や（iii）②、④のように、評価性の感じられない文においても、タリ・リ形で口頭の言語活動をとりあげることができる。以上でのべた、文字をもっているか、音声のみであるかのちがいは、結果をもつか、もたないかというパーフェクト性の有無とつながっている。

（ⅱ）はだかの形

まして、「あはれ、いと寒しや」、「今年こそなりはひにも頼む所すくなく、田舎の通ひも思ひかけねば、いと心細けれ、北殿こそ聞きたまふや」など、言ひかはすも聞こゆ。〔源氏・夕顔〕〔夕顔の家の隣の様子。今宵は八月十五夜、残るくまない月光は、すきまの多い板屋のあらゆるところに漏れて来て、こういうふだん見なれない、住まいの様子もめずらしいが、そのうえ夜明け近くなったのだろう、隣の家々では、いやしい身分の男の声々がする。目を覚まして、「ああ、ひどく寒いね」、「今年はもう商売もあんまりあてにできないな。田舎通いにも望みはないから、心細くてしょうがない。北隣さんよ、聞いていなさるかね」などと、言葉をかわすのも聞こえる」〈継続的意味〉

④−2 「…侍従といひし人は、ほのかにおぼゆるは、五つ六つばかりなりしほどにや、にはかに胸を病みて亡せにきとなむ聞く。…」などのたまふ。〔源氏・橋姫〕〔「…『侍従といった人は、かすかに思い出されるが、五つ六つぐらいのころだったか、急に胸を病んで亡くなった』と聞いています。…」などと薫はおっしゃる〕〈一般的事実の意味、言語活動〉

⑤−1 「君に馴れきこえんことも残り少なしや。命といふものの、いましばしかかづらふべくとも、対面はえあらじかし」とて、例の、涙ぐみたまへれば、いとものしと思して、「母ののたまひしことを、まがまがしうのたまふ」とて、伏目になりて、〔源氏・幻〕〔源氏が、「あなたと仲よくしますのも、長いことはありませんよ。命というものは、もうしばらく続くとしても、こうしてお話しをすることはできないでしょうね」とおっしゃって、例によって涙ぐんでおしまいになると、匂宮は「縁起でも

（ⅲ）タリ・リ形

記録〉

③ 乳母は、ほのうち聞きて、「いとうれしく仰せられたり。盗人多かんなるわたりに、宿直人もはじめのやうにもあらず、みな身の代りぞ、と言ひつつ、あやしき下衆をのみ参らすれば、夜行をだにえせぬに」とよろこぶ。〔源氏・浮舟〕〔内舎人が薫から警戒を厳重にするようにと言われたということを乳母は小耳にはさんで、「本当に嬉しいことを仰せられた、物騒な所だというのに、宿直人も身代わりの下衆ばかりで夜回りもろくにしていないのだから」と喜んだ〕〈運動の成立と結果・痕跡の存在〉

④ ありつる扇御覧ずれば、もて馴らしたる移り香、いとしみ深うなつかしくて、をかしうすさみ書きたり。

心あてにそれかとぞ見る白露の光そへたる夕顔の花

そこはかとなく書きまぎらはしたるも、あてはかにゆゑづきたれば、いと思ひのほかにをかしうおぼえたまふ。惟光に、「この西なる家は何人の住むぞ、問ひ聞きたりや」とのたまへば、〔源氏・夕顔〕〔先程西隣の家から差し出された扇を見ると、「心あてに…」の歌が書いてある。その書き方の上品でたしなみがあるのに興味を引かれ、惟光に、「この西隣にはどんな人が住んでいるのか、聞いているか」と源氏は聞く〕〈経歴・記録〉

⑤−1 かくて、かの右大将殿より、中将の君の御もとに、「…あやしくも濡れまさるかな春日野の三笠の山はさして行けども…」と書きて、奉らせ給へり。中将、あて宮に、「聞こえし大将殿より、かくなむのたまはせたる。見給へ」〔宇津保・藤原の君〕〔さて、あの右大将兼雅君から、中将の君のところに、「…あやしくも濡れまさるかな春日野の三笠の山はさして行けども

（ｉ）ツ・ヌ形

います。…」」〈発話時以前〉

⑤−1 『あさてばかり、よき日なるを、御文奉らむ』とのたまひつる。（蜻蛉・下）〔兼家からも『あさってごろが吉日ですから、お手紙を差し上げましょう』とのお言葉でした〕〈発話時以前〉

⑤−2 兵衛、「ここに、なほ出でさせ給へ。おとどの君も、『御消息聞こえよ』とのたまはせつるものを」と聞こゆれば、（宇津保・国譲・上）〔兵衛が、「やはり廂の間にいらしてくださいませ。左大臣様も、ご挨拶せよ、とおっしゃっていらっしゃいましたから」と申しあげる〕〈発話時以前〉

⑥ 舎人共、「彼レハ何ニ為ル事ゾ」ト云テ、走リ返テ寄テ見レバ、妻ニ打チ被□テ立テリ。其ノ時、舎人共、「吉クシ給ヘリ。然バコソ年来ハ申ツレ」ト讃メ罵シル時ニ、（今昔・二八・二）〔浮気者の夫を殴りつけた妻をほめて、夫の同僚の舎人が「だから今まで幾度も浮気に気をつけるよう言ってあったでしょう」と言う〕〈発話時以前〉

⑦−1 「ただ推しはかりて。我は言ふべきこともおぼえず」とて、臥したまへるもことわりにて、「ただ今は、亡き人と異ならぬ御ありさまにてなむ。渡らせたまへるよしは、聞こえさせはべりぬ」と聞こゆ。（源氏・夕霧）〔夕霧の弔問に対して、落葉宮は、「自分はどう言っていいか分からないから、よいように」と言って、横になっているのも無理からぬことなので、女房は夕霧に、「宮は今の所死んだ人と同然なので、お見えになったことだけは申し上げた」と言う〕〈発話時以前〉

⑦−2 「しか伝はる中の緒は、ことにこそ侍らめ。それをこ

コメント

ここでツ・ヌ形とはだかの形のアスペクト的ちがいにふれておけば、「仰す」の（ｉ）③と（ⅱ）③、「聞く」の（ｉ）④と（ⅱ）④−1では、ツ形が一括的意味で、はだかの形が継続的意味である。「申す」の（ｉ）⑥と（ⅱ）の⑥、また「うけたまはる」の（ｉ）②−1、②−2と（ⅱ）②では、ツ形は一括的意味で、はだかの形は遂行的意味である。（ⅱ）②が遂行的意味と考えられるのは、これが了承するという行為を表していると見ることができるからである。

なお、（ⅱ）⑤−1・2「のたまふ」と（ⅱ）④−2「聞く」は一般的事実の意味で、具体的事実の意味と競合している。

なく、母の紫の上がおっしゃったのと同じことを仰せになる」とおっしゃって、伏目になる」〈一般的事実の意味、評価〉

⑤－2 「かたへはそらごとをのたまふぞ。こころみたいまつらむ」とて、みそかにふたところのとりをつくりまぜて、しるしをつけて、人のまいりたれば、いささかとりたがへず、（大鏡・六）〔公忠の弁が久世の雉と交野の雉とを食べ分けられると聞いて疑ったある人が、『いくらかは嘘をおっしゃっているのだろう。お試し申してみよう』と、こっそり両方の場所の雉を混ぜて料理し、目印をつけて差し上げたところ、ちっともとりちがえなかった〕〈一般的事実の意味、説明〉

（ii）はだかの形

⑥ 思ひ離るる世のとぢめに、文書きて、御方に奉れたまへり。「…つてに承れば、若君は、春宮に参りたまひて、男宮生まれたまへるよしをなむ、深くよろこび申しはべる。…」とて、月日書きたり。（源氏・若菜・上）〔明石の入道は、いよいよこの世を捨て去るにあたって最後にと、娘の明石の御方に手紙を書いてさしあげられる。「…人伝に承れば、若君は東宮に入内なされて、男宮がお生れになったとのことで、深くお喜び申し上げます。…」といって、月日を書いてある〕〈遂行的意味〉

⑦ 「…かの御心寄せは、またことにぞはべべかめる。ほのかにのたまふさまもはべめりしを。いさや、それも人の分ききこえがたきことなり。御返りなどは、いづ方にかは聞こえたまふ」と問ひ申したまふに、（源氏・椎本）〔「匂宮がそれとなく手紙をお寄越しになったこともあるようですが、姉妹のどちらへのお手紙かは、はたの者にはお見分けするのも難しいことです。御返事などはどちらが差上げているのですか」と薫は大君に問

（iii）タリ・リ形

…」と書いて送った。中将はあて宮に、「前にお話しした右大将殿より、このようにおっしゃってきております。ごらんください」という〕〈運動の成立と結果・痕跡の存在〉

⑤－2 帰りて、帥、四の君に、「かうかうのたまへる。小さくおはする君はいくつぞ」と問へば、（落窪・四）〔「左の大臣様は、こうおっしゃっています。小さくていらっしゃる姫君はいくつですか」と問う〕〈経歴・記録〉

⑤－3 大納言殿きかせ給て、「明理のらんかうに行成がしこなよぶべきにあらず。いとからいことなり」とて、わらはせたまひければ、人々「いみじうのたまはせたり」とて、興じたてまつりて、そのころのいひごとにこそし侍しか。（大鏡・三）〔明理が競馬の太鼓を打ち間違ったことを世間がはやし立てているのを聞いて、行成が「明理の失敗に、何も行成のみっともない名を引き合いに呼ぶ必要があろうか。まことにひどい目に遭うものだ」とお笑いになりましたから、世間の人々は、「じつにうまいことをおっしゃったものだ」とおもしろがりおほめもうして、その当時の話題にしたものです〕〈運動の成立と結果・痕跡の存在〉

⑤－4 これは、昨日の御返りなれば、見せたてまつる。「ねたげにものたまへるかな。…」など、しりうごちて、（源氏・紅梅）〔若君は、昨日の手紙に対する返事なので、匂宮の手紙を大納言に見せた。断わりの歌を返してきたので、大納言は、「にくらしい事を言う。…」と、悪口を言っている〕〈運動の成立と結果・痕跡の存在〉

⑤－5 見給ひて、「いかに、およずけてのたまひたりや」な

そ承らむとは聞えつれ」とて、御簾のもと近くおし寄せ給へど、（源氏・横笛）〔落葉宮が柏木遺愛の琴を御簾から出して、夕霧に弾くように言うと、「柏木の琴を私が弾くのではなく、妻であったあなたが弾けば、夫婦に伝わる音色が聞けるのではないかと思い、聞きたいと申し上げたのだ」と言って、琴を御簾の方に押し戻した〕〈発話時以前〉

（ｉ）ツ・ヌ形

▽授受動詞

① 「…この左大将源正頼のぬしの女子ども、十余人にかかりてあなり。一人にあたるをば、帝に奉りつ。…」とのたまふ時に、（宇津保・藤原の君）〔「この左大将源正頼家に姫君たちが十数人もいるので、あてにしていたのである。そのなかの一人は帝に女御としてさしあげてしまった」と上野の宮が言う〕〈発

コメント

▽授受動詞

コメント1

移動動詞以外の行為動詞はヌ形をとることはすくないのだが、ヌ形をとって、一括的に運動を表す場合がある。それは、つとに進藤義治（一九八八）によって指摘されたように、待遇表現の「はべり」とともにあらわれることから、一人称の行為

う」〈一般的事実の意味、疑問〉

（ii）はだかの形

▽授受動詞

① 右大将、三条殿に、あののたまひし家の券奉り給へり。おとどに申し給ふ、「仰せられし家奉り侍り。…やがて内の具具して奉り侍るめり。目録」とて、その書奉り給ふ。（宇津保・蔵開・下）〔仲忠は、兼雅に、兼雅がほしいと言っていた家来

どのたまふほどに（宇津保・蔵開・上）〔娘の梨壺からの手紙を見て、兼雅が「何と大人らしくお書きになったことだな」と言う〕〈運動の成立と結果・痕跡の存在〉

⑥ かの書の序に言ひて侍るやうにも、『唐の間の記は、俊蔭の朝臣のまうで来るまでは、異人見るべからず。その間、霊添ひて守る』と申したり。（宇津保・蔵開・上）〔俊蔭の父の日記の序にも書いておりますように、『俊蔭の在唐の間の私の日記は、俊蔭の朝臣が帰ってくるまでは他人は見てはならない。その間霊がそばにあってこの書を守ろう』とありました〕〈経歴・記録〉

⑧ 殿は、この文のなほあやしく思さるれば、人見ぬ方にて、うち返しつつ見たまふ。さぶらふ人々の中に、「かの中納言の手に似たる手して書きたるか」とまで思し寄れど、（源氏・若菜・下）〔女三宮の部屋で見つけた手紙が気がかりであったので、源氏は人目につかないところで、何度もご覧になられる。「宮にお仕えになっている女房の誰かが、柏木中納言の筆跡に真似た筆遣いで書いたのか」とまで疑ってご覧になる〕〈運動の成立と結果・痕跡の存在〉

（iii）タリ・リ形

▽授受動詞

① 大将、「…さらば、かの日、御車どもなど設けさせて候はむ。糸毛なむ、かの宮に、内裏より、造らせて奉り給へり。まだ乗り給はざめるを。…」（宇津保・蔵開・中）〔「…ところで、女三宮のお迎えにまいる日は、御車をいくつか準備してまいり

話時以前〉

②－1「かしこくも取りつるかな。我はさいはひありかし。思ふやうなる婿どもを取るかな。…」（落窪・二）〔よい具合にいい婿を取ったものだね。私は幸者だよ。娘たちは理想通りの婿を取ったものだね。…」〕〈発話時以前〉

②－2　女君に奉れば、宮、「それはいづくよりぞ」とのたまふ。「宇治より大輔のおとどにとて、もてわづらひはべりつるを、例の、御前にてぞ御覧ぜんとて取りはべりぬる」と言ふもいとあわたたしきけしきにて、（源氏・浮舟）〔便りを中の君に渡すのを見て、匂宮が女の童を問い詰めると、「宇治から女房の大輔様にと言って持ってきて使いがうろうろしておりましたのを、いつもの通り、奥方様が御覧になるのかと思って、受け取ってしまったのです」と言う〕〈発話時以前〉

③　三四日ばかりありて、ふみあり。あさましうつべたましとおもふおもふみれば、「このごろ、ここにわづらはるることありて、えまいらぬを、昨日なん、たひらかにものせらるめる。けがらひもやいむとてなん」とぞある。あさましうめづらかなること、かぎりなし。ただ、「給はりぬ」とて、やりつ。（蜻蛉・上）〔三四日ほどして、兼家から消息があった。あきれた、薄情なと思い思い見ると、「このごろこちらで臥せっておられる人があって、うかがうことができなかったが、きのう無事出産をすまされたようだ。その穢れの身ではご迷惑だろうと思ってね」と書いてある。あきれた、なんてことだと思う気持ちは、この上もない。ただ、「ちょうだいいたしました」とだけ、いってやった〕〈発話時以前〉

コメント

をあからさまに表すのをやわらげるはたらきをもつものと考えられる。

ツ形の②－1「取りつるかな」が、意志的な受領行為を表しているの対して、ヌ形の②－2「取りはべりぬる」はそうではない。②－2は、匂宮にとい詰められた童が、行為が積極的に行われたものではないこと、すなわち受け取ったのは自分の意志からではなく、使いがうろうろしていたので、かわいそうになって、ついそうしてしまったのだというニュアンスを表そうとして、ヌ形にしたものと考えられる。このようなニュアンスがでるのは、コルパクチ（一九五六）の説にしたがうなら、ツ形が活動主体の積極的なはたらきかけによってその出来事が実現することを表すのに対して、ヌ形が、その出来事が、非活動主体の状態、またはその変化であることを示すはたらきをもっていたことから説明することが可能であろう。

なお、ツ形の②－1「取りつるかな」は、はだかの形の②の「取るかな」と一続きの文章のなかにある例である。いずれもいい婿を取ったことに対する肯定的評価を表す構文である。したがって典型的な相の競合関係にあると見なされる。

なお、またツ形の⑤「譲りきこえさせつるぞ」は、完成相形式では将来実現する運動を表す用法がほとんど移動動詞以外には見られないなかで、移動動詞でないだけでなく、他動詞で、それにしたがってツ形をとっている非常にめずらしい例である。

コメント2

「奉る」においては、ツ形①「奉りつ」が単純に授受活動の

（ii）はだかの形

の家の権利証を差し上げる。そして、兼雅に「仰っていた家を差し上げます。…近いうちに家財道具を含めて差し上げることになるでしょう。これはその目録です」と言って、その目録も差し上げる」〈遂行的意味〉

② 「かしこくも取りつるかな。我はさいはひありかし。思ふやうなる婿どもを取るかな。…」（落窪・二）〔よい具合にいい婿を取ったものだね。私は幸者だよ。娘たちは理想通りの婿を取ったものだね。…」〕〈一般的事実の意味、感嘆〉

④—1 「いはゆるあてこそ、それこそは、よき今宵の禄なれ。涼にはあてこそ、仲忠には、そこに一の内親王ものせらるらむ、それを賜ふ」と仰せらる。（宇津保・吹上・下）〔帝は、左大将の正頼が自分の娘を涼・仲忠に与えたなら、これ以上の褒美はないであろうと言って、「世間で評判のあて宮、それこそ今夜のもっともよい禄ではないか。涼にはあて宮、仲忠には、そなたのところに第一皇女がおられるであろう、それを与えよう」と仰せられる」〈遂行的意味〉

④—2 「いとほし。これに、何とらせん」といふを聞かせ給ひて、「いみじう、かたはらいたきわざは、せさせつるぞ。聞かで、耳をふたぎてぞありつる。その衣ひとつとらせて、とく遣りてよ」と仰せらるれば、「これ賜はするぞ。衣すすけためり。しろくて着よ」とて、投げとらせたれば、（枕・八七）〔「ほんとうにひどい。なんで、そんな聞いていられないような歌を歌わせたのか。聞くのもはずかしくて耳をふさいでいましたよ。そこにある着物を一枚やって、早く帰してしまいなさい」と、中宮がおっしゃるので、少納言は「これを、中宮様からくださ

（iii）タリ・リ形

ましょう。糸毛の車は、かの女一宮のところに、帝より造らせてご下賜になったものがございます。宮はまだそれには乗っていらっしゃいませんが。…」〕〈運動の成立と結果・痕跡の存在〉

② 「身の心ぼそさに、人のすてたる子をなんとりたる」などものしおきたれば、「いでみん。誰が子ぞ。…」とあるに、（蜻蛉・下）〔「心細い身の上ですから、男親の見捨てていた子をもらうことにしました」などと話していたものだから、兼家は「どれ見たいものだ。だれの子だね。…」という〕〈運動の成立と結果・痕跡の存在〉

③ 御使に何をも何をもと取り埋みかづけさせ給。御使帰り参りたれば、殿おはしまいて、「ものよかりけるまうとかな。いみじう多く物を賜はりたる」とぞ笑はせ給ける。（栄花・八）〔自分の御子の処遇を聞いて、花山院は大変お喜びになり、御使者にさあこれもさあこれもと体も埋もれるばかりに被物をお与えあそばす。御使者が帰参したので、道長殿がお出合いになり、「なんともそなたはしあわせ者よ。たいそうたくさん頂戴ものをしたことだ」といってお笑いになるのだった〕〈運動の成立と結果・痕跡の存在〉

④ 「これは、まろが中納言殿の、『誰と知らねど、率て行くらん人に、必ず着せよ』とて賜はせたるぞ。御心ざしのままに、たてまつれ。涙に、いたうしぼみ給へるに」とて、（狭衣・一）〔「これは、わたしの御主人の中納言様が、『誰とは知らないが、連れて行くという人に、必ず着せなさい』と賜ったものなのですよ。殿の御意向に応じて、お召しになってくだされ。今のお着物は、涙に濡れて、ひどくよれよれになってしまったようで

⑤「…うつし心もなきやうにて過し侍れば、つひにはかくてもありはつまじきを、この人をば、御前に譲りきこえさせつるぞ」との給。〈浜松・四〉〈中納言は、唐王妃との間にできた若君を吉野姫にあずけようとして、「この私は正気もないように過ごしておりますので、おしまいには、こうして生きながらえていられそうになくて、この若君は、あなたにお譲り申し上げておきますよ」とおっしゃる」〈発話時以後〉

（ⅰ）ツ・ヌ形

▽**知覚動詞**

①「よなよなもろこしの御事の、つゆまどろめば、夢に見えつつ、あやしう心さわぎのみしておぼえつるに、かかる声をなんこよひききつる。…」とて泣き給ふに、〈浜松・四〉〔「毎夜、毎夜、唐国の后の御事が、少しでも眠ると繰り替し夢に見えて、

コメント

完成を表しているのに対して、はだかの形①「奉り侍り」は、授与の宣言であるとすれば〈遂行的意味〉であるが、現に行われている行為を言葉で描写するという、〈一般的事実の意味〉の説明の用法とも解釈できる。しかし、いずれにせよ、完成的ではないながらも運動を表していることはたしかである。

一方、タリ・リ形①「奉り給へり」は、解釈が「帝より造らせてご下賜になったものがございます」となっているように、「奉り給へり」という終止形述語であるにもかかわらず、奉った物を示している。それが、主語の車という物と一致することを表している。つまり、授受活動そのものよりも、授受活動の成立の結果としての物の存在を表している。「たまふ、たまはす」でも、はだかの形の④–1、④–2は〈遂行的意味〉と〈一般的事実の意味〉であり、不完成的な授受活動を表している。これに対して、タリ・リ形の④は、授受活動そのものではなく、授受活動の結果として手に入った物の存在を表している。

「たまはる」でも、ヌ形③「給はりぬ」が、そっけなく受領行為だけを表しているのに対して、タリ・リ形③「賜りたる」は、意味の中心は受領行為にはなく、行為の結果として存在する頂いた物にある。

▽**知覚動詞**

コメント1

「聞く」に関しては、ツ形①「ききつる」は一括的意味であるのに対して、はだかの形①「聞くや」は現代語訳のように能力を表しているとも考えられるが、聞いているかという、継続

るぞ。着物がひどくよごれているようだ。もっときれいな身なりをしなさい」と言って、縁から投げてやった」〈一般的事実の意味、説明〉

（ii）はだかの形

▽**知覚動詞**

① この琴の音聞こゆること、響き、風に従ひて、近くは、内裏に、夜さりの威儀の御膳に着かせ給はむとするほどに、心細う悲しうあはれなる物の音、風につけて聞こゆるを、驚きあやしがらせ給ひて、「殿上の人、この物の音は聞くや。いづくに

す」と道成はいう」〈運動の成立と結果・痕跡の存在〉

（iii）タリ・リ形

▽**知覚動詞**

①−1 むげにあるまじき由を奏し給へば、「いで何か。そのうちうちのことどもも、みな聞きたり。…」と仰せらるれば、（狭衣・一）〔狭衣が琴を弾けという帝の所望を断ると、帝は「どうして、お前が隠している琴の楽才は、私は聞いている。…」

（i）ツ・ヌ形

変に胸騒ぎばかりすると感じられていましたが、唐后の昇天を知らせる声を今夜聞いてしまいました。…」とおっしゃってお泣きになる」〈発話時以前〉

②－1「何か御覧じつる」と聞こえ給へば、いと静かに、「物やは見つる」と聞こえ給ふ。（宇津保・楼の上・下）〔梨壺の皇子がいぬ宮のいる平張に入り、いぬ宮と顔をあわせたところにいあわせた尚侍は驚いて、「何かごらんになりましたか」と皇子に申されるが、皇子は落ち着きはらって、「何もみませんでしたよ」とお答えになる」〈発話時以前〉

②－2「廂にぞ大殿籠りぬる。音に聞きつる御ありさまを見たてまつりつる。げにこそめでたかりけれ」と、みそかに言ふ。（源氏・帚木）〔姉の空蟬の問いに答えて弟が、「客人は廂の間におやすみになりました。うわさに聞いていたお姿を拝見しましたが、その通りご立派でした」と、ひそひそ言う」〈発話時以前〉

▽立居ふるまい

①「おもとは、今宵は上にやさぶらひたまひつる。一昨日より腹を病みて、いとわりなければ、下にはべりつるを、人少ななりとて召ししかば、昨晩参う上りしかど、なほえ堪ふまじくなむ」と憂ふ。（源氏・空蟬）〔源氏は老女に同僚の民部のおもとと間違えられ、「お前様は、今夜は上におうかがいなさって

コメント

的意味に解されるので、アスペクト対立がある。これに対して、タリ・リ形①－1、①－2「聞きたり」は、いずれも、聞いた結果ありありと記憶にきざみつけられているという意味に解されるので、〈経歴・記録〉の意味である。

「見る」については、ツ形②－1「見つる」では、見るという行為があったかどうかをただす質問に対する答えであり、知覚活動を完成的にとらえたものである。これに対して、はだかの形の②は継続的意味であり、ツ・ヌ形とのアスペクトの対立はあきらかである。タリ・リ形②「見たるよ」は、まさに見たという経験があり、そのありさまがありありと記憶にきざみつけられているという〈経歴・記録〉の意味で用いられている。

▽立居ふるまい

コメント1

「さぶらふ」については、ツ形①「さぶらひたまひつる」は、運動があったかどうかをただす疑問文であるから、運動の完成のみを問題にしているものと思われる。はだかの形①「さぶらふ」は、継続的意味を表し、ツ形と対立している。ツ形の①は

かあらむ。いとあやし」と仰せ給ふ。「しか侍る。いとあやし」と申す。〔宇津保・楼の上・下〕〔この琴の音はよく響いて、音が風に乗って行き、近くでは内裏で、帝が十五夜の御膳におつきになろうとするところに、もの寂しく悲しい、趣深い音色が聞こえてきて、帝は不思議がられて、「殿上にいる者、この物の音は聞こえるか。どこからであろう。とても不思議だ」と仰せになる〕〈継続的意味〉

② 大将の君は丑寅の町に、人々あまたして鞠もてあそばして見たまふ、と聞こしめして、〔源氏・若菜・上〕〔「大将の君は東北の町で大勢して蹴鞠をさせてご覧になっていらっしゃる」とお聞きになって〕〈継続的意味〉

▽立居ふるまい

① 二月つごもり頃に、風いたう吹きて空いみじうくろきに、雪すこしうち散りたる程、黒戸に主殿司《とのもづかさ》来て、「かうてさぶらふ」といへば、〔枕・一〇六〕〔二月の末頃、風がひどく吹いて、空

（ⅲ）タリ・リ形

とおっしゃる〕〈経歴・記録〉

①－2 宮の御もとに、御文あり。…宮、「…『いとかしこくなりにけり』とぞ聞きけむ。まろをこそ、『をかし』と思ひたらめ。ことは、『皆聞きたり。この御箏の琴は、いとよくなりぬべし』と言へばあへなむ」とて、御返りもなし。〔宇津保・国譲・上〕〔女一宮のもとに、夫の仲忠より御文があり、…女一宮と藤壺と二宮らの合奏を立ち聞きして、女一宮の琴の演奏に感動した旨を記してあるが、女一宮は「…藤壺の琴はたいそう腕をあげられたこと、と聞いておられるでしょうが、その上達ぶりに比べて、自分の演奏はおかしなことと思っておりますでしょう。同じことなら『演奏は皆聞きました。二宮の箏の御琴は、たいそう上達されました』といえばすむことでしょう」とおっしゃって、ご返事もなさらない」〕〈経歴・記録〉

② 「なほを世にありがたく、めづらかなる人なりや。かかる人の世の事をさへわたり行きて見たるよ」と仰せらるるを、〔浜松・三〕〔中納言が唐の国で、あった唐后の美しさを比類がないと言ったのにたいして、「やはりめったになく、並外れた人なのですね。こんな美人のいる国のことまでもお前は渡航してみているのだね」と帝が言う〕〈経歴・記録〉

▽立居ふるまい

① 女御の君、乳母を召して、「日暮れにけり。起こし奉りて、物参れ」とのたまへば、参りて、「御台候ひたり」と聞こゆれば、〔宇津保・蔵開・上〕〔女御が乳母を召して、「日も暮れました。

おられたか。私は、一昨日からおなかをこわして、どうにもがまんができないので、下に控えておりましたが、人少なだからということでお召しになったので、昨晩あがりましたが、やはりがまんができそうになくて」と、泣き言を言われる」〈発話時以前〉

② 大将、「正頼も、今日この御社に、『神馬引き奉らせむ』となむ侍りつる。…」(宇津保・春日詣)(左大将は、「この正頼も、今日この御社に、神馬を奉納申し上げようと思ってまいったのです。…」)〈発話時以前〉

コメント

運動動詞と見なすことができるが、はだかの形の①は、一人称で、状態動詞的である。また、タリ・リ形①「御台候ひたり」は、すでに行為者の動作を表しておらず、対象の状態を表す意味になっており、ツ・ヌ形とはだかの形が自動詞であるのに対して、これは本来他動詞であると考えられる。

御膳は奉仕する対象であるから、それをもつ「さぶらふ」は、他動詞相当で、タリ・リ形①は、「用意してある」などと現代語訳することが可能である。しかし、その場合動作主体は主語の位置をしめず、主語の位置は対象がしめるようになっており、そこに「調っている」という自動詞的な現代語訳も生ずるものと考えられる。したがって、このタリ・リ形は〈変化の結果の継続〉を表しているといってもよい。

「はべり」については、ツ・ヌ形②「侍りつる」は、自らの行為を一括的にとらえている完成的用法である。はだかの形②―1「誰々か侍る」は、疑問文に用いられているので、運動の存在を表す〈一般的事実の意味〉で用いられているものとしたのであるが、すでに状態動詞として用いられているのであるとすれば、これは〈具体的過程の意味〉であるとも考えられる。

コメント2

「こもる」のはだかの形③「年ごろ籠り侍る」とタリ・リ形③「山寺に籠りたる」は、その表している意味は同じように感じられる。もし、ともに結果の状態の意味であるとすれば、タリ・リ形では、「こもる」は変化動詞であり、はだかの形では、状態動詞的であるということになる。しかし、こうしたちがい

（ii）はだかの形

がひどくくろいのに、雪がすこしうち散らちつく頃、黒戸に主殿司が来て、「こうしてお伺いしております」という」〈継続的意味〉

②—1　御前のかたにむかひて、うしろざまに、「誰々か侍る」と問ふこそをかしけれ。（枕・五六）〔蔵人は、帝の方に向き、滝口の武士には背を見せる形で、「誰々が詰めているのか」と尋ねるのは、興味深い〕〈一般的事実の意味、疑問〉

②—2　左衛門督の君、「宮の大夫の朝臣侍り」と申し給へば、「何ごとによりてぞ」と問はせ給ふ。（宇津保・国譲・下）〔左衛門督の君が、「中宮の権大夫の朝臣がまいりました」と申しあげなさると、「どうしてまいったのだ」と尋ねさせなさる〕〈一般的事実の意味、説明〉

③　「あはれ、何ぞの人か、…もし、これより東に、阿修羅の預かりし木得給ひし人か」とのたまふ。俊蔭、「その木賜はれる衆生なり。かく仏の通ひ給ふ所とも知らで、『しめやかなる所』となむ思ひて、年ごろ籠り侍る」と答ふ。（宇津保・俊蔭）〔「ああ、どういう人か。…もしや、ここから東の方で、阿修羅が預かっていた木をもらい受けて来られた人であろうか」とおっしゃる。俊蔭は、「いかにもその木をいただいて来た衆生でございます。このように仏がお渡りになる所とも存じませんで、閑静なところだと思って、ここ数年ここで暮しております」と答える〕〈継続的意味〉

（iii）タリ・リ形

宮を起こして、お食事をさしあげよ」とおっしゃったので、お食事を調理して、「御膳が調いました」と申し上げる〕〈運動の成立と結果・痕跡の存在〉

③　京には、母上尼姫君の御もとに、「おもひかけぬあやしきけがらひにまかり籠りてなん。人にはともかくもな聞かせ給そ。をこなひに山寺に籠りたるなど仰せられよ」など、こまやかにきこえ給へるを、（浜松・四）〔都の、母君と尼姫君のもとに、「思いがけない不思議な死の穢れで籠っております。他人には、あれこれおっしゃらず、修行のため山寺に籠っているとおっしゃってください」などと、こまごまと申し上げた〕〈変化の結果の継続〉

④　はは宮も、すこしいざり出でつつ、「など、かう夜深く起き給へる。五月の空に恐ろしき物のあんなるを」と、鼻声になりて、（狭衣・一）〔狭衣が夜遅く起きて経を読んでいると、母宮が起きだしてきて、「何でまたこんな真夜中に起きていらっしゃるのか」と鼻声で聞く〕〈変化の結果の継続〉

⑤　ありつる子の声にて、「ものけたまはる。いづくにおはしますぞ」と、かれたる声のをかしきにて言へば、「ここにぞ臥したる。…」と言ふ。（源氏・帚木）〔「どこにいらっしゃるのか」と小君が聞くと、空蝉が、「自分はここで横になっている」と答える〕〈変化の結果の継続〉

⑥　柱もとに、若き女のいと清らなる居たり。中納言、「いとあやしく、『むつまし』と言ひながら、つれなくても居給へるかな。これは藤壺の御姉なれば、かくよきぞ」と見居たり。（宇津保・国譲・中）〔柱の下に若くて美しい女がすわっている。

（i）ツ・ヌ形

コメント

は無条件に存在するわけではない。「こもる」がはだかの形で用いられているときは、一人称の運動で、補助動詞「侍り」を有している。それに対して、タリ・リ形になるときは、二、三人称の運動である。つまり、「こもる」という運動は話し手みずからの運動である場合には、その場でじっとしてうごかないという静的な状態性を表すのに対して、二、三人称者の運動である場合には、今まで人の目にふれていたところから、見えないところに身をかくすという運動の結果としての状態が客観的に存在するという意味になるといえそうである。

行為動詞のなかで、立居ふるまいを表す動詞は、そのアスペクト的ふるまいが特殊である。立居ふるまいを表す動詞は、ツ・ヌ形では主体の動作を表すのだが、タリ・リ形をとって主体の状態を表すという二面性をもっている。これは、現代語ではこれらの動詞は工藤真由美（一九九五）で〈主体動作主体変化動詞〉と称されるように、主体の動作を表す意味を根底にもってはいるのだが、その動作を完成させることによって、主体そのものが変化してしまうという性格をもつ動詞である。古典語でも、タリ・リ形をとってパーフェクトを表すときに、ほかの行為動詞が基本的に〈運動の成立と結果・痕跡の存在〉の意味をもつのに対して、立居ふるまいを表す動詞は、〈変化の結果の継続〉の意味になる。タリ・リ形の④⑤⑥の動詞「起く」「臥す」「居る」などもそうである。ただし「居る」は別として、「起く」「臥す」などは、まだ〈運動の成立と結果・痕跡の存在〉の意味を表していると見なすことはできる。

（ii）はだかの形

（iii）タリ・リ形

中納言は、「なんともおかしなことだ、民部卿と私は兄弟とはいえ、男が入ってきても平然としていらっしゃれるものだろうか。藤壺の姉君だから、こんなに美しいのか」と見ておられた」〈変化の結果の継続〉

（i）ツ・ヌ形

▽**動作的態度**

①「限りぞと思ひなりにし世の中をかへすがへすもそむきぬるかな」 同じ筋のことを、とかく書きすさびゐたまへるに、〈源氏・手習〉〔一度は入水し、今度は剃髪をして、「かつてもうこれきりという気になった世の中を、また繰り返して捨ててしまったことよ」と、同じ筋のこと、あれこれとすさび書きしていらっしゃる〕〈発話時以前〉

② されど、御返りも聞こえ給はねば、むつかりて、いぬ宮抱きて、昼の御座に臥し給ひぬ。大輔に、「この子は、人にや見せつる」とのたまへば、「さも侍らず。…」〈宇津保・蔵開・中〉〔けれども、宮より御返事もなかったので、大将仲忠は御機嫌を損じられて、いぬ宮を抱いて、昼の御座で横におなりになった。大輔の乳母に、「この子を誰かに見せたか」とお聞きになられるので、「そうでもございません。…」と答える〕〈発話時以前〉

③ 北の方は「典薬に預けつ」と思ひて、いとありしやうにも遣戸をさしかためさせねば、〈落窪・二〉〔北の方は「姫君を典薬助に預けた」と思って、今までのように、姫君を閉じ込めてある部屋の錠を堅固に掛けさせない〕〈発話時以前〉

コメント

▽**動作的態度**

コメント1

動作的態度というのは、奥田靖雄がヲ格の連語論のなかでたてた連語の一タイプで、具体的な運動と心理的な態度の中間にあるカテゴリーである。たとえば、「そむく」は、目標に対して何らかの活動をおこなうことを表しているが、具体的にはどのような行動をとったか不明である。反乱を起こしたか、相手の意向にそわなかっただけなのかはわからない。つまり、具体的な行為をともなっているのだが、具体的な行為のあり方はとわず、その目標に対する一定の態度の点からのみ運動を規定したものである。

ツ・ヌ形①「そむきぬる」は出家をしたということである。「かへすがへすも」とあるが、実際には二度目であるので、くりかえし全体を一括的にとらえたものではなく、再度世を捨てたというように一回的な運動を完成的にとらえたものであろう。これに対して、はだかの形の①「背く」は、継続的意味であるといっても、源氏の女三宮に対する粗略なふるまいが、このまますすんでいけば朱雀院の期待に反することになるという変化過程の進行を表す意味にちかい。いずれにせよ、まだ未完成の段階にあることを表していると考えられる。これに対して、タリ・リ形①「背かせたまへる」は、すでに大君も中君も薫の期待に反した状態にあることを表しているといえよう。

「見す」においては、ツ形②「見せつる」は、運動が行われたかどうかをただす疑問文であるので、行為の完成を問題にし

（ii）はだかの形

▽**動作的態度**

① 「いと幼き御心ばへを見おきたまひて、いたくはうしろめたがりきこえたまふなりけりと、思ひあはせたてまつれば、今より後もよろづになむ。かうまでもいかで聞こえじ、と思へど、上の御心に背くと聞こしめすらんことの安からずいぶせきを、ここにだに聞こえ知らせでやは、とてなむ。…」など、（源氏・若菜・上）〔「…あなたのまるで幼さのぬけないご気性を朱雀院がよくご存じでいらっしゃって、それでたいそうご心配あそばされるのだと思いあたりますので、これから後も柏木との不義のようなことなど万事にお気をつけになってください。こんなことはなるべく申し上げたくないと思うのですが、あなたを不義に追いこんだことが知られ、私の気持ちが院のおぼしめしにそむいているようにお聞きあそばすのでは、不本意で落ち着きませんから、せめてあなたにだけでも申さなくてはと思うのです。…」と源氏、女三宮に訓戒する〕〈継続的意味〉

② 宮あこ君、見給ひて、九の君に見せ奉り給ふに、…「あなさがな。なんでふ、かかる文か見せ給ふ。…」とのたまへおはすとて、（宇津保・嵯峨院）〔行政があて宮に手紙を書いて、宮あこ君に託したので、宮あこ君はそれをご覧になって、あて宮にお見せ申し上げると、…「まあいけないお方。どうしてこのような手紙をお見せになるのですか。…」とあて宮はおっしゃる〕〈一般的事実の意味、評価〉

③ 殿上許されて、東宮の学士仕まつるべきよし仰せらるるほどに、「道のことは、俊蔭に預く。序《ついで》残さず、才に従ひて出だ

（iii）タリ・リ形

▽**動作的態度**

① 「言ふかひなき御ことをばさるものにて、この殿のかくならひたてまつりて、今は、とよそに思ひきこえむこそ、あたらしく口惜しけれ。思ひの外なる御宿世にもおはしけるかな。かく深き御心のほどを、かたがたに背かせたまへるよ」と泣きあへり。（源氏・総角）〔女房達が、大君はなくなり、中君は匂宮に縁付き、結局二人とも薫の働きかけに応じなかったことを嘆いている。「こんなに深い殿のお気持ちなのに、お二人ともこうしてそれぞれにそむいておしまいになったこと」と一同泣いている〕〈経歴・記録〉

（ⅰ）ツ・ヌ形

▽**一般的動作**

①－1　中将をかしきを念じて、引きたてたまへる屏風のもとに寄りて、こぼこぼと畳み寄せて、おどろおどろしく騒がすに、…この君をいかにしきこえぬるかと、わびしさにふるふふるふ、つと控へたり。（源氏・紅葉賀）〈頭の中将は、おかしいのをこらえて、源氏の君が引いてしめた屏風のそばに近づき、それをごそごそとたたみよせ、おおげさに音をたてるので、源典侍《ないしのすけ》はこの者が源氏の君をどんな目にお合わせしてしまうのかと、心細さにぶるぶる震えながら、ずっと中将を捕まえていた〉〈発話時以後〉

①－2　「今宵はかくておはしませ」と、切にとどめて御簾のうちに入るるに、「いとおそろしときさしあたりを、いかにしつることぞ」と、いみじくむつかしく覚えて、（浜松・一）〈唐の大臣が、「今夜はこうしてお過ごしなさいませ」と言って、無理に引き留めて娘の御簾のうちに中納言を入れるので、とても恐ろしいと聞いた家だというのに、どうしようというのかと中納言がいぶかっている〉〈発話時以後〉

②－1　やがてめし入るるを、典侍、今ぞ聞きつけて、「細かなる事もや」と苦しければ、局の方より尋ねければ、「はやう、

コメント

たものである。はだかの形の②「見せ給ふ」は、疑問詞疑問文の体裁をとっているが、答えを要求するものではなく、相手の行為を非難しているものであるから、〈一般的事実の意味〉で用いられているものであり、両者は競合関係にある。

▽**一般的動作**

コメント1

動詞「す」については、発話時以後に完成する運動を表す例が、①－1「しきこえぬる」のようにヌ形だけでなく、①－2「しつることぞ」のようにツ形にも用いられている。一方、はだかの形では①「したまふ」のように、感嘆文で一般的事実の意味で用いられている例がある。タリ・リ形の①「したまひたる」は、とんでもないことをしてくれた結果すっかり面目が丸つぶれであるという現在の状況をとりあげているので、パーフェクト的意味で用いられていることになろう。

動詞「参る」については、ツ・ヌ形の②－1「参らせつ」、②－2「参らせ侍ぬ」ともに、消息をどうしたかを尋ねる文脈があり、いずれもその答えであるので、単純に運動の完成をとりあげたものである。一方、はだかの形の②「参らせ給ふ」は、使者がみずからの手紙を届ける行為について、相手先などを説明する文脈なので、〈一般的事実の意味〉であり、両者には対立がある。

し立て、世に従ひ、人沈め、憂へあらすな」とのたまはす。（宇津保・俊蔭）〈俊蔭は東宮の教授職を命ぜられ、「学問のことは俊蔭に任せるから、順を追い、能力に合わせ、治世の行なえるよう教えよ」と帝はいう〉〈遂行的意味〉

（ii）はだかの形

▽一般的動作

① 女君、もの隔てたるやうなれど、いととく見つけたまうて、這ひよりて、御背後より取りたまうつ。「あさましう。こはいかにしたまふぞ。…」とうちうめきて、（源氏・夕霧）〈雲居雁は、物を隔てておられたようであったけれども、御息所からの手紙をほんとうにすばやくお見付けになって、そっと近づいて後からお取りになってしまわれた。「あきれたことを。いったい何をなさる。…」と、夕霧はため息をおつきになる〉〈一般的事実の意味、感嘆〉

② かかるほどに、赤き色紙に書きて、常夏につけたる御文持て参りたり。弾正の宮、「いづくのぞ」と、取り給ふ。「藤壺の御方の、宮の御方に参らせ給ふ」と聞こゆれば、（宇津保・国譲・中）〈そうこうするうちに、赤い色紙に書いて常夏につけた文を持ってまいった者があった。弾正の宮が、「どちらからのものだ」とおとり上げになる。「藤壺の御方が、女一の宮の御方へとさしあげられたものです」と使者が申し上げる〉〈一般的事実の意味、説明〉

（iii）タリ・リ形

▽一般的動作

① 「いといふかひなきわざをなんし給ひたる。『子どものおもてぶせに』とて、おとどのいみじく腹だち給うて、…」といふに、（落窪・一）〈姫君が帯刀と仲良くしていると讒言して中納言の怒りをさそった北方は、落窪の姫君のところへ行って、「本当に情けないことをなさったのね。『他の子供たちの面汚しだ』と言って、大殿が、非常にお怒りになっている…」と姫君に言う〉〈経歴・記録〉

③ 「君にもしこころたがはば松浦なるかがみの神をかけ誓はむ

この和歌は、仕うまつりたりとなむ思ひたまふる」と、うち笑みたるも、世づかずうひうひしや。（源氏・玉鬘）〈監は、「君にもしこころたがはば松浦なるかがみの神をかけて誓はむ」と詠じて、「この和歌は我ながらでかしたと存じます」と言って、にたりと笑っているのも、こういうことには経験もなく、初心なことである〉〈運動の成立と結果・痕跡の存在〉

御前に、めしつれば、参らせつ」と言ふを、〈狭衣・二〉〔その嵯峨院がお手紙をお受け取りになったのを、典侍が今ようやく聞き知って、院に知られては具合の悪い文面がこまごまと記されてはいないかと困惑して、局に居ながら使者に消息の行方を尋ねると、「もう、嵯峨院にお召しになったので、直接お渡ししました」と答える〕〈発話時以前〉

②－2 「ありつる物は、いかがなりぬる」など、忍びてぞ聞えさせ給ふ。「参らせ侍ぬ」とばかりにて、「かひがひしき御気色もなかりける」と見ゆる気色も、常の事なれど〈狭衣・四〉〔狭衣は「あの手紙はどうなったのか」など、そっとお尋ねになる。「入道の宮にお渡ししました」とだけお答えして、入道の宮からははかばかしいお返事のあった様子もないと思われるありさまである〕〈発話時以前〉

(ⅰ) ツ・ヌ形

▼変化動詞

① 近きほどに火出で来ぬといふ。されど、燃えはつかざりけり。〈枕・二五六「さわがしきもの」〉〔近所に火事が出たと人が言うのはさわがしい。でも、燃えつかないのだった。それもさわがしい〕〈発話時以前〉

②－1 子どももあまたありときくところも、むげに「たえぬ」ときく。〈蜻蛉・上〉〔子どもがおおぜいあると聞いている人の所も、すっかり兼家の訪れが絶えてしまったということである〕〈発話時以前〉

②－2 道理をたどり知らぬ女などは、高きも短きも、「ただ、

コメント

▼変化動詞

コメント1

変化動詞の完成相は基本的にヌ形をとって、発話時以前に変化が限界に到達したこと、または発話時以後に変化が限界に到達することを表す。発話時以後の限界到達を表す例は比較的おおい。なお、「なる」は大部分が「なりぬ」の形で用いられるが、(ⅰ) ④－3「八年になりぬ」のような、コピュラとして用いられることがおおく、その場合には完成相としてははたらいていない。なお、④－4「やうやうなりつるものを」は、ツ形をとっているが、これは、「やうやう」という副詞の存在によっ

（ⅱ）はだかの形

▼変化動詞

① 寄りて見ればいづくのかはあらむ。「あないみじ。かの君もいといたく怖ぢ憚りて、けしきにても漏り聞かせたまふことあらば、とかしこまりきこえたまひしものを。ほどだに経ず、かかる事の出でまうで来るよ。…」と、憚りもなく聞こゆ。〈源氏・若菜・下〉〈柏木から女三宮への手紙は源氏がもっていってしまったので、近くによって見ても、どこにあろうはずもない。「まあ、大変なことになりました。柏木の君もほんとにひどく恐れはばかって、この事が気ぶりにでも源氏のお耳にはいるようなことになったらと慎んでおいででしたのに、いくらも時のたた

（ⅲ）タリ・リ形

▼変化動詞

② 「…人だねの絶えたるぞかし。かううけがへなる人にのみ言ふは。この下襲《したがさね》もただ今縫ひたまはずは、ここにもなおはしそ」とて、腹立ちて〈落窪・一〉〈「この邸には縫い物をする人手がなくなっているから頼むのですよ。あなたのように承知だけして、何もしない人に頼むのは、表袴はもちろん下襲も今すぐにお縫いにならないのなら、この邸にもいらっしゃらないでおくれ」と立腹する〉〈変化の結果の継続〉

③ みかど、「今は御子も生れさせ給へり。いかでおりなん」とのみおぼし急がせ給。〈栄花・二〉〈帝は、「もう今は皇子も

（ⅰ）ツ・ヌ形

時々見たてまつらん事の絶えぬること」と、思嘆くさま、世になくなり給ふらん人のやうに、あまりゆゆしきまでぞありける。〈狭衣・四〉〔狭衣が即位するとはどういう道理であるかわからない女などは、「ただ、狭衣を時々見申す事がなくなるのだ」と思い嘆くさまは、まるで狭衣がおなくなりなされてしまう人のようで、あまりに不吉に感じられるほどであった〕〈発話時以後〉

③　月のかほつくづくとながむるに、空に声のかぎりきこえて、「かうやうくゐんの后、今ぞこの世の縁尽きて、天にむまれたまひぬる」ときこゆ。〈浜松・四〉〔月の顔をよくよく見つめると、空にあらん限りの天の声が聞こえて、「河陽県の后が、今という今、この現世での縁が尽きて、天にお生まれになった」と聞こえる〕〈発話時以前〉

④－1　「さてもいみじき過ちしつる身かな、世にあらむことこそまばゆくなりぬれ」と恐ろしくそら恥づかしき心地して、歩きなどもしたまはず。〈源氏・若菜・下〉〔柏木は女三の宮との罪におののき、「それにしても大それた過ちを犯してしまったわが身ではないか。これから先、この世間を生きていくのにひけめを感ずるようになってしまったのだ」と、恐ろしく顔もあげられない気持ちになって、出歩きなどもなさらない〕〈発話時以前〉

④－2　「何時しかも京に率てたてまつりて、さるべき人にも知らせたてまつりて、御宿世にまかせて見たてまつらむにも、都は広き所なれば、いと心やすかるべしと、思ひいそぎつるを、ここながら命たへずなりぬること」と、うしろめたがる。〈源

コメント

て強調されている、成長してかわいい鳥になっていくという進展的な過程が、鳥ににげられてしまい、これ以上その過程をおうことができなくなってしまったので、一括的な事実としてとらえざるをえなくなり、ツ形があらわれたものであろう。

変化動詞のはだかの形は〈具体的過程の意味〉と〈一般的事実の意味〉を表すが、〈具体的過程の意味〉は、行為動詞のそれとちがって、動作の継続を表すのではなく、現在、変化が限界にいたる途上にあることを表す。例外は、②の「絶え給」と④の「なる」で、これらは変化が限界に到達する直前であることを表すので、〈直前的意味〉とする。

また、変化動詞のタリ・リ形は、基本的に〈変化の結果の継続〉の意味を表すのだが、③の「うまる」などの、出現を表す動詞では、〈運動の成立と結果・痕跡の存在〉の意味を表すのが普通である。

変化動詞においても、完成相と不完成相の対立はツ・ヌ形とはだかの形で表されるわけであるが、実際にははだかの形が不完成的意味で用いられることはすくなく、タリ・リ形が〈変化の結果の継続〉の意味で用いられることの方がおおく、変化動詞にかぎっては、タリ・リ形が、完成相に対して、不完成相の役割をになっているかのようである。

コメント2

なお、変化動詞としての「知る」の例は、ヌ形⑤とタリ・リ形⑤－1、⑤－2しかとられていないが、実は「知る」には、はだかの形とツ形もあって、それは状態動詞として出してある。

ないうちにこんなことになってしまいました。…」と小侍従は遠慮なく申し上げる」〈一般的事実の意味、感嘆〉

② 夕日のかげになるほど、聖を呼び寄せて、「がくの声こそ近うする心ちすれ。念仏の声たゆまずせさせ給へ」とて、こゑごゑあまたたゆみなくせさせ給て、われも念仏をし入りつつ、けうそくに寄り居ながら、やがて「絶え給」と見るほどに、いひしらずかうばしき香、このほどに匂ひて、むらさきの雲、この峰のほどに立ちめぐりたりと見おどろく。（浜松・四）〔夕日がかげる頃、吉野の尼君は、聖を呼び寄せて、「極楽の楽の声が近くでするような気がします。念仏の声をたゆみなくおさせください」と言うので、念仏の声々を大勢でたゆみなくおさせになって、尼君自身も念仏三昧になって、脇息に寄りかかりながら、そのまま「息がお絶えになる」と見るうちに、何とも言いようのないよい香りがこの辺りに匂って、紫の雲が、この峰の辺りにたちめぐっている、と人々は見ておどろく〕〈直前的意味〉

③ 仲頼、「いと興あることかな。かの侍従と等しき人の、またあるよ。『神南備の蔵人の腹に生まれ給ふ』と聞きし君ぞかし。…」（宇津保・吹上・上）〔仲頼は、「実に興味あることですね。あの仲忠の侍従と同じような人がほかにいるとは。『その方は神南備の女蔵人の腹にお生まれになった』と聞いている君ですよ。…」〕〈一般的事実の意味、説明〉

④ 「…また、高麗縁《ばし》の、筵《むしろ》青うこまやかに厚きが、縁《へり》の紋いとあざやかに、黒う白う見えたるをひきひろげて見れば、なにか、なほこの世は、さらにさらにえ思ひ捨つまじと、命さへ惜

（iii）タリ・リ形

おうまれになっている。何ぞして譲位したいもの」とばかり、そのお心用意なさる」〈運動の成立と結果・痕跡の存在〉

④ 「尽きせず思ひほれたまひて、新しき年とも言はず、いやめになむなりたまへる」と聞きたまひても、げに、うちつけの心浅さにはものしたまはざりけりと、いとど、今ぞ、あはれも深く思ひ知らるる。（源氏・早蕨）〔「薫中納言がいつまでもぼんやりと気抜けしていらっしゃって、新年を迎えたというのにかえって涙ぐんでいらっしゃる」とお聞きなるにつけても、姉の大君に対する気持ちはまことに一時のあさはかなお心ではいらっしゃらなかったのだと、中の君は今にしていっそう薫の気持ちの深さが思い知られるのである〕〈変化の結果の継続〉

⑤－1 「…若き君たちとて、すきずきしくあてびてもおはしまさず、世のありさまもいとよく知りたまへり。…」と、いと多く、よげに言ひつづくるに、（源氏・東屋）〔仲介にたつ男が常陸介に、少将の人物を紹介し、「…少将はお若い君達だからといって、風流好みに上品ぶってもいず、世間の事情もよくわきまえておいでになります。…」など、言葉おおく、良い事づくめに言う〕〈変化の結果の継続〉

⑤－2 またかの人の気色もゆかしければ、小君して、「死にかへり思ふ心は知りたまへりや」と言ひ遣はす。（源氏・夕顔）〔あの女の心も知りたくて、小君を遣いにして「死にそうなほど、焦がれている私の気持ちはご存知か」と言っておやりになる」〈変化の結果の継続〉

⑦ わが妹の姫君葵の上は、この定めにかなひたまへりと思へば、君のうちねぶりて、言葉まぜたまはぬを、さうざうしく心

（ⅰ）ツ・ヌ形

氏・玉鬘）〔玉鬘の後見をしていた少弐は、病気で明日をもしれぬ命になって、「早く京へお連れして、しかるべき人にもお知らせ申しあげて、あとはご運勢しだいと、それをお待ち申すにしても、都は広いところだからまったく心配はあるまいと、その用意をしてきたのだけれども、このままここで命がもたなくなってしまうとは」と、姫君のことを心配している〕〈発話時以後〉

④―3「この山に住むこと八年になりぬ」（宇津保・俊蔭）

④―4「…いづかたへか罷りぬる。いとをかしうやうやうなりつるものを。」とて立ちて行く。（源氏・若紫）〔「雀の子はどこへ行ってしまったのか、段々かわいくなってきたものを」と言って、女房は行った〕〈発話時以前〉

⑤「ひとり寝は君も知りぬやつれづれと思ひあかしのうらさびしさを」（源氏・明石）〔明石の入道から源氏へ。「ひとり寝のつらさはあなたもお分かりになったでしょうか。明石の浦で所在なく夜明かしする寂しい気持ちを、娘の気持ちはお分かりでしょう」〕〈発話時以前〉

⑥　同じ御帳におはしまして、「昔より頼ませたまふ中にも、このたびなん、いよいよ後の世もかくこそはと、頼もしきことまさりぬる」などのたまはす。（源氏・手習）〔明石中宮は、一品の宮と同じ帳台にいらっしゃって、「昔からあなたをお頼りする気持ちにさせてくださっていますが、とりわけ今度はいっそう後生のほうもこのように、お救いくださるだろうと、おすがりしたい気持ちが深くなりました」などと僧都に仰せになられる〕〈発話時以前〉

コメント

ヌ形の⑤「知りぬや」はあきらかに限界到達を表しているので、「知る」を変化動詞として考えなければならないことはあきらかである。このように、「知る」を変化動詞と状態動詞に分属させたのは、変化動詞であれば、〈変化の結果の継続〉の意味はタリ・リ形をとらなければ表せないはずであるのに、タリ・リ形をとらなくても〈変化の結果の継続〉という状態的意味がある場合は、それが状態動詞であると考えたからである。このように考えたので、「知る」については、カテゴリー的に多義であるとして、変化動詞と状態動詞に分属させたものである。「勝間田の池はわれ知る蓮なし然（しか）言ふ君が鬚（ひげ）無き如し」（一六・三八三五）のように、「知る」の場合は上代の万葉集では、むしろはだかの形で状態の継続の意味を表すのが普通であったので、上代には状態動詞としての用法が優勢であったと考えられる。それが、中古になって、変化動詞としての用法も発達したが、状態動詞としての用法もまだ残しているというのが実態ではないかと考えられる。

　また、⑥の「まさる」に関しては、変化動詞としては、ツ・ヌ形とはだかの形の例しか出していないが、実は「まさる」には、タリ・リ形もあって、それは特性・関係動詞の例として出してある。変化動詞としての「まさる」は「ふえる」という変化を表す意味であり、ここのツ・ヌ形は、それが限界に到達したことを、はだかの形は、その過程にあることを表すものである。これに対して、特性・関係動詞の方に出した例は、「すぐれている」などと同じ意味であり、はだかの形でも用いられることもないわけではないが、基本的にタリ・リ形でしか用いら

（ii）はだかの形

しくなんなる」と申せば、（枕・二七七）〔「…また、高麗縁の、筵が青く念入りに厚く編んであって、縁の紋がくっきりと黒く白く見えたのを、引きひろげて見ると、なんのいやになる事があろうか、やはりこの世は絶対に思い捨てられまいと、命までおしくなります」と宮に申し上げる〕〈直前的意味〉

⑥「いと苦しさまさりはべり。かたじけなきを、はや渡らせたまひね」とて、ひとにかき臥せられたまふ。（源氏・澪標）〔（御息所は、「とても気分がわるくなってきました。畏れ多うございますから、どうぞお引取りあそばして」とおっしゃって、女房に助けられておやすみになる〕〈継続的意味〉

⑦親たちも、「かかる御迎へにて上る幸ひは、年ごろ寝ても覚めても願ひわたりし心ざしのかなふ」といとうれしけれど、あひ見で過ぐさむいぶせさの、たへがたう悲しければ、夜昼思ひほれて、（源氏・松風）〔京より姫を迎える使者が下ってきて、明石の両親も、「こういうお迎えを受けて京に上る幸福は、長年、寝ても覚めても願い続けてきた望みがかなう」と、まことにうれしいけれども、おあいしないで日を過ごす辛さがこらえられず悲しいので、夜も昼もぼんやりしている〕〈直前的意味〉

⑧語りきこえたまふついでに、「いでや、をこがましきことも、えぞ聞こえさせぬや。いづ方につけても、あはれをば御覧じ過ぐすべくやはありけると、いよいよ恨めしさも添ひはべるかな。まづは今宵などの御もてなしよ。…」と、うち傾きつつ、恨みつづけたるもをかしければ、かくなむと聞こゆ。（源氏・藤袴）〔柏木は、内大臣の伝言を伝えるついでに、「いやはや、兄妹であることが分かってしまった現在は、かつてのように懸想人とやましと思ふ。（源氏・帚木）〔中将は、自分の妹の姫君は、この判定にかなっていらっしゃると思うので、源氏の君が居眠りをして、言葉を挟みにならないのを、ものたりなく思っている〕〈変化の結果の継続〉

（iii）タリ・リ形

⑧かの御移り香の、いみじう艶に染みかへらせたまへれば、「をかしの御匂ひや。御衣はいと萎えて」と心苦しげに思いたり。「年ごろも、あつしくさだすぎたまへる人に添ひたまへるよ。…」などのたまへば、（源氏・若紫）〔あの源氏の君の御移り香がたいへん匂いやかに染みこんでいらっしゃるので、「これはいい匂いだね。お召し物はほんとにくたくただけれど」とおいたわしい有様とお感じになり、「この何年ものあいだ、あの御病気のご老人のおそばにいらっしゃったのですね。…」などと兵部卿の宮はおっしゃる〕〈変化の結果の継続〉

⑬「まだし、ここに」といふめれば、宮司寄り来て、「誰誰おはするぞ」と問ひ聞きて、「いとあやしかりけることかな。今はみな乗り給ひぬらんとこそ思ひつれ。こはなど、かうおくれさせ給へる。…」などおどろきて、（枕・二七八）〔「まだここにいる」とこちらで答えると、中宮職の役人が近寄ってきて、「だれだれがいらっしゃるのですか」とたずね聞いて、「ひどく妙な事でしたね。もうみなさんお乗りになってしまっているだろうと思ったので、…。どうしてこんなにお遅れになっていらっしゃるのです。…」などと、驚く〕〈変化の結果の継続〉

⑭「…さてはひきぼしなどや残りたる。少し給へ」といへば、（落窪・一）〔少将を迎えて、女房の阿漕は、下女にたいして、「海藻の干し物など残っていますか。少しください」と言う〕〈変

（i）ツ・ヌ形

⑨「雨もやみぬ。日も暮れぬべし」と言ふにそそのかされて、出でたまふ。（源氏・手習）〔「雨もやんだ、日も暮れてしまう」と言うのにせきたてられて御出になる〕〈発話時以前〉

⑩「はや舟に乗れ、日も暮れぬ」といふに、乗りて渡らんとするに、（伊勢物語・九）〔「はやく舟に乗れ。日も暮れる」と言うので、乗って渡ろうとする〕〈発話時以後〉

⑪「いざよ。はは諸共に」と、くびをいだきてさそひしを、「船に乗るべき時過ぎぬ」と急ぎて別れしかなしさの、（浜松・三）〔娘（後に唐で王妃となる）が唐に船出する時に自分（今は尼）の首に抱きついて来たのを、「乗船の時が過ぎる」と言って無理に行かせる〕〈発話時以後〉

コメント

れないものである。「まさる」の場合は「知る」とはちがって、語彙的意味の上で多義であるといえよう。

コメント3

変化動詞はどの形態をとるかに関して、動詞によって偏りがある。他の形がなく、基本的にヌ形で、変化が限界に到達したことを表すのは、以下の動詞である。

明く、亡す、老ゆ、暮る⑩、過ぐ⑪、尽く、なくなる、（時）なる、果つ、更く、止む⑨、忘る

また、他の形がなく、ほとんどがタリ・リ形で、大体は変化の結果の状態、一部は運動の成立と結果・痕跡の存在の意味で用いられるのは、以下の動詞である。

受く、生まる③、生まれ出づ、叶ふ⑦、変はる、知ろしめす、たがふ、濡る、寝、のこる⑭

これに対して、もっぱらはだかの形で過程的意味で用いられる動詞は、「あせゆく」「ねびまさる」「おきそふ」のように、「ゆく」「まさる」「そふ」を後項にもつ複合動詞、それに「おひいづ」「そふ⑧」「なる④」「まさる⑥」などの過程に進展性のある動詞にかぎられている。それ以外の動詞では、はだかの形になりにくいということは、変化動詞においては、完成相と不完成相のアスペクト対立をきちんともつ動詞がすくないということである。

（ii）はだかの形

して愚かしいことも申し上げることができません。しかし、懸想人としてであれ、兄妹としてであれ、私の心根をそしらぬふりでお過ごしになるというのもどうかと、いよいよ恨めしさもつのります。第一に今宵のこの他人行儀のおもてなしぶりは何ということでしょう。…」と、首をかしげながら、恨み言を訴えつづける」〈継続的意味〉

⑫　小さき御几帳ひき上げて見たてまつりたまへば、うち側みて恥ぢらひたまへる御さま飽かぬところなし。灯影《ほかげ》の御かたはら目、頭つきなど、ただかの心尽くしきこゆる人に違ふところなくもなりゆくかな、と見たまふにいとうれし。〔源氏・葵〕〔小さな御几帳の帷子を引き上げて御覧になると、横を向いて、恥ずかしげにしていらっしゃるお姿には非の打ち所がない。灯火の光に照らされた横顔、髪の形など、まるであの心底からお慕い申し上げているお方とそっくりになってゆくなと、御覧になるにつけ、源氏はまことに嬉しいお気持である」〈継続的意味〉

（iii）タリ・リ形

化の結果の継続〉

（ⅰ）ツ・ヌ形

▼うごき動詞

①「あはれ、いみじうゆるぎありきつるものを。三月三日、頭の弁の柳かづらせさせ、桃の花をかざしにささせ、桜腰にさしなどしてありかせ給ひしをり、かかる目見んとは思はざりけむ」などあはれがる。（枕・九）〔翁丸が犬島におやられ、「ああ、かわいそうに、いばった様子でのしあるいていたのに。三月三日に、頭の弁が柳を頭に飾らせて、桃の花をかんざしにささせ、桜を腰にさしたりして飾り立てて練り歩かせなさったときには、こんなひどい目にあおうとは思いもしなかっただろうに」などとみんなで気の毒がる〕〈発話時以前〉

③―1　ほととぎすのこゑ《ママ》んきかず。ものおもはしき人はいこそねられざなれ、あやしう心ようねらるるけなるべし。これもかれも、「一夜ききき」、「このあか月にもなきつる」といふを、人しもこそあれ、われしもまだしといはんもいとはづかしければ、（蜻蛉・下）〔ほととぎすの声も耳にしない。物思いがちな人は眠れないというけれども、私は不思議に気持ちよく、眠れるからなのであろうか。だれもかれも、「この間の夜、鳴いていました」「きょうの夜明け前にも鳴いていましたよ」などと話すのを聞くと、人もあろうに、この私がまだ聞いていないと言うのも、まことに恥ずかしい〕〈発話時以前〉

③―2　「…あさましうこざりけるがいとほしきこと」などあるほどに、と許になりぬれば、鶏もなきぬとききききねにければ、ことしも心ちよげならんやうに、あさいになりにけり。（蜻蛉・下）〔「…火事見舞いがあまりにも遅くなったのはあいすま

コメント

▼うごき動詞

コメント1

うごき動詞の完成相はツ形をとり一括的意味を表すのに対して、不完成相は基本的に動作の継続を表すことによって、それと対立している。なお、はだかの形⑤「騒ぎはべる」のように、主体は大人であっても、複数主体によるもので、全体としての統制はとれていない動作を表すものも、うごき動詞と見なしてよいと思われる。

タリ・リ形はすくなく、②「いかが打ち給へる」の例が見出されるくらいである。ただし、これははだかの形の②の「たたく」意味の「うつ」とはちがっていて、碁を打つことを意味する。仲忠が「いかが」といって確認しようとしているのは、対戦がとどこおりなく進行しているかどうかではなく、いま形勢がどうなっているか、つまりどちらが優勢なのかということであろうと考えられる。つまり、当面の暫定的な結果が問題にされていると考えられるので、〈運動の成立と結果・痕跡の存在〉いうことになる。

コメント2

「なく」については、③―1がツ形をとっているのに、③―2はヌ形をとっている。ここに何かちがいはないだろうか。③―1の「なきつる」は、ほととぎすの声を聞いたことを一括的にとらえているものであろう。それに対して、③―2の「なきぬ」では、「聞き聞き」によって鳴き声を聞く動作が継続していた

（ii）はだかの形

▼うごき動詞

① 小さき子の、深き雪を分けて、足は海老のやうにて走り来るを見るに、いと悲しくて、涙を流して、「など、かく寒きに、出でては歩くぞ。かからざらむ折、出でて歩け」と泣けば、〔宇津保・俊蔭〕〔小さい子供が、深い雪を分けて、足をかがめて走って来るのを見ると、かわいそうで、涙を流して、「どうして、こんなに寒いのに、外に出て、歩きまわっているの。こんな風でない時に、出歩きなさい」と、母親が自分の子供を見て泣く〕〈継続的意味〉

② 三四日になりぬる、ひるつかた、犬いみじうなくこゑのすれば、なぞの犬のかくひさしうなくにかあらん、と聞くに、よろづの犬とぶらひみにいく。御廁人《みかはやうど》なるものはしりきて、「あないみじ。犬を蔵人二人してうち給ふ。死ぬべし。犬をながさせ給ひけるが、かへり参りたるとてでうじ給ふ」といふ。〔枕・九〕〔三四日もたったろうか、ちょうどお昼ごろ、犬のけたたましく鳴く声がするので、いったいどうした犬がこんなに長いこと鳴くのだろうかと思ううち、御所中の犬が様子を見にそちらに駆けて行く。と、御廁人の女がばたばた駆けて来て、「まあたいへんでございます。犬を蔵人お二人で打ちのめしていらっしゃる。死んでしまうでしょう。帝の流罪になさった犬が帰って来たというので、こらしめていらっしゃるのです」という〕〈継続的意味〉

③ 郭公《ほととぎす》の、ただここもとにしも来たり顔に、たち返り言語《こと》らふをも、聞き放ち給はで、

（iii）タリ・リ形

▼うごき動詞

② 小さき人々、ささやかなる碁盤に、碁打ち居たり。御手の、綾の単衣の黒きよりさし出で給へる、いとうつくしげにおはす。「稚児宮・兵衛など、いぬ宮と、いかが打ち給へる」とて見給へば、恥ぢ給ひて打ち給はず。〔宇津保・楼の上・上〕〔小さな女童たちが、小ぶりの碁盤に向って碁を打っている。いぬ宮の御手が綾織りの単衣の黒っぽい袖からはみ出ていらっしゃるのが、なんともかわいらしくていらっしゃる。「稚児宮や兵衛などといぬ宮の、どちらがお勝ちになったか」と大将がご覧になると、恥かしがってお打ちにならない〕〈運動の成立と結果・痕跡の存在〉

（ⅰ）ツ・ヌ形

ぬことだ」などと兼家が話しているうちに、時がたってしまって、もう鶏が鳴いていると聞き聞き床についたので、まるでこころよく眠れたかのように朝寝をしてしまった）〈継続的意味〉

④ まかなひさわぐ程に、「雨降りぬ」といへば、いそぎて車に乗るに、（枕・九九）〔主人がわが食事台から食事をおろしている世話をしているあいだに、供の男が、「雨が降るにちがいありません」と言うので、急いで車に乗る〕〈発話時以後〉

⑤ いかにしてさるならん。昨日までさばかりあらんものの、夜の程に消えぬらんこと」といひくんずれば、「こもりが申しつるは、『昨日いとくらうなるまで侍りき。禄賜はらんと思ひつるものを』とて、手をうちてさわぎ侍りつる」などいひさわぐ。（枕・八七）〔「いったい雪の山はどうしてしまったのだろう。きのうは、あれほどあったようなのに、夜のうちに消えてしまっているという事は」と言って、しょげていると、使いが、「雪山の番をしていた木守が申しますには、『昨日すっかり暗くなるまではございました。禄はいただけるだろうと思っていましたのに』と言って、手を打ってひどく残念がっていました」などといい騒いでいた〕〈発話時以前〉

▼状態動詞

①―1　西の京といふ所のあはれなりつる事、「もろともに見る人のあらましかばとなんおぼえつる。垣などもみな古りて、苔生ひてなん」など語りつれば、宰相の君、「瓦に松はありつや」といらへたるに、いみじうめでて、「西の方、都門を去れ

コメント

ことが表されているので、この鶏の「なく」といううごきも継続的なものとしてさしだされているものと考えられる。結果として、このヌ形は、うごきの継続中であることを表すはだかの形と意味的にちかくなっている。これは、「立ち返り」とあることによって、「なく」動作が継続的なものとしてさしだされているはだかの形の③と同じである。このような現象がおこるのは、基本的にうごき動詞の過程が改新性がないという点で状態動詞の過程とにかよった面をもつため、現代語の状態動詞において完成相と不完成相が中和するのと同様に、完成相形式であるヌ形が不完成相との対立をうしなったものと見ることができる。不完成相と中和していることを明確にするために、これらのヌ形については、あえて完成相の個別的意味には存在しない〈継続的意味〉という用法注を付することにする。

　これらのヌ形については、完成相としてのヌの意味は変わらないが、結果の状態の意味の含意があるので状態的意味と解釈されるのだという説明も可能だが、これは文法的形態の意味の実現が語彙的意味に条件づけられていることを軽んずることに通ずるといえるのではなかろうか。

▼状態動詞

コメント1

状態動詞は、具体的な場面の中にあらわれてくる、現象としての一時的な肉体的、心理的状態をその意味のなかにとらえ、はだかの形はその状態が持続過程のなかにあることを表す。

夜もすがら物や思ふとほととぎす天の岩戸を明け方に鳴く（狭衣・一）〔折も折、時鳥がちょうどこの君のあたりでばかり訳知り顔に繰り返し語りかけるように鳴くのを、夜明かしをしてしまった狭衣の君はお聞きすてになれず、「自分のように、夜通し物思いをしているのか、天上界に行き来するという時鳥が、天の岩戸を開ける、その明け方に鳴いている」〕〈継続的意味〉

（ii）はだかの形

④「雪なんいみじうふる」といふなり。歳のをはりにはなにごとにつけても、おもひのこさざりけんかし。（蜻蛉・中）〔「雪がひどく降っている」という声が聞こえる。年の終わりには、何事につけても、ありとあらゆる物思いをしつくしたことである〕〈継続的意味〉

⑤「故八の宮の御むすめ、右大将殿の通ひたまひし、ことに悩みたまふこともなくてにはかに隠れたまへりとて、騒ぎはべる。…」と言ふ。（源氏・手習）〔下人たちの世間話を聞くと、「故八の宮の御娘で右大将がお通いになられたお方（浮舟）が、とくにご病気でいらっしゃるということもなくて、急にお亡くなりになったといって騒いでおります。…」と言う〕〈継続的意味〉

▼状態動詞

①君は、車をそれと聞きたまひつるより、「ゆめ、その人にまろありとのたまふな」と、まづ口固めさせたまひてければ、（源氏・手習）〔薫君は、車が例の浮舟だとお聞きになったあとすぐに、「けっしてその人にわたしがいるとはおっしゃるな」と、

（iii）タリ・リ形

▼状態動詞

（ⅰ）ツ・ヌ形

る事いくばくの地ぞ」と口ずさびつる事など、かしがましきまでいひしこそをかしかりしか。〈枕・八三〉（頭の中将が、「西の京といふ所の荒れてしまっていた事といったら、一緒に見る人がいるのだったらと思われた。垣などもみな壊れて、苔が生えて」などと話したところ、宰相の君が、「瓦に松はありましたが」と応じていたのを、頭の中将がたいへんほめて、「西の方、都門を去れる事いくばくの地ぞ」など詠じたと、人々がうるさいほどに言ったのは、おもしろかった）〈発話時以前〉

①－2「昼、あなたにひきぼし奉れたりつる返り事に、大将殿おはしまして、御饗《おほむあるじ》のことにはかにするを、いとよきをりなりとこそありつれ」、…など言ふも、〈源氏・夢浮橋〉（薫が小野にやってくるのを見て、「昼間、お山にひきぼしを持たせてあげたご返事に、大将殿がおいであそばして、急にご接待するので、ほんとうにちょうどよい折だとありました」…などと妹の尼君が言っている）〈発話時以前〉

①－3「院の頼もしげなくなりたまひにたる、御とぶらひに参りて、あはれなる事どものありつるかな。女三の宮の御ことをいと棄てがたげに思して、しかじかなむのたまはせつけしかば、心苦しくて、え聞こえ辞びずなりにしを、…」など聞こえたまふ。〈源氏・若菜・上〉（朱雀院を見舞いに行ったところ、同情にたえない話しがいろいろあった。女三の宮を一人で残しておく気がせず、自分に面倒を見るよう仰せつけられたので、断りきれなくなった、などと源氏は紫の上に話した）〈発話時以前〉

①－4「女御、里にものしたまふ。時々渡り参りて、人のあり

コメント

ツ・ヌ形、およびはだかの①②③④の「あり、はべり、ものす、おはす、おはします」などは存在動詞で、物が特定の場所に存在することを表し、その持続を表す。はだかの①「あり」のような、一時的な存在を表すものが典型であるが、②「はべる」のようにやや長期間にわたる存在を表すこともある。また、③「ものしたまふ」のように、家族があるという、所有関係を表す場合のように、長期間にわたる持続性を表すこともある。しかし、期間的に長期にわたるとしても、その存在もある一定の時間的限定性はもっている。

コメント2　完成相と不完成相の対立

一般に状態動詞においては、はだかの形がその状態の持続のなかにあることを表すのに対して、ツ形はそうした状態の持続をひとつの事実として一括的に表しているということができる。つまり、古典語の状態動詞においては、現代語と異なって、不完成相と完成相の対立があるということである。しかし、はじまりもおわりもない存在という無際限のものを一括的にとらえることは不可能なはずであるので、状態動詞における完成相のあり方は運動動詞におけるそれとは様子がちがうはずである。

状態動詞のうち、「おぼゆ、きこゆ、ここちす、みゆ」など、内的な知覚・感覚を表す動詞においては、それまで対象について知覚や感覚をもっていたが、いまはその対象からはなれたなどの理由で、知覚や感覚をすることができない状況にあるようなときに、知覚されていたかぎりにおいて存在していた事実を、

まず口止めおさせになっていた」〈継続的意味〉

（ii）はだかの形

（iii）タリ・リ形

（i）ツ・ヌ形

さまなども見ならひたまへかし。ことなることなき人も、おのづから、人にまじらひ、さる方になれば、さてもありぬかし。さる心して見えたてまつりたまひなんや」とのたまへば、（源氏・常夏）〔「女御が里にさがっていらっしゃる。ときどきあちらへお伺いして、行儀作法などもお見習いなさいよ。たいしたことのない人でも、人とおつきあいをし、その地位になればなったで、おのずとなんとかやってゆけるものだ。そのおつもりでお目見え申されませんか」と内大臣は近江の君にすすめる〕

①―5　頭ノ云ク、「イデ、主達、彼レ治シ給へ。此ハ寸白《スバク》ニコソ有リヌレ」ト云テ、（今昔・二四・七）〔有名な典薬頭のもとに治療に訪れた女性を見て、頭は弟子達に対して、「どうだ、治してみろ。この病気はサナダムシだ」と云う〕

②　かの有明出でやしぬらんと、心もそらにて、思ひいたらぬ隈なき良清、惟光をつけてうかがはせたまひければ、御前よりまかでたまひけるほどに、「ただ今、北の陣より、かねてより隠れ立ちてはべりつる車どもまかり出づる。御方々の里人はべりつる中に、四位少将、右中弁など急ぎ出でて、送りしはべりつるや、弘徽殿の御あかれならん、と見たまへつる。けしうはあらぬけはひどもしるくて、車三つばかりはべりつ」と聞こゆるにも、胸うちつぶれたまふ。（源氏・花宴）〔源氏は朧月夜の君が退出してしまうのではないかと気が気ではなく、万事に抜け目のない良清、惟光らの従者をつけて、朧月夜の君を見張りさせておきになっていたので、源氏が帝の御前から退出なさったとき、「たった今、北の陣からかねて物陰に隠れて立ててありました車どもが、退出してゆきました。女房様方の里方

コメント

完結したものとして一括的にさしだすということはありうることであろう。当然その時、ツ形は、過去テンス的なニュアンスにおいて用いられていると考えられるが、キ形の場合のように、知覚、感覚されていた対象がいまは存在しない場合には用いられない。

「おぼゆ、きこゆ、ここちす、みゆ」などの動詞によって表される状態は一時的な状態であるが、存在動詞の完成相のツ形も、一時的な存在にだけ用いられ、はだかの形の例②③のような長期にわたる存在や所有関係を、ツ形によって一括的にさしだした例はない。

コメント3

存在動詞について、完成相が用いられるときは、ツ形②「車三つばかりはべりつ」で、惟光たちは今は北の陣からはなれているが、北の陣をはなれるまでは、車がそこに存在していたことの報告のような場合である。すなわち、知覚主体は今は物のありかからははなれているが、そこをはなれるまでは、物がありかに存在していたことの報告に用いられている。また、ツ形①―1「瓦に松はありつや」は、宰相の君が西の京にいたという、限定された期間において、松が瓦からはえていたかどうかの報告をもとめる質問文である。つまり、認知されていた期間において存在物がありかに存在していたかどうかがとわれている文である。松という存在物そのものはあいかわらず存在し続けているかもしれないのだが、そうした実体が継続的に存在しているかどうかはひとまずおいて、認知されていた期間のかぎ

（ⅱ）はだかの形

② ある人、「北山になむ、なにがし寺といふ所に、かしこき行ひ人はべる。去年の夏も世におこりて、人々まじなひわづらひしを、やがてとどむるたぐひあまたはべりき。…」など聞こゆれば、〈源氏・若紫〉〔ある人が、瘧病《わらはやみ》のまじないに、「北山の何とか寺という所に、すぐれた行者がいます。…」と、源氏にすすめる〕〈継続的意味〉

③ 「かの大納言の御むすめ、ものしたまふと聞きたまへしは。すきずきしき方にはあらで、まめやかに聞こゆるなり」と、推しあてにのたまへば、〈源氏・若紫〉〔大納言の北の方が僧都の妹だと聞いて、源氏は、「その大納言の御息女がいらっしゃるとうかがいましたが、そのお方は？これは浮いた気持からではなくて、まじめに申し上げるのです」と、当て推量におっしゃる〕〈継続的意味〉

④ 殿上人あまた御送りに参る中に見つけたまひて、「昨日は、などいととくはまかでにし。いつ参りつるぞ」などのたまふ。「とくまかではべりにし悔しさに、まだ内裏におはしますと人の申しつれば、急ぎ参りつるや」と、幼げなるものから馴れ聞こゆ。〈源氏・紅梅〉〔匂宮は、大夫の君に目をおつけになって、「昨日はどうしてほんとに早々と退出してしまったの。今日はいつ参ったの」となどとお尋ねになる。「早くに退出してしまいまして、あとから後悔しておりましたら、宮様がまだ宮中にいらっしゃると、人が申しましたので、急いで参上したのですよ」と、君は子供っぽくはあるものの物馴れて申しあげる〕〈継続的意味〉

⑤ かくて見たてまつるこそ夢の心地すれ。…」とのたまふ。〈源

（ⅲ）タリ・リ形

(i) ツ・ヌ形

の人々がおりました中には、四位少将や右中弁があわてて出てきて、見送りいたしましたのは、弘徽殿からのご退出であろうと存じました。相当の方という感じがはっきりわかりました。車は三つほどございました」と申し上げるのにも、源氏は胸をつかれるお気持になられる〉〈発話時以前〉

❸ 宮の大夫が御もとへ参りて奉るを御覧じて、「いづくに、いかやうにて会ひつる」と問はせ給へば、「左大臣の家の、藤壺の女御のものし給ふ方に、公卿たち、あまた、これかれしてなむものし給ひつる」(宇津保・国譲・下)〈后の宮は、宮の亮がご自分のところに帰参して、御返書を献じたのをご覧になって、「どこでどういう風に会ったのか」とお尋ねになると、「左大臣殿の家の、藤壺の女御のおいでになる方に、たくさんの公卿たちの誰彼とともにおいでになりました」とこたえる〉〈発話時以前〉

❹ 「侍従殿やおはします。ほととぎすの声聞きて、いまなん帰る」といはせたる、使、「『ただいままゐる。しばし。あが君』となんのたまへる。侍にまひろげておはしつる、いそぎ立ちて、指貫奉りつ」といふ。(枕・九九)〈「侍従殿はおいででしょうか。ほととぎすの声を聞きに行って、いま帰るところです」と言わせた使いが戻ってきて、「『いますぐうかがいます。どうかしばらくお待ちください。あなた』とのおおせでした。侍所にくつろいだ姿でいらっしゃいましたが、大急ぎで指貫をお召しでした」と言う〉

❺ 尼姫君、これをきき給にも、胸うち潰れて、「年ごろもつきなきすみかと思ひつれども、上の御もてなしを、あながちに

コメント

りでの、存在物とありかとのむすびつきについてとりあげているものと考えられる。

これらの例はそれでも主語として物をとっている例であり、まさに存在動詞であるが、存在動詞のツ形のおおくは、(i)①−2のような出来事そのものや、(i)①−3のような事名詞を主語としており、実質的には存在動詞ではなく、運動動詞としてはたらいているので、このようなツ形は運動の終了を表している。

以上に対して、(i)の①−4「さてもありぬかし」、(i)①−5「寸白ニコソ有リヌレ」のように、存在動詞がヌ形をとることもあるので、それについても少々説明をくわえておく。これらの「あり」は動詞ではなく、コピュラであると考えられる。したがって、この「あり」には完成相というアスペクト的意味は存在しないので、ツとヌのちがいも完成相におけるちがいとして議論することはできない。

なお、存在動詞ではないが、「知る」について、ツ形⑥とはだかの形⑥が完成と不完成の対立をなしている。

コメント4 「みゆ」と「みえたり」のちがい

内的感覚を表す状態動詞では、「みゆ」が代表的な動詞であるが、「みゆ」と「みえたり」のちがいについては、いまだ納得のいく説明はなされていない。そこで、時間的側面のちがいではなく、その表現がどのような機能で用いられているかという観点から考えるなら、「みゆ」はカール・ビューラーのいう、話し手にむかう〈表出〉の機能で用いられている場合であり、「み

氏・若菜・下）〔紫の上の病が小康をえたとき、「こんなによくなられたあなたをお見受けするのは夢のような気持がする。…」と源氏は紫上に語りかける〕〈継続的意味〉

⑥　鸚鵡、此ノ事ヲ聞テ弥ヨ瞋恚ヲ増シテ申サク、「仏、何ニ依テ、我ガ父兜調、犬ニ成タリト知給フゾ。又仏何依テカ然可知キ」ト。（今昔・巻三・二〇）〔鸚鵡は仏のことばを聞いて、ますます怒りが強くなり、「仏よ、何に依って、私の父の兜調が犬に成ったと知っていらっしゃるのか。また、何が証拠で、仏はそれと分かるのか」と聞いた〕〈継続的意味〉

⑦―1　「今日はまたことにも見えたまふかな。ねびたまふままに、ゆゆしきまでなりまさりたまふ御ありさまかな」と、人々めできこゆるを、（源氏・紅葉賀）〔やってきた源氏を評して、藤壺の女房たちが「今日はまた、格別にお美しくお見えになりますこと。お年とともにこわいほどおきれいにおなりあそばすこと」と、ほめる〕〈継続的意味〉

⑦―2　「をかしげなる女子ども、若き人、童べなん見ゆる」と言ふ。（源氏・若紫）〔供人が、「お美しい娘たちや、若い女房や、女の童が見えます」などと言う〕〈継続的意味〉

⑧　「さくらゆゑ風にこころのさわぐかなおもひぐまなき花と見る見る」（源氏・竹河）〔「桜のために風で気持ちが落ち着かないことです。身勝手な花と承知はしているものの」〕〈継続的意味〉

⑨―1　「かしこにはべる尼どもの、初瀬に願はべりて詣でて帰りける道に、宇治院といふ所にとどまりてはべりけるに、母の尼の労気《らうげ》にはかにおこりていたくなむわづらふ、と告げに、

（iii）タリ・リ形

⑦―1　「…さるままには、真名を走り書きて、さるまじきどちの女文に、なかば過ぎて書きすくめたる、あなうたて、この人のたをやかならましかば、と見えたり。…」と言ふにも、（源氏・帚木）〔「知識にまかせて、漢字をさらさらと走り書きして、そんなことは禁物の女同士の手紙に、半分以上もぎっしりと書いてあるのは、なんとも嘆かわしい、この人がもの柔らかだったらなあと、残念に思われます。…」と左馬頭は言う〕〈恒常的状態〉

⑦―2　中納言、御方に、「いとうつくしきものをも見侍るかな。天下の大将の御方にまうでたりつるに、いぬ宮、しかしかなむ。天下のあて宮、さらに、今のほどよりは、かくはものし給はざりけむ。すべてかばかりのかたちは、『この世にまたはあらじ』となむ見えたる。…」。（宇津保・楼の上・上）〔犬宮を垣間見た涼の中納言は北の方に、「たいそう綺麗な人を見ました。大将のお部屋にお伺いしたら、犬君がこうこうでね。天下のあて宮も、今の犬宮のお年頃からは、よもやあんなに美しくはいらっしゃらなかったでしょうね。およそあれほどの器量は、『この世にまたとない』と思われます」という〕〈恒常的状態〉

⑦―3　督の君つづきて、「花乱りがはしく散るめりや。桜は避きてこそ」などのたまひつつ、宮の御前の方を後目に見れば、…猫のいたくなけば、見返りたまへる面もちもてなしなど、いとおいらかにて、若くうつくしの人や、とふと見えたり。大将、いとかたはらいたけれど、はひ寄らむもなかなかいと軽々しければ、ただ心を得させてうちしはぶきたまへるにぞ、やをらひき入りたまふ。（源氏・若菜・上）〔柏木が「桜がひどく散りま

（i）ツ・ヌ形

背きへだたらんも、思ひ隈なくさま悪しき心ちしつる。…」と、おぼし余りては、（浜松・二）〔尼になった大将の姫君は、これをお聞きになるにつけても、胸がにわかにどきどきして、「ここ何年かの間も、中納言の母上に引き取られて暮しているのは、似つかわしくない住かと思っていたけれども、母上のお取り計らいを、身勝手に逆らって離れてしまうというのも、十分な思慮にかけていて見ぐるしい気持ちがしたことだ」との思いがおさえられない〕〈発話時以前〉

⑥ 俊蔭、「さだめて知りつ、わが身は、この山に滅ぼしつ」と思ふものから、（宇津保・俊蔭）〔俊蔭はこの恐ろしい光景を見て、「はっきりと悟った。自分の身はこの山で滅びる運命だったのか」と思う〕〈発話時以前〉

⑦ 「常陸殿といふ人や、ここに通はしたまふ。心ある朝ぼらけに急ぎ出でつる車副などこそ、ことさらめきて見えつれ」など、なほ思し疑ひてのたまふ。（源氏・東屋）〔常陸介の妻が自邸から出ていくのに偶然であった匂宮は、「常陸殿という人を、通わせておいでですか、風情ある朝ぼらけに急いで出ていった車の供揃いの様子は意味ありげに見えましたよ」などと、やはり疑いの気持ちでおっしゃる〕〈発話時以前〉

⑨—1 かく、いみじう病み給ひつれど、生み給ひては、殊なることもなし。ただ、異ごとなく、御身すくみてぞおはする。…左のおとど、「いたくわづらひ給ひつ」とて、例の、御手づから、君たち率ゐ給ひつつ、物調じて賜ふ。（宇津保・国譲・下）〔こうしてたいそうお苦しみになったものの、女一の宮は、ご出産のあとは別段どういうこともなかった。…左大臣殿は、「たい

コメント

えたり」は同じく、対象にむかう〈記述〉（〈叙述〉とも）の機能で用いられている場合であるとするのが無理がないのではないかと思われる。つまり、「みゆ」は、はだかの形は自分自身の内的感覚を直接に表出したものであり、「みえたり」は内的感覚にもとづいて、対象の状態を客観的に描写しようとしたものであると考えられる。

具体的な用法から見ると、「みゆ」は内的感覚をそのままさしだすことによって自分自身の状態を表そうとするのに対して、「みえたり」は内的感覚ではなく、対象についての判断内容を客観的なものとして表そうとしているということができる。

用例を比較検討すると、第一に、「みゆ」も「みえたり」も、対象が認識にどのように反映しているかを示す、対象以外の第三項をもつが、「みえたり」とくみあわさる第三項は「引用句＋と」であることがおおい。この「引用句＋と」は、（ⅲ）の⑦—1でいうなら「もの柔らかでない」、⑦—2でいうなら「またとない」という知覚者の対象に対する判断内容を示している。視覚によってとらえられた対象の映像は見ているあいだしか存続しない一時的なものであるが、判断によって付与されたあり方は質的なものであるから、永続性をもち、それは簡単に知覚する時間をこえる。つまり、「みえたり」は、対象に対する知覚を持続的な恒常的な特性としてとらえなおしたものである。そして、結果として、⑦—1では女がぎすぎすした性格であること、⑦—2では容姿がもっともすぐれていることを表していると考えられる。認識される内容は、知覚者の主観をはなれた

（ii）はだかの形

人の参うで来たりしかば、まかりむかひたりしに、まづあやしきことなむ」とささめきて、（源氏・夢浮橋）〔「あの家におりますます尼どもが、初瀬に願がございまして、参詣して帰ってまいりますます途中に、宇治院という所に泊まっておりましたとき、母の所労が急にでましてひどく苦しんでいると、それを知らせに使いの者がやってまいりましたので、山を下りて出向きましたところ、さっそく奇怪なことがございまして」と、僧都は声をひそめて薫に浮舟をみいだした経緯をはなす〕〈継続的意味〉

⑨－2　院よりのたまはすることほのめかしきこえたまふ。「はかばかしう後見なき人のまじらひはなかなか見苦しきをと、かたがた思ひたまへなむわづらふ」と申したまへば、（源氏・竹河）〔冷泉院から姫君を参内させよという仰せがあった件をそれとなくお話し申しあげられ、玉鬘は、「しっかりした後見のない人がおつきあいをしていくのは、かえって見苦しいものだからと、あれやこれやと思案にまよっております」と夕霧に申される〕〈継続的意味〉

⑩　いま二日許ありて、「とりきこゆべきことあり。おはしませ」とのみかきて、まだしきにあり。「ただいまさぶらう」といはせて、しばしあるほどに、雨いたうふりぬ。夜さへかけてやまねば、えものせで、「なさけなし。消息をだに」とて、「いとわりなき雨にさはりて、わび侍り。（歌）」（蜻蛉・下）〔二日ほどたって、右馬頭から、「ぜひ申し上げたいことがあります。おいでください」とだけ書いて、朝早くに届けてきた。道綱に「すぐにお伺いします」と言わせて、しばらくするうちに、雨がひどく降りだした。夜になるまで降り続いてもやまないので、行く

（iii）タリ・リ形

すね。風もよけてくれれば」などと言いながら、夕霧に続いてすわり、女三宮の方を流し目に見ると、（このあと柏木の意識に反映した女三宮の姿の描写が続く）、猫がひどく鳴くので、振り返られた表情や身のこなしなど、まことにおっとりしていて、若くかわいらしい人でいらっしゃると直感された。女三宮が見られていることを知って、夕霧は咳払いをしてそれを知らせ、見えないところに行くようにさせる〕〈恒常的状態〉

⑧　あさからぬしたの思ひをしらねばやなほかがり火のかげはさわげる（源氏・薄雲）〔水の深いのを知らないからか、やはり篝火に火影は水面で乱れ騒いでいる。―私の深い気持ちを知らないからか、あなたはひとりでもの思いに苦しんでいる〕〈恒常的状態〉

（ｉ）ツ・ヌ形

そうお煩いになったのだから」ということで、例のごとくご自身のお手で直接、ご子息たちを引き連れて、調理をなさってさしあげなさる」〈発話時以前〉

⑨－2　「内裏よりかかる仰せ言のあれば、さまざまにあながちなるまじらひの好みと、世の聞き耳もいかがと思ひたまへてなんわづらひぬる」と聞こえたまへば、（源氏・竹河）〔「主上からこのような仰せ言がありましたので、あれやこれやとむやみに高望みして宮仕えをしたがると、世間で取り沙汰されるのもどうかと存じまして、ほとほと迷っております」と申し上げる」〕〈継続的意味〉

⑩　「…人の心なさけなく、ゑしやくすくなき所も、かかる世界におはせんも恐ろしう、また返り給はんも、いみじう心ぼそかりぬべきなん思ひわびぬる。いかに」（浜松・一）〔「人情のよく分からない唐の国でこのまま暮らすのも、日本に帰るのもいずれも心細いと悩んでいる。どうしようか」と中納言は言う〕〈継続的意味〉

⑪　ほどなく明けぬる心地するに、ここはいとつつましき方方あるを、はやう」とすすむるもことはりと思ひつつわりなきに、立ち出づべき心もせず。「我よにもまだ知らざりしあか月のかかる別れにまどひぬる哉…」と、なくなく言ひ知らする。（浜松・一）〔間もなく夜が明けてしまう気持ちがする頃に、女が「ここは場所がら、とても憚られるあれこれの場所がありますので、お早く」とせきたてるのももっともだと中納言は思いながら、気持ちの整理がつかないので、立ち去って行こうという気にもならない。「日本でもまだ経験しなかった暁の、こうしたつら

コメント

ところに、客観的に存在するものであることがタリ・リ形をとることによって表されている。各現代語訳がどれも「思われる」などと解釈していることは、はだかの形の「みゆ」との差異を曖昧にするものであるといえる。むしろ、「たおやかでない」とか、「またとない」と現代語訳されるべきところであろう。「みえたり」という形式は地の文にもしばしば見られ、タリ・リ形の⑦－3においては、女三宮の姿の美しさを、あえて柏木という登場人物の視点にたつことによって、語り手が、客観的に存在する恒常的なものとして記述しているものと考えられるのである。

「心が乱れる」の意味の「さわぐ」のはだかの形⑧とタリ・リ形の「さわげる」にも同様のちがいが看取される。

コメント5　ヌ形とはだかの形の中和

状態動詞のなかで、ツ・ヌ形とはだかの形をとる⑨⑩⑪の「わづらふ、わぶ、まどふ」などの心理的なあり方を表す動詞は、はだかの形で、一時的状態の持続を表すだけでなく、ヌ形をとるときにも状態が現在継続していることを表している。

これらのヌ形が、もし完成的意味を表しているものだとすると、「悩んだ、心配した、とまどった」などという現代語訳が適切であるということになる。しかし、場面との関係からいうと、発話時において、そうした心理状態が現在持続していることを表していると見られるので、「悩んでいる、心配している、とまどっている」などと訳す方が適切である。しかし、これらは、はだかの形で現在の状態を表すので、状態動詞であることはう

（ii）はだかの形

ことができず、道綱に「お気の毒だ。せめてお断りの手紙だけでもさしあげよ」と言うと、「まったくどうにもならぬ雨に妨げられて、困っております。（歌）」と道綱は消息をさしあげた」〈継続的意味〉

⑪「あな暗や。まだ大殿油もまゐらざりけり。御格子を、苦しきに、急ぎまゐりて、闇にまどふよ」とて引き上ぐるに、宮も、なま苦しと聞きたまふ。（源氏・東屋）〔「まあ、暗いこと。まだ、あかりもお持ちしてなかったのですね。困りますわ、御格子を、あわてて下ろしてしまって、真っ暗でまごつきます」と言って、引き上げるのを、浮舟に言い寄っている匂宮も少々困ったものだとお思いになっている」〈継続的意味〉

⑫　上わたらせ給ひて、語り聞えさせ給ひて、「をのこどもみな、扇に書きつけてなむ持たる」など仰せらるるにこそ、あさましく、何のいはせけるにかとおぼえしか。（枕・八二）〔主上がおこしあそばされて、中宮さまに清少納言がうまく下の句をこたえた逸話をお話し申し上げあそばして、その結果、中宮さまは「殿上の男たちはみな扇にあの句を書きつけて持っているよ」と仰せになるので、それこそあきれて、何だってそんなふうに吹聴させているのだろうかと感じられた」〈継続的意味〉

（iii）タリ・リ形

（i）ツ・ヌ形

い別れに心がとまどってしまっていることだ。…」と泣き泣き言いしらせる」〈継続的意味〉

▼活動動詞

①—1　侍に人参りて、「昼間、しり侍るに、肴なし」とて、上に申しければ、おとど、心惑ひて、我か人かにもあらでのたまふ、「かかればこそは、人なくて、年ごろ経つれ。いかなる費えあり。惜しくあたらしくとも、人は十五人、漬豆を一荚あてに出だすとも、十まり五つなり。…」（宇津保・藤原の君）〔侍所の人がやってきて、「昼間食事をしましたが、何もおかずがありませんでした」と申し上げたので、三春の高基大臣は気も動転して、正気を失ったような状態で、こういわれる。「こういうことだから、誰も使わずに何年も過ごしてきたのだ。人を使えばどれほどの出費があるだろうか。いくら倹約しても、使用人十五人に漬け豆一さやずつ出すとしても十五さやになる。…」〕〈発話時以前〉

①—2　みづからも参うでたまひて、今はと脱ぎ棄てたまふほどの御とぶらひ浅からず聞こえたまふ。阿闍梨もここに参れり。名香の糸ひき乱りて、「かくても経ぬる」など、うち語らひたまふほどなりけり。（源氏・総角）〔中納言はご自身でも宇治に参られて、八の宮が他界してから一年がたち、姫君たちがいよいよ今日喪服をお改めになるお見舞いをねんごろに申し上げられる。阿闍梨もここに参上している。名香の糸を引き散らかして、姫君たちは「こんな有様でどうにか生きていられたもので

コメント

ごかないであろう。そのうえで、一人称に用いられる場合にかぎってであるが、完成相と不完成相の対立が中和していると見るのが妥当だろう。この現象は、現代語において、状態動詞の完成相と継続相が中和しているのと類似するものである。両者にちがいがあるとすれば、はだかの形は表出的であり、ヌ形は記述的であるということであろう。

▼活動動詞

コメント1　ヌ形とはだかの形の中和

活動動詞のツ形は、くりかえしをふくむ複合的運動を、ひとまとまりのものとして一括的に表す。いずれも自動詞であるが、これらにツ形が用いられているのは、ある一定の期間を自分の生活や行為のために消費するという、一種のはたらきかけ性をもっているせいであろう。

活動動詞の完成相にはツ形だけではなく、ヌ形も存在する。ツ形が、①—1、②—1、③—1、④のように外的な期間限定をあたえられることによって、生活や行為をひとまとまりのものとしてさしだすのに対して、ヌ形の場合は外的な期間限定がなく、運動をひとまとまりのものとしてとらえる意味は希薄で、現在運動の継続のなかにあることを表し、はだかの形の表す意味と中和していると考えられる。

活動動詞でヌ形をとる動詞は、①の「経」のほか、②の「過ぐす」、③の「暮らす」などのように、出発点的意味として時間的限界を超えることを表す意味を持つ動詞にほぼかぎられ

（ii）はだかの形

▼活動動詞

① 「かきくらし晴れせぬ雪の中にただ明けぬ暮れぬとながめてぞ経る」とて、うち泣きたまへるさまの、（浜松・四）〔「空を暗くして晴れもしないで降る雪の中に、ただ今日も夜が明けた、日が暮れたと、ぼんやり見つめるばかりで、時が経つことです」とおっしゃってお泣きになる様子」〈継続的意味〉

② 「この御寺に、おはするか」など問はせ給へば、「『百日ばかり』と思給へて候ふ也。親など言ふ者も候ひしかど、亡せ侍りてのちは、ただ、行き到る山の末、鳥の声もせぬ、又、木の空洞などに、苔の筵を敷き、松の葉を食べて、虎・狼といふものと語らひなん過し侍」と、聞ゆれば、（狭衣・二）〔粉河寺で偶然あった僧に「この寺に住みついておられるのか」などお聞かせになると、「百日ほど参籠しようと思っているのです。親というような者もおりましたが、亡くなって後は、ただたどり着いた山の末、鳥の声も聞こえない奥山、また、木の上などにも苔を敷いて褥とし、松の葉を食べ、虎狼というものと語らいながら過ごしております」と申し上げる」〈継続的意味〉

③ 小侍従がり例の文やりたまふ。「一日、風にさそはれて御垣の原を分け入りてはべりしに、いとどいかに見おとしたまひけん。その夕より乱り心地かきくらし、あやなく今日はながめ暮らしはべる」など書きて、（源氏・若菜・上）〔柏木は、小侍従のもとへいつものように女三宮へのお手紙をお遣わしになる。「先日、風にさそわれて、六条院のなかに分け入る折がございましたが、宮はこの私をこれまでにもましてどんなにお蔑

（iii）タリ・リ形

▼活動動詞

① 中の君、「我、かくて、いみじき様を見えぬるは、さもあらばあれ。異世にやは経たる。かくなしたるにこそはあめれ。…」と、臥しまろび泣き給ふ。（宇津保・蔵開・下）〔中の君は、「私のこんな悲惨な姿を見られてしまったが、それはそれで仕方のないこと。別の世ではなく、同じこの世に住んでいたのだから、何とかしようと思えばできたはずなのに。あの方が私をこんな目に合わせたのだ。…」と泣いている」〈変化の結果の継続〉

（i）ツ・ヌ形

すね」などと話し合っておいでになる折であった」〈継続的意味〉

②―1 「…一ところの御蔭に隠ろへたるを頼みどころにてこそ、何ごとも心やすくて過ぐしつれ、心より外にながらへて、思はずなる事の紛れつゆにてもあらば、うしろめたげにのみ思しおくめりし亡き御魂にさへ瑕やつけたてまつらん」と、なべていとつつましう恐ろしうて聞こえたまはず。（源氏・椎本）〔「…亡き父上の庇護のもとで何事もつつがなく暮らしてきたのに、心ならずも生き長らえて、ここで間違いでもしでかしたりすれば、亡き父君も悲しむのではないか」と大君は慎重に考えて匂宮に返事をしない〕〈発話時以前〉

②―2 「…若くはべりし時より、優におはすと見たてまつりしみにしかば、世の中の一のところも、何とも思ひはべらず、ただこの殿を頼みきこえさせてなん過ぐしはべりぬる」と語るに、ことに深き心もなげなるかやうの人だに、御ありさまは見知りにけり、と思ふ。（源氏・手習）〔「私もお若いころから、すぐれたご立派な方だと拝見しておりますので、この世の第一のお方をも何とも思いませんで、ただこの殿を頼りに思うことで過ごしてまいったのです」と紀伊守が話すので、格別深い考えがあるとも思えないこのような人でさえ、薫の人柄はよくわかっているのだと、浮舟は思う〕〈継続的意味〉

③―1 宵もや過ぎぬらむと思ふほどに、沓の音近う聞ゆれば、あやしと見いだしたるに、時々かやうのをりに、おぼえなく見ゆる人なりけり。「今日の雪を、いかにと思ひやりきこえながら、なでふ事にさはりて、その所にくらしつる」などいふ。（枕・一八一）〔雪の大変降った日、宵も過ぎてしまっているだろう

コメント

る。（i）②―2「過ぐしはべりぬる」の例において「過ぐす」は、修飾語に限定されて「殿の庇護のもとで世をわたる」という意味を表している。これは、現在が一応の区切りにはなっているが、これでおわるものとしてこれまでの薫につかえてきた期間の生活を一括的にとらえて提示しているわけではなく、今後もつづくものとして提示しているものと思われる。したがって、同じ動詞のツ形による完成相と異なって、すくなくともひとまとまり性を表してはいないという点で、（ii）の①②③④などの不完成相の意味にちかい。つまり、この例においては、はだかの形との意味的な対立はうしなわれていると考えることができる。ヌ形③―2「暮らさせ給ひぬ」は、ツ形③―1「くらしつる」と同じように、場面としては日は暮れているのであるが、昼間の期間に対して消費の対象としてはたらきかける意味はなく、単純に時間の経過にまかせているという意味になっているものと思われる。

コメント2

はだかの形⑤「住みたまふ」は、やや大規模であるが、継続的意味である。これに対して、リ形⑤―1「いかやうにか住み給へる」の「住む」は、タリ形⑤―2「いかが住みなしたる」の「住みなす」が同じ状況において用いられていることから、「住みなす」と同様に、一定の結果をもたらす運動として用いられており、〈運動の成立と結果・痕跡の存在〉の意味であると考えられる。やや問題になるのは、（iii）①の「異世にやは経たる」で、解釈はともかくとして、現に同じ世界に住んでいるにもか

みになられたことでしょう。その夕べから悩ましい気持になりまして、わけもなく今日は思い沈んで暮しております」などと書く」〈継続的意味〉

④「…小侍従はいつか亡せはべりにけん。その昔の若ざかりと見はべりし人は、数少なくなりはべりにける末の世に、多くの人に後るる命を、悲しく思ひたまへてこそ、さすがにめぐらひはべれ」など聞こゆるほどに、例の、明けはてぬ。（源氏・橋姫）〔「…小侍従はいつ亡くなったのでございましょうか。その当時若盛りと思っておりました人は、数少なくなってしまいました末の世に、多くの人に先立たれてしまい、生きているこの命を悲しく思いながら、それでもやはり暮らしているのでございます」など、弁は久しぶりに再会した薫におっしゃる〕〈継続的意味〉

⑤　あやしのさまに額おし上げて出で来たり。「ここには若き女などや住みたまふ。かかることなんある」とて見すれば、（源氏・手習）〔怪異をみた僧が、宿守の翁を呼ぶと、烏帽子を変な具合に押し上げて出てきたので、「ここには若い女などが住んでいられるか」と聞いて、それを見せる〕〈継続的意味〉

⑧　守、「このわたりに時々出で入りはすと聞けど、前には呼び出でぬ人の、何ごと言ひにかあらん」と、なま荒々しき気色なれど、（源氏・東屋）〔少将との仲をとりもつべく、仲人の男は守に会いに行くが、守は、「当家に時々出入りはすると聞くが、目通りさせたことのない者が、何事を言いに来たのか」と愛想のない態度である〕〈継続的意味〉

⑨「なほかく独りおはしまして、世の中にすいたまへる御名

（ii）はだかの形

（iii）タリ・リ形

⑤－1　「…さて、そこは毀《こぼ》れなどやしたる。いかやうにか住み給へる」（宇津保・蔵開・中）〔一条殿の様子を見て帰ってきた仲忠に、兼雅は「さて一条殿は荒れていなかったか。どのようにお住まいになっていたのか」とお聞きになる〕〈運動の成立と結果・痕跡の存在〉

⑤－2　かかるほどに、花盛り興あるに、おとど、大将に、「一条の、人気もなかなるを、『いかが住みなしたる』と、行きて見む。いざ給へ」とて、もろともにおはして、（宇津保・蔵開・下）〔花盛りでよい時分なので、さびしい一条の宮で女三宮がどのように暮らしていたか気になって、兼雅が仲忠に、「一条殿の人気もなくなったようだが、どのように住んでいたのか、訪ねて行ってみたい。いっしょに行こう」とおっしゃって、連れ立っていらっしゃる〕〈運動の成立と結果・痕跡の存在〉

⑪　おとど、むつましく仕うまつる人を御前に召して、よろづ調じて参り給ふ。…御手づからし給へば、君たち、「何ごとをか仕うまつらむ」と聞こえ給へば、おとど、「そこたちは、まだ未熟ならむ。翁は、多くの、子・孫の母も労り馴らひたり。…」とて、よろづにありがたき物をして参り給ふ。（宇津保・国譲・中）〔娘の藤壺の出産のあと、左大臣殿は、親しくお仕えする人を御前に召して、万事あつらえてさしあげる。…手ずから賄いをされるので、ご子息たちも、「何かわたしどももいたしましょうか」とお尋ね申しあげると、左大臣殿は、「そなたたちは、まだ不慣れであろう。多くの子や孫を産んだ母親たちを私はいたわり馴れている。…」とおっしゃって、御馳走をあつらえてさしあげる〕〈変化の結果の継続〉

と思うところに、沓の音が近く聞こえるので、妙なことと思って外を見ると、時々、こうした折に、思いがけなく現われる人なのだった。そして、「今日の雪をどうご覧になるかとはるかにご推察申し上げながら、なんということもないことに妨げられて、その場所で日を暮してしまった」などという」〈発話時以前〉

③－2　暮れぬれば、皆入り給ひぬ。宮たちは、二の宮の御方に入り給ひぬ。大将、一の宮に、「今日は、例の風邪の潔斎《いもひ》は」。御前なる人々、「まして、今日は、いともの清くて暮らさせ給ひぬ」と聞こゆれば、「あな恐ろしや」。（宇津保・国譲・中）〔日も暮れたので、みな邸の内にお入りになった。男宮たちは、女二宮の御方にお入りになる。仲忠は妻の女一宮に、「今日は、例の風邪のときのお食事はお召し上がりになりましたか」とお尋ねになる。御前の人々が、「今日は、まして、何もお召し上がらずにお過ごしになりました」とご報告すると、仲忠は、「なんと恐ろしいこと」とおっしゃる〕〈継続的意味〉

④「…山臥の申し侍りし、『世に、琴仕うまつる名を施してき。この手とどまらざらむ悲しきによりなむ、今まで娑婆に巡らひつる。きんぢ、この手を伝へ施すものならば、この世になからむ世なりとも、訪ひ守らむ。すみやかに、今は、勇める獣に身を施し、深き谷に屍をさらしてむ』と申して、もとの山にまかり籠りにし。…」と奏す。（宇津保・吹上・下）〔「…山伏姿の弥行《いやゆき》は自分に、『自分は琴の名手として世に有名になった。しかしわたしの技量がこの世にとどまらないのが悲しくて、今までこの現世に生きてきた。そなたが私の手を習って世に伝えてくれるならば、わたしが死んだ後でもそなたを訪ねるだろう。

コメント

かわらず、まったく世話をしてくれないことを非難しているのであるから、〈変化の結果の継続〉の意味でいいとすると、ヌ形①－2「かくても経ぬる」との関係が今度は問題になる。「かくても経ぬる」は、古今八〇六番歌「身をうしと思ふにきえぬ物なればかくてもへぬるよにこそ有りけれ」を引歌とするものであるが、講談社学術文庫版、久曽神昇訳注によれば、この部分は「このような憂い状態でも暮らしている」とあり、他書でも同様の解釈がされているので、継続的意味であることは動かないであろう。つまり、この場合はヌ形とタリ・リ形は競合的であるといえよう。

コメント3

はだかの形⑧「出で入りはす」、⑨「思しのたまふ」などは、出ることと入ること、また思うことということは一遍にはできないので、異種の運動の複合であることによって、活動動詞と認定され、そのはだかの形も、そうしたことのくりかえしをふくんだ意味になっている。

コメント4

活動動詞は意味的に運動のくりかえしをふくんでいるので、くりかえしの意味が一括的な事実として示される場合と、活動動詞の運動が一括的に示される場合はちかいと考えられる。⑦「そぼちつれ」の「そぼつ」は内部まで濡れるという意味の変化動詞であるから、完成相はヌ形をとりそうなところを、ここではツ形をとっている。これは、露に濡れながら行くという行

（ⅱ）はだかの形

のやうやう聞こゆる、なほいとあしきことなり。何ごとものの好ましく立てたる心なつかひたまひそ。上もうしろめたげに思しのたまふ」と、里住みがちにおはしますを諫めきこえたまへば、〈源氏・総角〉〔「あなたがやはりこうしていつまでも独身でいらして、好きずきしいお人との噂が世間にだんだん広まっていくのは、ほんとによくないことです。何事も好みどおりにおしとおそうとする考え方はお捨てなさい。主上もお気遣いあそばしてそのことをお考え仰せられます」と、里でお過ごしなることが多くていらっしゃることで、中宮が匂宮をお諫め申しあげられる」〈継続的意味〉

⑩「かく忍び忍びに通ひたまふ」とほの聞きたるもあるべし。心知らぬもまじりて、おほかたに、とやかくやと、人の御上は、かかる山隠れなれど、おのづから聞こゆるものなれば、〈源氏・総角〉〔匂宮は紅葉狩を口実に宇治を訪問する。「宮がこうしてひっそりしのんでお通いになっている」と、ほのかに聞いているものもあるであろう。事情を知らない人もまじっていて、宮との関係には気づかず、何やかやと姫君たちのお噂は、こうして山深く隠れたところであるが、自然と耳にはいる」〈継続的意味〉

（ⅲ）タリ・リ形

今は早々に猛々しいけだものに身を与え、深い谷に屍をさらそう』と申して、もとの山に籠ってしまった。…」と涼ははなす」〈発話時以前〉

⑥「…ただ、この人を御ゆかりにさすらへぬるぞ、と思へば、小島の色を例に契りたまひしを、などてかをかしと思ひきこえけん」と、こよなく飽きにたる心地す。（源氏・手習）（「ただ、このお方（匂宮）のご縁ゆえに、こうして他人のなかでさまよっていると思うと、橘の小島の色を例にお誓いになったのを、なぜ素敵だとお思い申したのだろう」と、浮舟は我がことながらすっかり嫌気がさしてくる）〈継続的意味〉

⑦「ここにかく参ることはたび重なりぬるを、かくあはれ知りたまへる人もなくてこそ、露けき道のほどに独りのみそぼちつれ。うれしきついでなめるを、言な残いたまひそかし」とのたまへば、（源氏・橋姫）（薫は、弁の尼が話しがあると聞いて、「こちらにこうして参上することはたびたびになりましたが、あなたのような物の心のお分かりでいらっしゃる人もなくてこそ、露ふかい道中をただひとり濡れ濡れ帰っていったものでした。けれどもこれはうれしい機会とおもわれますから、すべてをお話してお聞かせください」とおっしゃる。）〈発話時以前〉

(i) ツ・ヌ形

▼態度動詞

①「…よしよし、またおほせられかくる事もぞ侍る。まかりたちなん」とて往ぬ。「なにごとぞ、生昌がいみじうおぢつる」と問はせ給ふ。「あらず。車の入り侍らざりつることいひ侍り

コメント

為の意味にずれていることもさることながら、はだかの形の⑩「通ふ」とほぼ同じ意味のくりかえしの意味が生じており、それを一括的にさしだそうとしたものであるからであろう。

▼態度動詞

コメント1　ヌ形とはだかの形の中和

態度動詞とは、奥田によれば、「あたかも人間にそなわっている、恒常的な、ポテンシャルな特性のごとく文のなかにあらわれて、感情的な態度の観点から人間を特徴づけている」ものである。

はだかの形は、①「怖ぢ聞こえ給ふかな」、③−1「見たてまつる」、⑧「聞こえたまふ」のように、直接的な、その時だけで終わる一時的な思考や感情のなかにあることを表していることもあるが、②「頼み聞こゆる」のように〈恒常的状態〉を表すこともおおい。〈恒常的状態〉を表す意味は、本来、〈具体的過程の意味〉の変種ではないが、態度動詞や特性・関係動詞のはだかの形にも出現する。

これに対して、完成相のツ形はその態度が終結して、今は存在していないことを表す。①「おぢつる」、④−1「思ひつれ」のように、一時的な感情や思考を、発話時を限界として一括的にとらえた意味を表すこともあるが、②「頼みきこえつれ」、③−1「見たてまつりつれ」のように恒常的ともいえる状態が、発話時を限界として一括的にとらえられることを表す場合もある。

一方、ヌ形は、③−2「みたてまつりはてはべりぬれ」、④

（ii）はだかの形

▼態度動詞

① 兵衛、「…縫ひしをも綻ぶまでに忘るれば結ばむこともいかがとぞ思ふ。さらに見給へじ。『何にか参りつる』とのたまはむものを。召しありとも、今は参り来じ」。いらへ、「あやしくものたまふかな。『対面したりつる』と、な聞こえ給ひそかし。あまりも怖ぢ聞こえ給ふかな」など、物語多くし給ひて、兵衛は参上りぬ。（宇津保・藤原の君）〔「（歌）これ以上はお世話しかねます。『どうしてそんな人のところへ出入りするのか』とあて宮はお咎めになるでしょうから。今後はあなた様からのお召しがあっても、もう参りません」と兵衛がいうと、実忠が答えて、「妙なことをおっしゃいますね。では、『わたくしに会った』とも申し上げないでください。あまりにもびくびくなさっておいでですね」など、言葉を尽くして説得なさって、兵衛はようやくあて宮のもとへ参上した〕〈継続的意味〉

② この北の方、いとかしこく心つけて、「おとどの見えがたくし給ふに、いとうれしく見え給へば、御代はりになむ頼み聞こゆる。御後見は、いとよく仕まつらむ。あだに、な思しそ」などのたまへど、（宇津保・忠こそ）〔故左大臣の北の方は忠こそにたいそう親切に世話をやいて、「千蔭の大臣がなかなか訪れてくださらないのに、まことにうれしいことに息子のあなたがこうしておいでくださるので、大臣の代わりと思って頼みにしております。あなたのお世話は十分にお仕えいたしましょう。ゆめゆめ私の気持ちをおろそかにお思いくださいますな」などとおっしゃる〕〈恒常的状態〉

（iii）タリ・リ形

▼態度動詞

① 越前守、「さなむのたまふ。我を思したることぞ限りなき」と語れば、北の方、「いとど徳つきにしかば、さも思ふらむ。我にもいみじくおぢたり。…」と、（落窪・三）〔越前守が「女君はこんなふうにおっしゃいます。私をたいへん大切にお思いくださるのですよ」と話すと、北の方は、「女君は三条邸などを手に入れて私どもからたいそう利益を得たので、そんなふうに思うのだろう。私に対してもひどく恐れているのだよ。…」という〕〈恒常的状態〉

② 「…ただ思ひ侍ることは、子二人が上をなむ思ひ侍る。実頼も、まだ、かう下臈に侍れば、後ろめたけれど、殿のものし給へば、『さりとも』と頼み聞こえたり。…」と、泣く泣く聞こえ給ふ。（宇津保・国譲・上）〔季明は病にたおれ、正頼に後事を託す。「…ただ、気にかかっておりますのが、二人の子供の身の上のことです。実頼も、まだこのように身分が低うございますので、心配でありますが、あなたがおいでになるので、なんとかお目をかけていただけることとお頼みしております。…」と、泣く泣くお頼み申しあげる〕〈恒常的状態〉

③ おとど、行ひ人召し出でて見給ふに、御覧ぜし人におぼえたり。…「あやし」とて、昔見給ひつる人を思し出づるに、忠こそに思しなして、…おとど、「…かくものし給ふは、故右の大殿の忠君となむ見奉りたる。あないみじや。など、かかる御身とはなり給ひつる」とのたまふ。（宇津保・春日詣）〔左大将正頼は改めて行者を近くお召しになってごらんになると、以前

つる」と申しておりたり。〈枕・八〉〈生昌は「…まあまあ、またあなたから仰せかけられる事があると困ります。下がってしまいましょう」と言って立ち去る。中宮様は「何だったの。生昌がひどくこわがっていたのは」とおたずねあそばされる。そこで私は「何でもございません。車が入らなかった事を申したのでございます」と申し上げて局に下がってしまう」〈発話時以前〉

(i) ツ・ヌ形

❷　乳母、母君など、ひがめる心を言ひあはせつつ、「いつしか、いかで思ふさまにて見たてまつらむと、年月を頼み過ぐし、今や思ひかなふとこそ頼みきこえつれ、心苦しきことをも、もののはじめにみるかな」と嘆くを見るにも、〈源氏・明石〉〈乳母や母君などが、入道の偏屈なのをそしりあいながら、「いつになったら、願い通りのお姿を見られるかと、長い年月お待ちして、今やっとその願いが叶ったと源氏の君を頼もしく存じあげていたのに、ご結婚早々、君が帰京してしまうとは気がかりなこと」と嘆く」〈発話時以前〉

❸－1　「…今は、何ごとをも思し知り、世の中のとざまかうざまのありさまをも思したどりぬべきほどに、見たてまつりおきつることと、そなたざまはうしろやすくこそ見たてまつりつれ、なほいといはけて、強き御心おきてのなかりけることと、思ひ乱れはべるに、…」と、つぶつぶと泣きたまふ。〈源氏・夕霧〉〈「…落葉宮も、今は何ごとによらず、よくお分かりになって、世の中のあれこれの事情もお察しのつかれるまでにおしつけ申し上げたと、そのほうは安心に存じていたのでしたが、夕霧とのことではやはりまだ本当に世間知らずでいらっしゃっ

コメント

－2「思ひぬる」、⑦「うとませたまひぬるかな」のように、現在の状態を表す意味になり、はだかの形との意味的な対立がなくなり、不完成相と中和している。

これらに対して、タリ・リ形は、パーフェクトとして〈恒常的状態〉を表す。①「おぢたり」、⑫「心寄せたてまつりたる」のそれぞれの主体の態度は、生活のなかで一貫して継続しているものである。ただ、②「頼み聞こえたり」は、季明が正頼をずっと頼りにしているということだから、恒常的状態を表すことはまちがいないが、一人称の運動である点は特殊である。おそらく、季明が、今現在の内的感情を吐露しているのではなく、今まで正頼をずっと信頼してきたことを客観的な事実として示したかったのだろうと思われる。

コメント2　態度動詞への移行

なお、態度動詞のなかで、「見る、聞く」などは、対象に対するかかわりを表すという点では共通性がありながらも、具体的な知覚を表す場合と、判断を表す場合があって、両者でアスペクト的なふるまいにちがいがある。基本的に具体的な知覚を表す場合には、ツ形をとって一括的意味を表すが、判断を表す場合は、基本的にははだかの形をとる。そうしたなかで、(i)③－1「見たてまつりつれ」は、ツ形をとって完成相を表した数すくない例の1つである。

具体物を見ることや、音を聞くことなど、本来の知覚を表す意味で、「見る」や「聞く」がはだかの形で用いられるときは、継続的意味を表すのだが、それが心理的な意味で用いられ、判

(ii) はだかの形

③—1 「…思しぬべきことをも、さらぬ顔にのみのどかに見えさせたまへるを、この御ことの後、いみじく心焦られをせさせたまへば、いとあやしくなむ見たてまつる」と、心知りたるかぎりは、みなかく思ひ乱れ騒ぐに、〈源氏・浮舟〉〔「以前は心配事がおありでもたださりげなくゆったりと落ち着いていらっしゃるようにお見受けいたしましたものを、今度の匂宮との一件がございましてからは、たいそうやきもきしていらっしゃいますので、まったく不思議なことと存じております」と、事情が分かっている女房たちは、みなこうして浮舟のことを心配している」〈恒常的状態〉

③—2 人々すべり隠れたるほどに、宮の御もとに寄りたまひて、「この人をばいかが見たまふや。かかる人を棄てて、背きはてたまひぬべき世にやありける。あな心憂」とおどろかしきこえたまへば、顔うち赤めておはす。〈源氏・柏木〉〔女房たちが静かに席をはずしたあと、源氏が宮のおそばにお寄りになって、「この子をどうお思いですか。こんな人を後に残して出家なさってよいものかしら。ああ情けない」と申し上げて見られると、女三宮は顔を赤くしていらっしゃる」〈継続的意味〉

④—1 「…今さらに、かかる人にもありとは知られでやみなむとなん思ひはべる。かの人もし世にものしたまはば、それ一人になむ対面せまほしく思ひはべる」とのたまへば、〈源氏・夢浮橋〉〔弟が対面を求めてやってきたのに対して、「今さら弟でも生きていると知られたくないと思います。また、母だけはもし存命なら、それだけにはお会いしたいと思います」と、浮舟は妹尼に言う」〈継続的意味〉

(iii) タリ・リ形

お会いになった人に似ていると思われた。…「不思議なこともあるものよ」と思われて、昔お会いになった人の誰かを思い出してみると、忠こそだと思いついて、…「…こうして今ここにおいでになるあなた様は、亡き右大臣殿のご子息の忠君と拝見いたします。ああなんとおいたわしいこと。どうしてこのような出家の御身となられたのでございますか」とおっしゃる」〈恒常的状態〉

④—1 惟光に、「この西なる家は何人の住むぞ、問ひ聞きたりや」とのたまへば、例のうるさき御心とは思へどもえさは申さで、「この五六日ここにはべれど、病者のことを思うたまへあつかひはべるほどに、隣のことはえ聞きはべらず」など、はしたなやかに聞こゆれば、「憎しとこそ思ひたれな。…」とのたまへば、〈源氏・夕顔〉〔源氏が隣人に興味をもって、様子を聞くのを、惟光は、いつもの厄介な浮気心だと思うが、そうも言えず、「この五、六日、家にいますが、病気の母の看病をしておりまして、隣のことは聞けずにおります」などと、無愛想に申し上げるので、源氏は「腹立たしいと思っているね。…」と言いながら、もっとちゃんと確かめてみよと命ずる」〈恒常的状態〉

④—2 「殿の、例ならぬ御気色なりつるは、この勘當にこそありけれ。いさや、はかばかしかるまじき身にこそ侍めれ。常に便なき者に、おぼし召したるは」とて、うち涙ぐみ給へるまみ・気色は、荒き夷も靡きぬべき様のし給へれば、〈狭衣・二〉〔「殿がいつになく不機嫌なお顔だったのは、女二宮に返事をしなかったお咎めだったのですね。いやはや、わたしはとても人

（i）ツ・ヌ形

て、しっかりしたお心構えがおできになってはいらっしゃらなかったのだと心配いたします、…」と、御息所はしきりに涙をおこぼしになる」〈発話時以前〉

③―2「さてはこの御かたの御心などこそはめでたきものにはみたてまつりはてはべりぬれ」（源氏・夕霧）〔「やはり、紫の上のなさり方が、あれこれにつけておみごとで、それ以外ではあなた様のお気持ちが結構だと考えるようになりました」と花散里をおほめ申し上げなさる」〈継続的意味〉

④―1「まだし、ここに」といふめれば、宮司寄り来て、「誰々おはするぞ」と問ひ聞きて、「いとあやしかりけることかな。今はみな乗り給ひぬらんとこそ思ひつれ。こはなど、かうおくれさせ給へる。…」などおどろきて、（枕・二七八）〔宮司の役人が全員乗ったかどうかを確かめると、「まだですわ。ここに残っていますよ」というと、近寄ってきて、「誰々がいらっしゃるのですか」と聞いて、「おかしなことがあったものですな。今はみなさんお乗りになってしまったものとばかり思っていました。これはいったいどうしてこんなにお遅れになったのですか。…」などと言って、あきれている」〈発話時以前〉

④―2「心に知らで過ぎなましかば、後の世までの咎めあるべかりけることを、今まで忍びこめられたりけるをなむ、かへりてはうしろめたき心なり、と思ひぬる。またこのことを知りて漏らし伝ふるたぐひやあらむ」とのたまはす。（源氏・薄雲）〔自分が源氏との不義の子であることを聞いて、「もしそのことに気づかずに過ぎてしまっていたら、来世までの罪障となるところであったのに、いままで秘密にしておられたとは、そなた

コメント

断や理解などの心理活動を表すようになると、それらのはだかの形は、（ii）の③―2「見たまふや」や⑨「聞く」のように、恒常的な心理活動を表すようになる。

また、通達活動は、発話や書記という具体的な身体的活動の面をもち、その意味で用いられるとき、はだかの形は行為動詞としての継続的意味を表す。一方、通達活動は背後に精神・心理的な活動を有し、その面が強調されると、態度動詞にその機能がちかづくことがある。奥田靖雄（一九六八〜七二）は、「対象に対する感情なり評価なりがおもにことばのなかに表現されている」連語を「表現的な態度のむすびつき」といっているが、その表現的な態度を表す組み合わせもめずらしくなく、しばしば、はだかの形で、（ii）⑩「もどきたまふ」のように、〈恒常的状態〉を表している。

コメント3　感情的態度と思考・認識

「思ふ」は単独でも、またほかの単語とむすびつき、連語を構成することによっても、異なる二つの意味を表す。『日本語文法・連語論（資料編）』（一九八三）において、奥田靖雄は、心理活動を表す連語のなかに、

1、認識を表すもの
2、態度を表すもの

の二つを区別して、

認識のむすびつきをあらわす連語では、対象が認識の視野のなかにとりいれられて、つくりだされる認識論的な関係のみがたんじゅんに表現されているが、態度のむすびつきをあ

（ii）はだかの形

④―2　またの朝に、「すこしもよろしく思さるや。昨日ばかりにてだに聞こえさせむ」とあれば、「…さらば、こなたに」と言ひ出だしたまへり。（源氏・総角）〔「ご気分は少しでもよろしく感じられますか。せめて昨日のようにしてでもおそばでお話申しあげたいのですが」と薫が言うと、大君は、自ら薫を枕頭に招く〕〈継続的意味〉

④―3　中将、「かの御ためには、『さは、そも、僻者《ひがもの》』とぞ思ふや」（宇津保・菊の宴）〔仲澄と仲忠は産養《うぶやしなひ》での琴の演奏を批評して、「あて宮の御こととなると、まるで人が変わってしまうと思いませんか」という〕〈継続的意味〉

④―4　「一昨年ばかりは、たまさかにもほの見たてまつりしに、またこよなく生ひまさりたまふなめりかし。まして盛りいかならむ」と思ふ。「かの見つるさきざきの、桜、山吹といはば、これは藤の花とやいふべからむ。木高き木より咲きかかりて、風になびきたるにほひは、かくぞあるかし」と思ひよそへらる。（源氏・野分）〔明石の姫君を見て、「一昨年ごろは、なにかの拍子に、ちらりとお見かけしたが、今はまた格段に、年とともにお美しくご成長になられたようだ。お年頃になったら、ましてどんなにおきれいになるだろう」と夕霧は思う。「さきほど垣間見た紫の上と玉鬘のお二人を、山吹と桜にたとえるなら、こちらは藤の花というところだろうか。小高い木から咲きかかって、風になびいている藤の花の美しさは、ちょうどこのような感じだ。まして年頃にはどれほどかお美しくおなりであろう」と夕霧は思いなぞらえている〕〈継続的意味〉

⑤　「…大宮の御心地はことはりなる様にもおはしますなれば、

（iii）タリ・リ形

並でない身のようですね。殿がこのようにいつもわたしのことを役立たずのように思っていらっしゃるのは」と言って、狭衣が涙ぐんでいらっしゃる目元や面持ちは、荒々しい東国の武士でも素直に従いそうなご様子をしておられる〕〈恒常的状態〉

④―3　明かくなりゆき、むら鳥の立ちさまよふ羽風近く聞こゆ。夜深き朝の鐘の音かすかに響く。「今だに。いと見苦しきを」と、いとわりなく恥づかしげに思したり。「事あり顔に朝露もえ分けはべるまじ。また、人はいかが推しはかりきこゆべき。例のやうになだらかにもてなさせたまひて、ただ世に違ひたることにて、今より後も、ただ、かやうにしなさせたまひてよ。よにうしろめたき心はあらじと思せ。かばかりあながちなる心のほども、あはれと思し知らぬこそかひなけれ」とて、出でたまはむの気色もなし。（源氏・総角）〔薫と夜を過ごすうちに、空が明かるくなってきて、むら鳥の飛び交う羽風がすぐそこに聞こえ、朝の一番の鐘の音がかすかに響いてくる。大君は薫に、「せめて今のうちにお帰りになって下さい。とても見苦しいことですもの」と言って、それを、ほんとうに堪えがたいほど恥ずかしそうにしている。「深い仲みたいな顔で朝露を踏み分けたりできそうもありません。それに、誰彼がどうしたこととお思い申すことやら。普通の夫婦のように穏やかにお扱いくださって、ただ普通と違ったことで、これから後もただこんな風にお相手だけはしてください。決してご心配をかける気はないとお思いください。こんなに熱心になっている私の気持ちも、かわいそうとお分かりくださらないでは、何にもなりません」と言って、薫は出ようとなさる様子もない〕〈恒常的状態〉

はかえって油断がならない人だと思う。…」と帝は夜居の僧都にいう」〈継続的意味〉

（i）ツ・ヌ形

④－3　そち、御消息聞えたり。「いとはるかなる程よりまかり上りては、まづいつしか侍ひて、都の御物語もとこそ思ひ給へ侍りつれ。思ひのほかに、かくておはしましける御やどをまかり過ぎ侍る、かたじけなうかなしうも侍るかな。…」など聞えたり。〈源氏・須磨〉〔上京途中の太宰の大弐が、須磨の源氏に、「早速伺って都の話を聞こうと思っていたのに、思いがけなくもこのようなお住まいの前を通り過ぎることになるとは、恐れ多くも悲しいことだ」と手紙を書いた〕〈発話時以前〉

④－4　宮いとあへなしと思して、「ひとりものせられし女なくなりて給ひて後、いとさうざうしく心細かりしに、うれしうこの君をえて、生ける限りのかしづきものと思ひて、明け暮につけて、老いのむつかしさもなぐさめむとこそ思ひつれ。思ひのほかに隔てありて思しなすも、つらくなむ」と聞え給へば、〈源氏・少女〉〔大宮は、息子の内大臣が孫の雲居雁を自邸に引き取ると聞いてがっかりして言う。「葵の上を亡くして、寂しかったときに、丁度雲居雁を預かり、生きている間は世話をして、朝夕年寄りの憂さを慰めるよすがとしようと思っていたのに、思いもかけず引き放されることになるのは辛い」と言う〕〈発話時以前〉

⑤　稚児を懐に入れながら、琴を取り出で給ひて、「年ごろ、『この手を、いかにし侍らむ』と思ひ給へ嘆きつるを。後は知らねど」などて、はうしやうといふ手を、はなやかに弾く。〈宇津保・蔵開・上〉〔赤子を懐に入れ、琴を取りだし、「年来、この奏法

コメント

らわす連語では、対象にたいする感情、評価、判断、とらえ方など、ひとくちにいえば、対象への態度が表現されている（112）。

としている。

同書では、態度のむすびつきのなかに、対象に対する感情や評価を表す形容詞（いわゆる形容動詞をふくむ）と「思ふ」がむすびついているものを、〈感情的態度〉を表すものとし、対象に対するとらえ方や対象の性質などを表す形容詞と「思ふ」がむすびついているものを、〈知的態度〉を表すものとして、二つを区別している。代表的な例をあげれば、感情的態度のむすびつきを表すと考えられるものは、「〜を悲しく思う」または「悲しいと思う」のようなタイプのもので、

はだかの形④－2　タリ・リ形④－1、④－3

などであり、知的態度を表すものは、「〜を立派だと思う」のようなタイプのもので、

はだかの形④－3　タリ・リ形④－2、④－4

などである。

次に、認識を表すものであるが、奥田靖雄のいう〈認識〉を表す連語とは、「父のことを考える」のようなものをいうのであるが、「〜と思う」のように引用文によって規定をうけるだけであるものも、またそのような規定をうけなくとも、ともかく思考活動を表していさえすれば、認識を表すといえるであろう。これにあたる次のような例を〈思考・認識〉を表すものということにする。

ツ・ヌ形④－1、④－2、④－3、④－4

はだかの形④－1、④－4

（ii）はだかの形

慰め給ふるを、ひめ宮の御心地こそ、聞えさせん方なく思給へらるれ。宮も、いみじうこそ嘆き聞えさせ給へ」との給へば、〈狭衣・二〉〔「…大宮のご気分は理由が理由でいらっしゃいますから致し方ないとして、姫宮のお具合こそ申し上げようもなく存ぜられます。母宮もとてもお嘆きもうしあげております」などとおっしゃる〕〈恒常的状態〉

⑥「後は知らねど、ただ今は、かく、思し離れぬさまにのたまふにつけても、ただ御しるべをなむ思ひ出できこゆる。…」と言ふ。〈源氏・浮舟〉〔中将の君は弁の尼に対して、「これからさきのことはわかりませんけれども、ただ今のところは、こうしてお見捨てになさらぬようにおっしゃってくださいますにつけても、ただ弁の尼のてびきによる浮舟と薫の引き合わせをありがたく思い出しております。…」と言う〕〈継続的意味〉

⑧「…かくいとあやにくに知らぬ人なくなりぬめるを、なほいみじうつらきものに聞こえたまふ」と聞こゆ。〈源氏・夕霧〉〔落葉宮が夕霧をはねつけてばかりいるので、「…母御息所が亡くなってしまって、夕霧と落葉宮が本当は結婚していると思わない人がなくなってしまったかのようでございますのを、落葉宮はやはりたいそうつらいことと申しておいでなのです」と、夕霧にたいして小少将は言い訳を申しあげる〕〈恒常的状態〉

⑨「…命長くて、なほ位高くなど見なしたまへ。さてこそ九品の上にも障りなく生まれたまはめ。この世にすこし恨み残るはわろきわざとなむ聞く」など、涙ぐみてのたまふ。〈源氏・夕顔〉〔源氏は病にふせる乳母を見舞い、ちからづけようとして、「…長生きをして、もっと位が高くなるのなどを見届けてくだ

（iii）タリ・リ形

④―4　今よりなまめかしう恥づかしげにおはすれば、いとをかしううちとけぬ遊びぐさに、誰も誰も思ひきこえたまへり。〈源氏・桐壺〉〔源氏は今から品があり、こちらが気後れするほどでいらっしゃるので、たいへん面白くはあるが、気のおけるお遊び相手だと、どの女御更衣がたも思っていらっしゃる〕〈恒常的状態〉

④―5「げに、いづれか狐なるらんな。ただはかられたまへかし」と、なつかしげにのたまへば、女もいみじくなびきて、さもありぬべく思ひたり。世になくかたはなることなりとも、ひたぶるに従ふ心はいとあはれげなる人、と見たまふに、〈源氏・夕顔〉〔源氏と夕顔はお互い名もあかさない状態で、「なるほどどっちが狐なのだろう。なんでもいいから、化かされていらっしゃいよ」と、やさしく源氏がおっしゃると、女もすっかり言いなりになって、「それでもいい」と思っている。たとえようもないほど見苦しいことだとしても、ひたすらついてくる性格はじつに可愛らしい感じの人だとお思いになる〕〈恒常的状態〉

④―6　君は、何心もなく寝たまへるを、抱きおどろかしたまふに、おどろきて、「宮の御迎へにおはしたる」と、寝おびれて思したり。御髪掻きつくろひなどしたまひて、「いざたまへ。宮の御使にて参り来つるぞ」とのたまふに、〈源氏・若紫〉〔源氏は、女君が無心に寝ているのを、抱いてお起こしになるので、目が覚めて、「父宮がお迎えにいらっしゃった」と、寝ぼけて思っていらっしゃる。源氏は、髪の乱れを手で直したりなさって、「さあ、いらっしゃい。宮様のお使いで私が参上したのです」とおっしゃる〕〈恒常的状態〉

（i）ツ・ヌ形

をどうして伝えようかと悩んでいたのだ。跡継ぎができて、後はどうなるか分からないが、まずはめでたいことだ」と言って仲忠は一曲かなでる」〈発話時以前〉

⑦　やをらづつひき入りたまひぬるけしきなれば、「あさましうもうとませたまひぬるかな。まことに心深き人はかくこそあらざなれ。よし、今よりは憎ませたまふなよ。つらからむ」とて、渡りたまひぬ。（源氏・薄雲）〔女御が不愉快に思って、少しずつ奥におはいりになってゆく御様子なので、「驚くばかりのおいやがりようですね。本当にわきまえのある人は、こんなことはしないという事です。せめて今からはお憎みあそばさないで下さいよ。さぞたまらないでしょう」と言って源氏はお立ちなさった〕〈継続的意味〉

コメント

タリ・リ形④－5、④－6

思考・認識を表す動詞が「感情的な態度のむすびつきをつくるのは、を格の名詞とくみあわさるまえに、…感情をしめす形容詞をともないながら、感情の質が規定されるときである」と奥田はのべているが、〈感情的態度〉をしめすむすびつきにおいては、「男にて生まれたまへるを、宮もいとかひありてうれしく思したり」（源氏・宿木）や「いづれをもいとうつくしと思ひきこえさせたまへり」（源氏・横笛）などで、「思ふ」が「うれしく」や「うつくし」などの形容詞とくみあわさって喜びや、かわいがる気持ちが表されているように、形容詞によって感情の質が規定される。なお、「月日に添へてものをのみ思す」（源氏・蜻蛉）のようなものは、その名詞形である「もの思い」が感情的なものであることから、感情的態度を表すものと考える。

思考内容は本来内的で、態度のようにはそれとわかるように外面化しにくいものである。その人が悲しんでいるか喜んでいるかは、その人の表情から簡単にわかるだろうが、その人が海のことを考えているか、山のことを考えているかは表情からはわからないはずである。したがって、態度の場合にくらべると、外面にあらわれた言動・ふるまいが思考・認識の内容をそっくりそのまま表しているということはすくなく、タリ・リ形④－5の場合などでも「お互いに誰だかわからなくてもいい」という思考内容は、「すっかり言いなりになっている」という状態とは、ぴったりと一致しているとはいえない。つまり、思考・認識表現は客観性をもちにくいと考えられるのである。

さい。それでこそ九品浄土の最高位にもめでたくお生まれになるでしょう。今生に少しでも恨みが残るのはよくないことだと聞いています」などと、涙ぐんでおっしゃる」〈恒常的状態〉

⑩「…右大臣など、『この人のあまりに道心にすすみて、山寺に夜さへともすればとまりたまふなる、軽々し』と、もどきたまふと聞きしを、げに、などか、さしも仏の道には忍び歩くらむ、…」とのたまひて、いとをかし、と思いたり。（源氏・浮舟）〔「右大臣などは、『薫はあまりに道心が深過ぎて、山寺に夜までもどうかするとお泊りになるとのことだが、軽々しいことだ』と非難なさっていると聞いたが、いかにもどうしてそんなにまで、仏の道のために人目をしのんで出歩くことがあろう…」と匂宮はおっしゃって、まったく面白いと思っていらっしゃる」〈恒常的状態〉

⑪ 御文には、いといみじきことを書き集めたまひて遣はす。それだに心やすからず、時方と召しし大夫の従者の、心も知らぬしてなむやりける。「右近が古く知れりける人の、殿の御供にてたづね出でたる、さらがへりてねむごろがる」と、友だちには言ひ聞かせたり。（源氏・浮舟）〔匂宮からはたいそうなことを書いた手紙をおつかわしになる。不安で、それも大夫の従者で、時方という事情を知らない者にわざわざ持たせてくると、右近は「私が昔、懇意であった男が、薫様のお供でやってきて、私がここにいることを知り、昔にもどって仲よくしようと手紙をよこすのだ」と、まわりの連中には説明している」〈一般的事実の意味、説明〉

（iii）タリ・リ形

⑥ 帝、この行ひ人を、ほのぼの御覧ぜしやうに思さる。…帝、昔より御覧じたる人を思し出づるに、忠こそを思し出でて、「それなりけり」と思し定めて、左大将にのたまはす、「この人、見しやうなれば、あはれなるを、一人なむ思ひ出でたる」（宇津保・吹上・下）〔院はこの行者を、かすかにどこかでごらんになったようにお思いになる。…院はむかしからお会いになった人たちの記憶をたどられていくうちに、忠こそを思い出しあそばされて、「まさしく忠こそであった」と思い定められて、左大将に仰せになる。「この行者は以前会ったように思うので、しみじみと心打たれるのだが、いま一人だけ思い出した。…」〈運動の成立と結果・痕跡の存在〉

⑫「なほ、我を宮に心寄せたてまつりたると思ひてこの人々の言ふ、いと恥づかしく。…」と、つくづくと思ひゐたり。（源氏・浮舟）〔右近の心配を聞いて、「やはりこの私を匂宮に心をお寄せ申していると思って、この人々がこんなことを言うのは本当に恥ずかしい。…」と、思案にくれる」〈恒常的状態〉

【記述と表出】

現代語で「私はうれしく思う」「君はうれしく思うか」とはいえても、「君はうれしく思う」とか「彼はうれしく思う」とはいえない。ただし、「君はうれしく思っている」や「彼はうれしく思っている」ならいえるという事実がある。「思う」と「思っている」は、〈表出〉と〈記述〉というカール・ビューラーのいう言語機能のちがいに対応しているのではないかと考えられる。カール・ビューラーによれば、〈表出〉とは「その発音によって自分自身と自分の肉体的・精神的状態を表現する」ことであり、〈記述〉とは「聞き手に対して自分の思うところ（意味内容）を叙述する」（『言語学大辞典』）ことである。

「思う」がどのような形態をとるかによって、人称的制限はかわる。スル形は一人称ののべたて、および二人称のたずねに用いられるのに、三人称ののべたてとたずね、および二人称ののべたてには用いられない。かわりに、シテイル形は、三人称ののべたてとたずね、および二人称ののべたてに用いられるという事実がある。

この人称制限については、古典語でも同じで、はだかの形は一人称ののべたて、および二人称のたずねにしか用いられないが、タリ・リ形は、三人称ののべたてとたずね、および二人称ののべたてに用いられる。ただし、現代語のシテイル形は「私はうれしく思っている」はいえるのに対して、準備的意味で用いられる例外をのぞいて、古典語には「我うれしく思ひたり」はいえない。奥田は、現代語では一人称に用いられる状態動詞のスル形とシテイル形に関して〈表出〉と〈記述〉という機能差を認めるのだが、古典語では一人称にタリ・リ形が用いられることは基本的にないから、「思ふ」と「思ひたり」の出現する環境はほぼ相補的であり、その相補性は「思ふ」と「思ひたり」に言語機能上の差があることを示唆しているのではないかと考えられる。

タリ・リ形とはだかの形のあらわれ方が人称および叙法とどう関係しているかを、源氏物語、宇津保物語、狭衣物語において見ると、表（A）（B）のようになる。はだかの形が一人称ののべたて、および二人称のたずねにおおく集まっているのに対して、タリ・リ形が、三人称ののべたてとたずね、および二人称ののべたてにおおく集まっているという結果になる。ただし、一人称のたずねは、原理的にはありえないので、どちらの場合にも存在しない。

会話終止	一人称	二人称	三人称
のべたて	204	1	7
たずね	0	17	0

表（A）〈はだかの形〉

会話終止	一人称	二人称	三人称
のべたて	1	5	30
たずね	0	1	4

表（B）〈タリ・リ形〉

【会話文における記述と表出】

「思ふ」を動詞のくみたての核とする動詞文において、はだかの形とタリ・リ形のちがいは、表出と記述のちがいという観点から考えると、うまく説明できる。タリ・リ形④－1「憎しとこそ思ひたれな」は、二人称の態度の表現で、惟光が自分のことをけしからぬと思っていることを客観的なこととして叙述しているものである。相手の心理の問題であるから、直接にそれをとりあげることはできないはずであるが、それを源氏が知るのは、いかにも無愛想な惟光の返事のし方からである。そうした心理的態度の外的な反映を通じて、惟光が源氏を浮気性で困った人だと思っているということが、客観的なものであることが表現されている。言語が、送り手の内的な状態のインデックスであるというビューラーのいうところの言語の機能を源氏の語り手はよく承知した上で、それをたくみに場面描写に生かしているといえるだろう。しかも、「憎しと思ふ」というのは惟光の源氏に対する対人的評価を表すものであるから、この場だけのことではない恒常性ももっていると考えられる。

タリ・リ形④－2「常に便なき者におぼし召したるは」も、父親が自分のことを役立たずだと思っているということを客観的なこととして叙述しているものである。父親の心理の問題であるから、直接にそれをとりあげることはできないはずであるが、この文脈にはそれを狭衣がどうして知ったかがわかるてがかりはない。しかし、「常に」という頻度を表す副詞がそえられていることから、それが恒常的なものであることはあきらかである。

心理的な態度を表す場合のタリ・リ形は、おおきく、④－2のように、恒常的な状態の持続を表すものと、④－1のように、恒常性がよわまるものの、客観性のあきらかな状態の持続を表すものの二つにわかれる。後者の場合、態度の所有者が言動、しぐさ、顔つきなどに、そうした態度を反映させていることがおおいが、そうした反映が文脈上示されていなくとも、それをとらえる登場人物にとって、その態度が客観的なものとして存在していると考えられるのがふつうである。

以上のタリ・リ形の〈記述性〉の説明に対して、はだかの形の〈表出性〉はどのように説明できるだろうか。

④－1「知られでやみなむとなん思ひはべる」は、一人称の態度ののべたて表現がはだかの形をとったものであり、④－2「よろしく思さるや」は二人称の態度のたずねの表現のはだかの形である。④－1は内的な認識の直接的な表出であり、④－2は、相手の気分の直接的な表出をもとめるものである。④－1の「思ふ」は、現在は、話し手の内部で具体的に経験されていることを表しているから、そこに用いられているはだかの形は、アスペクト的には運動が具体的な過程にあることを表しているといえるだろう。④－3「僻者とぞ思ふや」も、相手の心中で下される判断をたずねている二人称の文であり、やはり〈表出〉的である。

一人称ののべたて、または二人称のたずねという条件のもとでは、「思ふ」「見る」などが形容詞などの限定をうけて感情や評価を表すくみあわせをつくっている場合は、直接的な、その時だけの感情の表出を表している。

しかし、一人称ののべたて、または二人称のたずねに用いられるときでも、恒常的に持続する客観的な態度の意味に接近することがある。これらは、中断があっても、それは無視され、ひと続きのものととらえられる、長期間にわたる心的な態度を表していると考えることができる。このなかには、「もの思ふ」

という連語もふくめてよいだろう。

【地の文における記述と表出】

地の文では、〈記述〉と〈表出〉のちがいは、語り手がどのような視点から場面を描写しているかを読み解くカギとなっているので、その点について検討する。

タリ・リ形による客観的な叙述の表現である④－3「恥づかしげに思したり」は、現在のこの場における状態の持続を表しているものである。大君が恥ずかしいと思っているという態度は、大君が薫に「せめて今のうちにお帰りになって下さい。とても見苦しいことですもの」と申しあげることのなかに反映していると同時に、「恥ずかしげに」という接辞ゲをもつ形容動詞とのくみあわせで態度が表されることによっても、それが客観的なものであることが表されている。が、同時に、そうした大君の態度を確認することによって、薫が恥をかかせるようなことはしないと応じる文脈からも、それが客観化されたものであることはわかる。つまり、本例においては、先行する文脈に態度がすでに言語活動などによって客観化されているだけではなく、それをうけとる登場人物がそれに触発され、それに対する一定の態度や行動をとることからも、その態度が客観性をもっていることが知られるということである。なお、ここで「…げなり」という形容動詞は、心中が外面にあらわれた様子を表すものであって、本来は「思う」ことの内容にはなりえないものである。それがあえて限定にたっているのは、「思したり」がすでに心理的活動ではなく、そぶりをするという外的活動に相当するものになっているということであろう。そして、本例において、本来態度がもつ恒常性は背後にしりぞき、それを認識する登場人物にとって客観的なものとしてうけとられていることを重点的にタリ・リ形は表している。

④－6「宮の御迎へにおはしたると寝おびれて思したり」では、「宮の御迎へにおはしたる」という若君の心中の思考は、それが客観化されているという文脈上の証拠はないにもかかわらず、源氏が「宮の御使にて参り来つるぞ」と応じていることから、源氏によって「宮の御迎へにおはしたる」と思ったという若君の思考が客観的事態として認識されていると考えざるをえない。したがって、この例は本来客観的に表現することがむずかしい思考活動を、タリ・リ形で表現することによって、客観的に存在しているものとして示しているものだということができる。

こうした地の文でのタリ・リ形による語りは、場面中の出来事の連鎖を、心理活動までふくめて、客観的な出来事の連鎖としてかたろうとするものである。

一方、はだかの形④－4「盛りいかならむと思ふ」は、心理的態度を表すのにはだかの形を用いることによって、語り手が登場人物と一体化し、登場人物の内的な視点から、自己表出的にかたっていることを示している。夕霧の思考活動にはさらに同じ夕霧の思考が続き、タリ・リ形によってとりあげられる場合と異なって、後続する文脈において、その思考に触発された別の登場人物の行為がかたられ、客観的な出来事の連鎖のひとこまになることもない。これは、はだかの形によって表される思考活動が、あくまで内的なものにとどまって、誰の目からも確認できるような客観的なものとしては表現されてはいないということであると考えられる。

地終止法	態度	思考・認識
タリ・リ形	148	26
はだかの形	7	31

会話終止法	態度	思考・認識
タリ・リ形	31	10
はだかの形	49	180

上の二つの表からわかるように、会話文では、四一対二二九とタリ・リ形がはだかの形の五分の一で、はだかの形になりやすく、地の文では、一七四対三八とタリ・リ形がはだかの形の五倍で、タリ・リ形になりやすいということができる。これについては、会話文が一人称的な〈表出〉に適した文章であるのに対して、地の文が三人称的な〈記述〉に適した文章であるということによるのではないかと思われる。

（ⅰ）ツ・ヌ形

コメント

▼特性・関係動詞

コメント1

〈特性・関係動詞〉とは、現象としての動作あるいは状態を恒常的な特性にとらえなおし、その状態の持続を表す動詞である。これらの動詞の表す意味は、〈恒常的状態〉で、最初からそうであり、永遠にそうであるような状態、いいかえるなら過去から未来にわたる時間軸上をあますところなくすべておおっているような状態である。

特性・関係を表す動詞は、金田一春彦のいう第四種の状態動詞にあたり、タリ・リ形をとるのが普通であるが、はだかの形をたまにとることもある。しかし、はだかの形をとっても、その意味はタリ・リ形をとった場合とかわらない。この種の動詞におけるはだかの形とタリ・リ形のちがいは、〈表出〉と〈記述〉のちがいで説明できるとしても、そのちがいはちいさい。

この種の動詞がタリ・リ形をとるのは、もともとは変化の結果の継続を表していたものが、（ⅲ）の①「劣れる」、③「似たるかな」のような関係、⑥「愛敬づき給へる」のような人や物の特徴や、⑦「下りたる」のような空間的配置などを表すのに用いられるなかで、運動性をうしなったものと考えられる。関係を表すものは、内的・抽象的であり、メノマエ性は確認しづらい。

なお、はだかの形とタリ・リ形の「まさる」は、「ふえる」という変化を表す意味では〈変化動詞〉に所属させられている。変化動詞としての「まさる」は、はだかの形で現在その変化過

（ii）はだかの形

▼特性・関係動詞

① 「いでや、ものげなしと侮りきこえさせたまふにはべるめりかし。さりとも、げに、わが君や人に劣りきこえさせたまふ、と聞こしめしあはせよ」と、なま心やましきままに言ふ。〈源氏・少女〉〔「いえいえ、内大臣様は、若君を一人前ではないと軽んじて申しておいでになるのでございましょう。今はそうでも、それならなるほどわが君が人に劣っていらっしゃるかどうか、どなたにでもお聞きあわせてください」と、なんとなく腹の立つにまかせて言いつのる〕〈恒常的状態〉

② かほ鳥の声もききしにかよふやとしげみを分けてけふぞ尋ぬる

ただ口ずさみのやうにのたまふを、入りて語りけり。〈源氏・宿木〉〔「かお鳥の声もかつて聞いたのによく似通っているかと、草のしげみをわけて今日は尋ねてきたのです」と薫が口ずさみのようにおっしゃるのを、弁の尼はただ、部屋にはいってかたるのだった〕〈恒常的状態〉

③ 御髪は居丈にて、いと気高う清らなり。「げに、これは、聞きつるやうに、ただの人には見えざりけり。親にこそ、いとよう似たりけれ。あいなう、心さへ似るかな」とのたまへば、〈宇津保・国譲・下〉〔東宮は御髪は身長に等しく、たいそう気高くお美しい。帝は「なるほど、この宮は噂どおり並大抵の人には見えないことだ。親にたいそうよく似ていること。いやなことに、心までも似ているということだ」とおっしゃる〕〈恒常的状態〉

（iii）タリ・リ形

▼特性・関係動詞

① 「園に匂へる紅の、色にとられて香なん白き梅には劣れると言ふめるを、いとかしこくとり並べても咲きけるかな」とて、御心とどめたまふ花なれば、かひありてもてはやしたまふ。〈源氏・紅梅〉〔園に咲き匂う紅梅が、その色に負けて、香りは白梅に劣っているようだけれども、まったくみごとに両方兼ね備えて咲いたものだね」とおっしゃって、お好きな花だからさしあげたかいがあって、匂宮はしきりにほめたてられる〕〈恒常的状態〉

② 尚侍の殿、「故致仕の大臣の御爪音になむ通ひたまへると聞きわたるを、まめやかにゆかしくなん。今宵は、なほ鶯にも誘はれたまへ」と、のたまひ出だしたれば、〈源氏・竹河〉〔尚侍の殿が、「致仕の大臣の御爪音に似かよっていらっしゃるとかねがねうかがっておりますから、真実お聞きしとう存じます。今宵は、やはり鶯にでも誘われたおつもりでごゆるりとお弾きください」と仰せ出された〕〈恒常的状態〉

③ はるかに霞みわたりて、四方の梢そこはかとなうけぶりわたれるほど、「絵にいとよくも似たるかな。かかる所に住む人、心に思ひ残すことはあらじかし」とのたまへば、〈源氏・若紫〉〔京の、遠くの方までずっと霧がかかって、一帯の梢の先もはっきりとは見えないほど、一面にぼうっとしている所を見て、「絵にほんとうにそっくりだね。こんな所に住む人は、思い残すことはないだろうね」と源氏は言う〕〈恒常的状態〉

④ この若君、幼心地に、めでたき人かなと見たまひて、「宮

（ⅰ）ツ・ヌ形

コメント

程が進行中の意味を表し、完成相としてヌ形をとり、タリ・リ形において変化の結果の継続を表している。

　これに対して、特性・関係動詞の場合は、（ⅱ）④「まさる」も（ⅲ）④「まさりたまへる」も同じ意味を表す。他の動詞についても、タリ・リ形が用いられることがおおいが、はだかの形との意味はほとんどかわらない。

（ii）はだかの形

④ 言に出でていはぬもいふにまさるとは人に恥たるけしきをぞ見る（源氏・横笛）〔言葉に出しておっしゃらないのも、おっしゃるよりまさっているのが、あなたの恥らっている様子から分かります。夕霧が琴を弾き落葉宮に歌いかけるところ〕〈恒常的状態〉

⑤ 「律の調べは、あやしくをりにあふ」と聞こゆる声なれば、聞きにくくもあらねど、弾きはてたまはぬを、「なかなかなり」と心入れたる人は消えかへり思ふ。（源氏・蜻蛉）〔「律の調べは、不思議に秋の季節に合う」と耳にひびく音なので、聞きにくくもないが、薫が終わりまでお弾きにならないので、「なまじ気がもめる」と、熱心な人は死ぬほど残念がる〕〈恒常的状態〉

（iii）タリ・リ形

の御ありさまよりも、まさりたまへるかな」などのたまふ。（源氏・若紫）〔若君は源氏の君を見て、子供心に、おきれいな方だとご覧になって、「父宮のご様子より、すぐれておいでなのね」とおっしゃる〕〈恒常的状態〉

⑥ 「これは、こよなく心のどかにたをやぎ、愛敬づき給へるを」と、悔しさ、例の尽きせず、我身の宿世のみあさましくおぼさる。（狭衣・三）〔「女一宮はこのうえなく心静かで、のんびりしていて、物柔らかで魅力的でいらっしゃるのに、どうしてこの方と結婚しなかったのであろう」と、狭衣は、悔しく、我が身の運のつたなさを思う〕〈恒常的状態〉

⑦ 中務宮「などかは、さのみ、座のいたく下りたる。…」（宇津保・蔵開・上）〔「どうして大役の仲忠の座がそんなに低いのだ」と中務宮が言う〕〈恒常的状態〉

⑧ 「秋の虫の声いづれとなき中に、松虫なんすぐれたるとて、中宮の、遥けき野辺を分けていとわざと尋ねとりつつ放たせたまへる、しるく鳴き伝ふるこそ少なかなれ。…」などのたまへば、（源氏・鈴虫）〔「秋の虫の声の、どれといって甲乙つけがたいなかでも、松虫がすぐれているというわけで、秋好中宮が遠い野辺にわざわざ人をお遣わしになって、捕えてきては前栽にお放しなったことがあったのですが、野原での鳴き声をさながら伝えるようなのが少なかったそうです。…」などいう〕〈恒常的状態〉

[redacted]

▼抽象的・一般的意味

〈例示的意味〉

① また、あまたの声して、詩誦し、歌などうたふには、たたかねどまずあけたれば、ここへとしも思はざりける人も、立ちとまりぬ。（枕・七六）〔細殿では、大勢で詩や歌を朗唱したりするときは、叩かなくとも遣り戸を開けておくので、特に尋ねて来た人でなくとも立ち止まる――地の文〕〈立居ふるまい〉

② 大臣、中シテ云ク「…象ヲ船ニ乗セテ水ニ浮ベツ。沈ム程ノ水際ニ墨ヲ書テ注ヲ付ツ。其ノ後、象ヲ下シツ。次ニ船ニ石ヲ拾ヒ入レツ。…」ト申ス。（今昔・五・三二）〔「象を船にのせて水に浮かべます。沈んだところの水際を墨で印を付けます。その後、象を下ろします。次に船に石を拾って入れます」と、大臣は象の目方の計り方を説明する〕〈はたらきかけ〉

③ 「かやうの君達は、親、仕立て思ひ扱ふに、少しも、後見やめば、うち捨てつ。いでや、まして、なにとか思給はん。…」と、さすがにうち笑ひつつ言へば、（狭衣・一）〔「このような君達は、女の親が自ら手を下して熱心にお世話してさえも、少しでも機嫌を取ることを止めてしまったならば、すぐに女を見捨ててしまうものです。…」と、そうは言うものの笑いながら言う〕〈授受動詞〉

④ 「…一日、頭の中将の、『世の人の言ふやうなむ、帝のやむごとなくし給ふ物は、皆、そこに賜はりぬ。御娘の中に愛しくし給ふも、弄び物も、家までも、これと思したるは、皆なむと

[redacted]

▼抽象的・一般的意味

〈くりかえしの意味〉

① 雨降りし日、来あひたりし御使どもぞ、今日も来たりける。殿の御随身、かの少輔が家にて時々見る男なれば、「まうとは、何しにここにはたびたびは参るぞ」と問ふ。（源氏・浮舟）〔匂宮の使者に宇治で偶然鉢合わせをした薫の随身が、「おまえは何のためにここにたびたびやって来るのか」と問う〕〈移動動詞〉

② 院も御覧じて、「いと乱りがはしき御ありさまどもかな。おほやけの御近き衛りを、私の随身に領ぜむと争ひたまふよ。三の宮こそいとさがなくおはすれ。常に兄に競ひ申したまふ」と、諫めきこえあつかひたまふ。（源氏・横笛）〔夕霧を、小さい二宮と三宮が遊び相手にしようと争っているのを見て、「行儀が悪いことだ。主上のおそば近くの守りを、ご自分たちの随身として独り占めになさろうとして、喧嘩をなさるとは。三宮のほうがとくに性悪でいらっしゃる。いつも兄上と競争なさる」と源氏も言う〕〈動作的態度〉

③ 「…いまめかしくなり返らせたまふめる御心ならひに、聞き知らぬやうなる御すさび言どもこそ時々出で来れ」とて、ほほ笑みたまへれど、（源氏・若菜・上）〔「…きいたことのないような御冗談も時々出てきますね」と、明石の上、源氏のからかいを非難する〕〈変化動詞〉

④ 近くなるほどに、その琴とも聞きわかれぬ物の音ども、いとすごげに聞こゆ。「常にかく遊びたまふと聞くを、ついでな

▶抽象的・一般的意味　ツ・ヌ形

言ふ』とありしは、さも言ひつべきことにこそはありけれ」（宇津保・蔵開・中）〔「…先日、頭の中将が、『世間の評判では帝がたいせつになさっているものは、すべてそなた仲忠殿にお与えになる。女宮たちのなかでも特にかわいがっていらっしゃった女一宮をも、愛玩品をも、屋敷までも、これはと思われたものは、みなそなた行きだ』といっていたことは、まったく言いえて妙だったことよ」と兼雅はいう〕〈授受動詞〉

⑤　あはれ進みぬれば、やがて尼になりぬかし。思ひ立つほどはいと心澄めるやうにて、世にかへりみすべくも思へらず、『いで、あな悲し、かくはた思しなりにけるよ』などやうに、あひ知れる人、来とぶらひ、ひたすらにうしとも思ひ離れぬ男、聞きつけて涙落せば、使ふ人古御達など、『君の御心はあはれなりけるものを、あたら御身を』など言ふ。（源氏・帚木）〔左馬頭の婦道一般論。男から少し冷たくされると、世をはかなんですぐ尼になってしまう女性がいる。思い立った当座は、悟りすましたようで、俗世に未練などありそうにもない。『まあ、おいたわしい。よくご決心なさったものですね』などといった風に、知り合いが見舞いに来たり、愛想をつかしきったわけでもない相手の男が聞きつけ、涙を落としたりすると、召使や老女達が『御主人様は愛情の深いお方でいらっしゃるのに、惜しいおからだを』などと言う〕〈変化動詞〉

⑥　かきくらし晴れせぬ雪の中にただ明けぬ暮れぬとながめてぞ経る（浜松・四）〔空を暗くして晴れもしないで降る雪の中に、ただ日も夜が明けた、日が暮れたと、ぼんやり見つめるばかりで、時がたつことです〕〈変化動詞〉

▶抽象的・一般的意味　はだかの形

くて、親王の御琴の音の名高きもえ聞かぬぞかし。よきをりなるべし」と思ひつつ入りたまへば、琵琶の声の響きなりけり。（源氏・橋姫）〔近づいていくうちに、何の楽器とも聞きわけられない物の音の合奏が、まったく身にしみるように聞こえてくる。「いつもこうしてお遊びになっていらっしゃると聞くが、機会がなくて八宮の名高い琴の音も聞かせていただけないでいる。よい折であろう」と思い思い薫がお入りになると、琵琶の音の響きであった〕〈うごき動詞〉

⑤　おとどは、かしこにものし給ひ、「いぬも、いとをかしくなり給へり。起き返りつつ、人見ては笑ふ。…」とのたまへば、（宇津保・国譲・中）〔孫のいぬ宮を見た右大臣殿は、その母の女一の宮の御方へおいでになり、「いぬ宮も、とてもかわいらしくなられました。体を反らしたりして、人を見てはにこりと笑います。…」とおっしゃる〕〈うごき動詞〉

〈潜在的質的意味〉

①　「何ぞの車ぞ。暗きほどに急ぎ出づるは」と目とどめさせたまふ。「かやうにてぞ、忍びたる所には出づるかし」と、御心ならひに思し寄るも、むくつけし。（源氏・東屋）〔匂宮が朝早く自邸に戻ると、浮舟とその母がちょうど館から出てくるところで、匂宮が「あれはどういう車か。暗いうちに急いで出て行くのは」と目をおとめになる。「こんなふうに、こっそり通う女の所から男はしのんで出て行くものだ」と、自分の経験から推量するのも恐ろしいことだ〕〈移動動詞〉

〈潜在的意味〉

① 俊蔭、「さだめて知りつ、わが身は、この山に滅ぼしつ」と思ふものから、いしきなき心をなして、阿修羅の中に交じりぬ。〔宇津保・俊蔭〕〔阿修羅たちの住む世界に入った俊蔭は、この恐ろしい光景を見て、「はっきりと悟った。自分の身はこの山で滅びる運命だったのか」と思うが、阿修羅の中に中に入って行った〕〈はたらきかけ〉

② 人を召し寄せて、御湯などまいらせ給へど、いささか見入るる気色もなし。「ことわりぞかしな。わがをのこにて、かばかりかすかなるにてはあらざりしだに、故宮亡せ給ひぬると見しほどの心ぎは、物やはおぼえし。…」と、〔浜松・四〕〔吉野姫の母（尼君）の臨終に際して、中納言が、こんな境遇ではなかったが、自分の父が亡くなろうとする時もひどく混乱したことを思いだしている〕〈変化動詞〉

③ 「…我も後れじとまどひはべりて、今朝は谷に落ち入りぬとなんと見たまへつる。…」と語りきこゆるままに、〔源氏・夕顔〕〔夕顔の死の衝撃で、付き添っていた女が今朝は谷に身を投げてしまうのではないかと思いました、と惟光は言う〕〈変化動詞〉

④ あるじのぬし、「世間は、同じこと。わが婿の君だに心留め給はば。財を尽くして労る所にも居給はで、わが、かく貧しき所におはすれば、恥は隠れぬ」など言ふ。〔宇津保・吹上・上〕〔仲頼の婚家の主人は、私のような貧しい家にいてくれるなら、十分に後見はするので、却って外で恥をかくことはない、など

② 切懸だつ物に、いと青やかなる葛の心地よげに這ひかかれるに、白き花ぞ、おのれひとり笑みの眉ひらけたる。「をちかた人にもの申す」と、ひとりごちたまふを、御随身ついゐて、「かの白く咲けるをなむ、夕顔と申しはべる。花の名は人めきて、かうあやしき垣根になん咲きはべりける」と、申す。〔源氏・夕顔〕〔通りすがりの家に花をみつけ、「お尋ねします。そこに咲いている花は」とおっしゃるのを、随身が聞きつけて、「あの白く咲いております花を、夕顔と申します。花の名は人めいていますが、こうしたみすぼらしい垣根に咲くものです」と申し上げる〕〈通達動詞〉

③ 見も知らぬ草を、子どものとり持て来たるを、「なにとかこれをばいふ」と問へば、とみにもいはず、「いさ」など、これかれ見あはせて、「耳無草となんいふ」といふ者のあれば、〔枕・一三一〕〈通達動詞〉

④ 「霧深きあしたの原の女郎花こころをよせて見る人ぞみるなべてやは」など、ねたましきこゆれば、「あなかしがまし」と、はてはては腹立ちたまひぬ。〔源氏・総角〕〔匂宮が薫に宇治に連れて行くよう頼むが、薫が承諾しないので、どうしてそう自分の縄張りみたいに姫君たちをひとりじめにしようとするのかと、歌いかけると、「霧の深い朝の野原の女郎花は、深く思いをよせている人だけが見ることができるのです。あなたはどんなものでしょうか。尋常ではとても」などと、わざと匂宮を悔しがらせるように申しあげる〕〈知覚活動〉

⑤ 「三日に当る夜、餅なむまゐる」と人々の聞こゆれば、〔源氏・総角〕〔中君と匂宮が三日夜の婚儀をむかえると、「三日目に当

▶抽象的・一般的意味　ツ・ヌ形

と言う」〈変化動詞〉

⑤ もの思ふと過ぐる月日も知らぬ間に年もわが世もけふや尽きぬる。（源氏・幻）〔物思いをしていて、過ぎてゆく月日を知らずにいる間に、この一年も、わが人生も今日で尽きてしまうのか。源氏の晩年の年の暮れの歌〕〈変化動詞〉

⑥ 「…ここらの年ごろ思ひ給へ惑ひつる所効なく、人伝てならで、夢ばかりも聞こえさせでやみぬること。…」など聞こえ給ひつれば、（宇津保・菊の宴）〔あて宮の入内が決まって、実忠は、夢の中でさえお会いすることもなく終わってしまうのかと嘆く〕〈変化動詞〉

⑦ 仁寿殿より、仲忠を、せめて求めさせ給へど、さらになし。「まかでやしぬる」と仰せらる。（宇津保・内侍のかみ）〔仁寿殿からは、帝が仲忠をしきりにお探させになるが、どうしても見当たらない。帝は、「退出してしまったのだろうか」と仰せになる〕〈変化動詞〉

⑧ 年来无慚也ト云ヘドモ、後ニ縁ニ値テ戒ヲ受テ、法花経ヲ読誦シテ失ヌレバ、必ズ悪道ヲ離レヌトゾ見聞ク人貴ビケリトナム語リ伝ヘタルトヤ。（今昔・一三・三七）〔長年恥知らずであっても、あとで機会を得て受戒して、法華経を読みがら亡くなったので、きっと地獄から離脱したにちがいないと、見聞いた人たちは貴んだと語り伝えている〕

▶抽象的・一般的意味　はだかの形

たる夜はお餅をさしあげるのです」と女房たちが申しあげるので、お祝いのしきたりなのだろうとお思いになる〕〈一般的動作〉

⑥ 女御は、上の御局に、やがて参う上りたまひにければ、人少ななるけはひなり。奥の枢戸《くるど》も開きて、人音もせず。「かやうにて世の中のあやまちはするぞかし」と思ひて、やをら上りてのぞきたまふ。（源氏・花宴）〔女御は、上の御局に、宴が終わったあとすぐお上りになったので、弘徽殿の細殿のなかは、人の気配もしない。奥の枢戸も開いていて、人の音もしない。源氏は、「このようにして男女はまちがいを犯すのだ」と思って、上っておのぞきになる〕〈一般的動作〉

⑦ 水なしの池こそ、あやしう、などてつけけるならんとて問ひしかば、「五月など、すべて雨いたうふらんとする年は、この池に水といふものなんなくなる。また、いみじう照るべき年は、春のはじめに水なんおほくいづる」といひしを、（枕・三八）〔水なしの池、不思議でどうしてこんな名をつけているのだろうかと聞いたところが、「五月など、いったいに雨が、例年より多く降ろうとする年は、この池に水というものがないのです。また、逆に日がひどく照りつける年には、春のはじめに水がたくさん湧き出るのです」と言ったのである〕〈変化動詞〉

⑧ いと言多く恨みて、「御声も聞きはべらじ。ただ、け近くて聞こえんことを、聞きにくしとも思しことわれ」と、よろづに言ひわびて、「いと心憂く。所につけてこそ、もののあはれもまされ。あまりかかるは」などあはめつつ、（源氏・手習）〔中将は、浮舟のそっけない態度をうらんで、「全く情ない。こうした所では誰にとっても物事の風情に感ずる気持ちも深くなり

▶抽象的・一般的意味　ツ・ヌ形

▶抽象的・一般的意味　はだかの形

ますのに。これでは余りだ」と言う」〈変化動詞〉

⑨「ゆゆしく。かくな思しそ。さりとも、けしうはものしたまはじ。心によりなん、人はともかくもある。…」など、仏神にもこの御心ばせのあり難く罪軽きさまを申しあきらめさせたまふ。〔源氏・若菜・下〕〔若宮をご覧になって、病床の紫の上が、成長した姿を見られないなどと気弱いことを言うのを聞き、源氏は「不吉な。そんなふうにお考えなさるな。まさかそんなに悪いはずはありえません。心の持ちよう次第では、人はどうにでもなるものです」などと言う一方で、仏神にも、上の性格がすぐれていて、罪の軽い人であることを詳しく書いて、お祈りになる」〈状態動詞〉

⑩「今年だにすこし大人びさせたまへ。十にあまりぬる人は、雛遊びは忌みはべるものを、…」など、少納言聞こゆ。〔源氏・紅葉賀〕〔「せめて今年からでも、もう少し大人らしくなさいませ。十歳を越した人はもうお人形あそびなどはいけないと申しますのに、…」などと、少納言が申しあげる」〈態度動詞〉

▶抽象的・一般的意味　コラム

抽象的・一般的意味については、動詞の種類ごとにわかって検討するということをせず、意味によってわけて検討する。したがって、動詞の種類を用例に注記する。

［例示的意味］

一般に、〈例示的意味〉は、文脈によって、主体が一般的であることとか、運動が恒常的にくりかえされるものであることかが示されている場合に生ずる。ツ形の②はめずらしい例で、方法を指示したものである。古典語では、このようにやりかたを指示するときには基本的には命令形を用いるようであるが、現代ではマニュアルなどにのべたて形式のものがよく見られる。⑥「明けぬ暮れぬ」の場合は対照的な意味の動詞を並列させる文脈から、それがくりかえされることが知られ、〈例示的意味〉であると認められる例である。これは、中世には「浮きぬ沈みぬ」のような副詞として一語化する。

［くりかえしの意味］

変化動詞には〈潜在的質的意味〉がおおく見いだされるのに対して、〈くりかえしの意味〉は、③「時々出で来れ」の例以外には、ほとんど見いだされない。変化動詞にまったく〈くりかえしの意味〉があらわれないということではないと思うが、変化動詞には不可逆的な意味のものがおおく、「暮る」「更く」「死ぬ」などがくりかえされるということは考えにくいことから、この結果は理解できるものである。当然のことであるが、状態動詞と、活動、態度、特性・関係などの抽象的意味の動詞にも〈くりかえしの意味〉はあらわれない。くりかえしというものが、運動の開始と終結の集積のうえに存在するということと、これらの動詞のもつ開始、終結ということを含意しない状態性とがあいいれないということから、これも当然であろう。

［ツ・ヌ形とはだかの形の競合］

〈くりかえしの意味〉と〈例示的意味〉はいずれも運動の反復を表しているという点では意味的にちかく、競合関係にあると考えられる。しかし、〈例示的意味〉はおそらくはだかの形にとりかえられると考えられるが、〈くりかえしの意味〉の方は、頻度の副詞をともなった例ばかりをだしていることもあるが、ツ・ヌ形にとりかえることはできない。

〈潜在的意味〉になるものは、活動、特性などの抽象的意味の動詞にはないうえ、限界性をもたないうごき動詞や状態動詞にもすくなく、変化動詞におおい。これは、おそらく、〈潜在的意味〉が限界到達の可能性を示唆するという性格があるからであろう。ツ形の①「滅ぼしつ」は他動詞であるが、「身を滅ぼす」意味の再帰的他動詞であるから、実質的に自動詞と同じだと考えると、ここにあげられた例はすべて変化を表すものに限られるということになる。

〈潜在的意味〉については、はだかの形にかえても意味は通ずると考えられる。ところが、反対にはだかの形の〈潜在的質的意味〉は、同じ潜在性があっても、ツ・ヌ形にかえるのはむずかしい。これは〈潜在的質的意味〉の場合はほとんどの種類の動詞にあらわれうるものであるのに対して、〈潜在的意味〉は、ほぼ変化動詞にかぎられているということと関係があるものとも思われるが、〈潜在的質的意味〉においては、主体が一般化されているのに対して、〈潜在的意味〉の場合は主体が個別的であるというところにも理由があると考えられる。

反復や潜在性を意味的に基盤にもちながら、〈例示的意味〉と〈くりかえしの意味〉、〈潜在的意味〉と〈潜在的質的意味〉の相互は完全には競合的関係にあるとはいえない。というより競合関係があるとしても、ツ・ヌ形からはだかの形への一方向的であることは注意しておく必要があろう。

［潜在的意味と潜在的質的意味］

〈潜在的意味〉の④「隠れぬ」は、他の例にくらべてやや恒常性がまさっているかのように感じられる。もし、恥をかかないですむということが、一般的に同類の君達にあてはまることとしてのべられていると考えられるとすれば、〈例示的意味〉の例ということになる。なお、ヌ形⑧「必ズ悪道ヲ離レヌ」は地の文とも見られる例である。

はだかの形②の「申す」、③の「いふ」が〈潜在的質的意味〉といえるのは、これが呼称を示しているからである。そのものにとって、呼称とは、そのものを指示しようとするときにはかならず出現するはずのものであるから、潜在的な性質の一つであると考えられる。

第八部　過去形式の個別的意味と動詞の種類

（ⅰ）テキ・ニキ形

▼行為動詞

▽はたらきかけ

① 仲忠、「…そがうちにも、この春、春日にて遊ばしし胡笳の声にこそ、仲忠、多く、涙は落としてしか。…」（宇津保・吹上・上）〔「源氏の九の君の優れていることといったら、珍しい話のなかでも、この春、春日神社で演奏をなさった胡笳の音色には、この仲忠も感激し落涙いたしました」と仲忠はいう〕〈具体的事実の意味〉

▽移動動詞

① 「山にまかり籠りしゆゑは、いといみじきことの侍りけるを、さらに知り給へざりき、ただすずろにもの悲しく、世には侍るまじき心地のせしかば、親をも見捨ててまかり出でにし。…」と申したまふ。（宇津保・国譲・中）〔「山に籠りました理由は、たいそう憂わしい陰謀がございましたのを、まったく自分としては気づかなかったのですが、ただ何となくもの悲しく、俗世

コメント

過去形式については、抽象的意味を特に区別せず、具体的意味と一緒にあげる。

▼行為動詞

▽はたらきかけ

コメント1

（ⅰ）①「落としてしか」が一回的事実の過去であるのに対して、（ⅱ）①「落しはべりし」は、一回的かどうかが問題にならない、一般的事実の意味である。

（ⅱ）②では「いく度か」というくりかえしを表す指標があるので、〈くりかえしの意味〉であることはあきらかである。

▽移動動詞

コメント1　完成性とパーフェクト性

ニキ形⑤「いづちかものしにし」は、キ形の⑤「誰々かものせられし」と同様、ともに、移動を表す「ものす」についての疑問詞疑問文で、移動の到達点が問題になっており運動そのものには焦点がない。しかし、両者のあいだにはちがいがある。ニキ形の例では、妻のいった場所がとわれているのだが、その

(ii) キ形

▼行為動詞

▽はたらきかけ

① 童にはべりし時、女房などの物語読みしを聞きて、いとあはれに、悲しく、心深きことかなと、涙をさへなん落しはべりし。(源氏・帚木)〔まだ子供だったころに、召使の女などがつっしみ深い女性の物語を読むのを聞いて、ひどく心を打たれ、悲しく思い、思慮の深いことよと、涙まで落としたものです〕〈一般的事実の意味〉

② かかるほどに、御使にはあらで、蔵人まかでたり。上、御前に召して問はせ給ふ、「梨壺には、御使、いく度か遣はしし」(宇津保・国譲・上)〔東宮のお使いということでなく、蔵人がこちらに参上した。藤壺は御前に召してお尋ねになる。「梨壺様には、お使いは何度お遣わしになられたか」と聞く〕〈くりかえしの意味〉

▽移動動詞

① ただ、急ぎに急ぎて、「遅し遅し」と、押し乗するやうにすれば、我にもあらず、いざり出づるに、何と思ひ分く事はなけれど、心騒ぎて、胸ふたがりたる心地す。鶏も今ぞ鳴くなる。

天の戸をやすらひにこそ出でしかと木綿つけ鳥よ問はば答へよ

と言ふままに、涙のこぼれて、とみにも乗りやらず、(狭衣・一)

(iii) タリキ・リキ形

▼行為動詞

▽はたらきかけ

③ 君、「久しく、このわたりに見え給はず。ここには、月の宴し給ひし時に、消息言はせ給へりし」(宇津保・蔵開・上)〔「仲忠は、最近はこのあたりには現れないが、月の宴のあったときには、私のところに消息を伝えてきた」と藤壺は祐純に言う〕〈運動の成立と結果・痕跡の存在〉

④ おとど、「誰々か、参られたりし」。「右のおとど・右大将・民部卿、親王たちなどなむ。博士ら召したりき。学士正光・式部大輔忠実の朝臣・右中弁惟房の朝臣、秀才・進士などなむ召したりし。…」など申し給ふ。(宇津保・嵯峨の院)〔正頼が「誰と誰が参上されたか」と聞くと、は「右大臣以下のこれこれの方を召された。また学者や学生たちも召された。…」と答える〕〈運動の成立と結果・痕跡の存在〉

▽移動動詞

（ｉ）テキ・ニキ形

にとどまっておられない気持ちがいたしましたので、親をも捨てて出家したのです。…」と律師は申し上げる〉〈具体的事実の意味〉

② 「藤壺の、里にものし給ふ、『時々、まうでて、物申さむ』と思へども、この月ごろは、殿などものし給ふめれば。初めまうでたりしに、もの騒がしくて、物も申さでまうで来にき。…」（宇津保・国譲・中）〔「藤壺様が、里下がりをなさっておいでで、ときどきお伺いしてご挨拶をしようと思うのですが、このところ左大臣などもおそばにおいでになっていたようですので、最初にお伺いしたときには、もの騒がしくて何も申さずじまいでした。…」と弾正の宮はお話になる〕〈具体的事実の意味〉

③ 上人あまた御送りに参る中に見つけたまひて、「昨日は、などいととくはまかでにし。いつ参りつるぞ」などのたまふ。「とくまかではべりにし悔しさに、まだ内裏におはしますと人の申しつれば、急ぎ参りつるや」と、幼げなるものから馴れ聞こゆ。（源氏・紅梅）〔殿上人が大勢お送りにまいる中から、若君を見つけなさって、匂宮は、「昨日は、どうして早く帰ったのか。今日はいつ参ったのか」などとおっしゃる。若君は、「早く帰ったのが残念で、まだ宮中においであそばすと人が申したので、急いで参上いたしました」と、子供らしくだが、甘えて申しあげる〕〈具体的事実の意味〉

④ 中納言、「…さるほどに、かかることありしかば、思ふごと、二夜はまかりにき。…さてだに侍りつきにしかば、かく、今まで。今宵も、ここにて、君達に対面する。…」。（宇津保・蔵開・下）〔帝から、さま宮を結婚相手として指名された中納言（源涼）は、

コメント

場所は、現在妻がそこにいる場所でなくてはいけない。つまり、「ものしにし」には、移動動作の完成と同時にその結果も問題にしているという意味で、パーフェクト的ニュアンスがある。運動が完成してはじめてパーフェクト的ニュアンスが生ずるのであるとすれば、パーフェクト的ニュアンスがあるニキ形⑤は、それが運動の完成を積極的に表しているということになる。これに対して、キ形の⑤では、公卿たちの誰が移動の行為を行ったかがとわれているだけであるので、公卿たちは現在もちろんいったさきにいなくてもよく、いまは自邸にもどっていていっこうかまわないのである。現在における効力はまったく問題になっていないのである。

なお、（ｉ）⑤の例のすぐあとの「いかにしなしてし」のテキ形にも同様の意味が看取できる。すなわち、女子をどのように処置したかがとわれている本例において、その処置は現在も効力をもっているものでなければならないという点で、パーフェクト的ニュアンスがある。これと対照的なのが、儀式のとり行われた場所がとわれている、キ形⑤の前半にある「いづこにてかせられし」で、そこでは、それがとり行われたことが現在もなんらかの効力をもっている必要はなく、その場所における実現だけが問題になっている。

このように、キ形は、構文的条件などによって、動詞で表される運動が伝達の焦点になっていない場合に、テキ・ニキ形と競合することがしばしばある。しかし、そのような場合でも、この例に見られるように、テキ・ニキ形は現在をふくむそれ以後の時間との関係性、つまりパーフェクト性をもつが、キ形は

（ii）キ形

〈乳母がただもう急ぎに急いで、「早く、早く」と言うので、女君は無我夢中で座ったまま膝をずらして出ると、これと分別のつくような状態ではなかったが、心落ち着かず、胸が迫るような気がしていると、暁の別れを告げる鶏もちょうど今鳴くのが聞こえる。女君は、「夜明け方、わたしがこの家をためらいながら出て行ったと、鶏よ、もしあの方がお尋ねになったならば、今のように鳴いて答えておくれ」と歌を詠むにつれて、涙ばかりがこぼれ落ちる〉〈具体的過程の意味〉

② 「いづれのくにの人ぞ」ととふ。「みちのくにあさかのぬまにぞ侍りし」といへば、「いかでか京にはこしぞ」ととへば、（大鏡・六）〈侍が、「それなら、どこの国の方ですか」と尋ねる。繁木の妻が、「陸奥国の安積の沼におりました」と答えるので、侍は、「どうして都へは来たのですか」と問う〉〈一般的事実の意味〉

③ 大将、「日ごろ内裏に候ひ侍りて、夜昼御書仕うまつり侍りて、一日なむまかで侍りし。…」。（宇津保・蔵開・中）〈大将は、「この数日、宮中に司候しづめで、夜昼講書の役でお仕えいたしました。先日退出いたしました。…」と言う〉〈一般的事実の意味〉

④ 「あさましき道の空にて、にはかに悲しき目を見侍しかば、『やがて、まかりなん』と思ひ給へしかども、大弐のせちに申せしかば、跡なき水を形見にてなむ、まかり候ひし。…」など、涙ぐみて聞えさすれば、（狭衣・二）〈道中はからず、急に悲しい目に遭いましたので、『そのまま帰京しようか』と思ったのですが、父の大弐がなんとしてもと申しましたので、『跡なき

（iii）タリキ・リキ形

⑥ 上、問はせ給ふ、「院の御方へは、いつか渡らせ給へりし。いく度ばかりか参上り給ひぬる」。蔵人、「ついたち、上になむ渡らせ給へりし。さては、夜、一夜なむ参上り給へりし。…」と聞こゆ。（宇津保・国譲・上）〈藤壺が春宮に仕えている蔵人に、「春宮は小宮の所にはいつ行ったのか。小宮はいくたび春宮のもとに参上したのか」たずねると、蔵人は、「春宮は先日小宮の所へ渡られた。夜は小宮が参上された。…」と答える〉〈以前の実現〉

⑦ さて、これらが申すやう、「…昔、一人子を唐土に渡し給へりし人の御殿になむありし。その子を、え待ち得給はで、失せ給ひて後に、その子帰りいましたりし。…」と申す。（宇津保・蔵開・上）〈さて、この嫗・翁が申すことには、「ここは昔、一人子を唐土にお渡しになった方の御殿でした。そのお子（俊蔭）の帰国をお待ちになることもできずお亡くなりになってのちに、そのお子が帰っていらっしゃいました」と申しあげる〉〈運動の成立と結果・痕跡の存在〉

⑧ 大将のぬし、「はなはだかしこし。例わづらひ侍る脚病のわづらひてなむ、日ごろ、暇文奉りて、参らず侍る」。中納言、「一日、春宮に、花の宴聞こし召ししにも、参り給はぬことをなむのたまふめりし」。おとど、「誰々か、参られたりし」。（宇津保・嵯峨の院）〈正頼が、日頃脚気を煩って参内を遠慮している旨を述べると、平中納言が、先日の菊の宴に正頼が欠席したのを春宮も心配していた旨をつたえる。正頼が「誰と誰が参上されたか」と聞く〉〈運動の成立と結果・痕跡の存在〉

（ⅰ）テキ・ニキ形

仲忠に「そのうちに、婿取られ、思った通りに二夜通いました。…それからここに住みついて、今まで結婚しています。今宵も、ここで皆に対面しています」などとさま宮との結婚の経緯を話す」〈具体的事実の意味〉

⑤ おとど、「…そもそも、かの子ども持たりし人は、いづちかものしにし。男子は、はかなくて失ひつめりき。女子さへは、いかにしなしてし。…」などのたまふ。（宇津保・国譲・上）〔源季明が、息子実忠に「子供のいるそなたの妻はどこに行ってしまったのか。男の子は死んでしまったようだが、女の子はどのようにしているのか。…」などと問う〕〈具体的事実の意味〉

⑥－1 俊蔭申す、「日本に、歳八十歳なる父母侍りしを、見捨ててまかり渡りにき。…」と申す。（宇津保・俊蔭）〔俊蔭が申しあげるには、「日本には、もし健在ならば八十歳にもなる父母がおりますのを、見捨ててこちらに渡ってまいりました。…」と申しあげる〕〈具体的事実の意味〉

⑥－2 御文あるかへりごとの端に、「昨日は、いとまばゆくてわたりたまひにきとかたるは、などかは。さはせでぞありけん。わかわかしう」とかきたりけり。（蜻蛉・下）〔昨日兼家が作者の家の前を通り過ぎたときに扇で顔を隠していたことをとらえて、兼家からお手紙があったのに対する返事の端に、「侍女たちが、『殿は、きのうはずいぶん恥かしそうにお顔をそむけてお通りになりました』と話しておりますが、あれはどうしてなのでしょう。そんなふうになさらなくてもよかったでしょうに、年がいもなく」と書いた〕〈具体的事実の意味〉

コメント

現在との隔絶性、すなわちアオリスト性が顕著であるというちがいをもつ。

コメント2　過去形におけるメノマエ性

移動動詞のタリキ・リキ形は、非過去におけるタリ・リ形がそのまま過去にうつされたと考えられる場合には〈運動の成立と結果・痕跡の存在〉の意味であると考えられる。非過去において、二人称ののべたて、または三人称で、話し手にとってメノマエ性のある場合に用いられていたタリ・リ形が、そのまま過去にうつされたと考えられるのは、（ⅲ）⑦「帰りいましたりし」の場合である。しかし、これが特にメノマエ性があるように感じられるのは、俊蔭の帰国と嫗・翁の発話の時点はとおくへだたっていながらも、嫗・翁は俊蔭の帰国をメノマエにすることのできた発話者として現在もその場所に存在しているという特別の事情によるのではないかと思われる。一般には、とおいむかしのことであれば、発話者は、その運動をメノマエにした場所とは無縁な場所にいるはずである。

（ⅲ）⑧における「参られたりし」などもそうした例である。そのとき参上した公卿がいまもその日限りの菊の宴の場所にいるはずはないし、発話者も別の場所にいるのだから、当然のことながら現在において参会者を目撃できるはずはないのに、それを目撃した者としてこたえよという質問の文に用いられている。もちろん、当日菊の宴にでて、公卿たちの参列を一旦は目撃した者として、そのときの様子をありありと思いうかべてこたえることができると考えるなら、一定のメノマエ性を表して

（ii）キ形

水』を形見に、下ったのでした。…」と涙ぐんで申し上げる〉〈一般的事実の意味〉

⑤　宮内、「ただ今は、異なることも侍らず。一日なむ、御祓へ、やがて、夏の御神楽せさせ給ふめりし」。おとど、「いづこにてかせられし。公卿たちは、誰々かものせられし」〈宇津保・祭の使〉〔あて宮づきの女房宮内が、「現在は正頼邸でかわったことはございません。先日、御祓と夏の御神楽をなさいました」と言うと、三春高基は、「どこでなさったのですか。公卿たちは、誰が行かれたのですか」と尋ねる」〈一般的事実の意味〉

（iii）タリキ・リキ形

（ⅰ）テキ・ニキ形

コメント

いるということはできる。ここで、奄美方言の「ソノウタハニ郎ガウタッテアルヨ」の例についての「さっきうたったうたが、あるいはうたった行為がまだメノマエにあるかのようにとらえられる結果、…現在につながる側面をもつことになるのだろう」という松本泰丈を指摘をおもいだすなら、これは〈経歴・記録〉を表すものと考えることもできる。

なお、これはキ形の⑤の「ものせられし」と競合する。もちろん、キ形の⑤においても聞き手は目撃者側に立ちうるのであるが、当事者から一歩しりぞいた立場にたち、「御神楽せさせ給ふめりし」と婉曲的ないい方をしている聞き手に対して、メノマエ的な、確実性をもったこたえまでは要求していないと見るべきであろう。したがって、キ形の⑤は、客観的に単に運動の存在、または実現だけを問題にしているものと思われる。

タリキ形⑥「渡らせ給へりし」は、発話者と移動主体との位置関係から到底メノマエ性が表されているとは考えられない例である。蔵人が東宮と小宮の居所とどういう位置関係にある場所につめているかよくわからないが、最後の「参上り給へりし」は小宮が東宮のところにいったということなので、過去においても蔵人にとってメノマエ性があった例と考えられるから、メノマエ的な過去といってもよい。しかし、はじめの「渡らせ給へりし」は、小宮のいるところへの春宮の移動動作であるため、蔵人が春宮の到着を目撃したとは考えにくい。また、つぎの「渡らせ給へりし」も小宮のいるところへの春宮の移動動作であり、話し手である蔵人が、到着地点にいて春宮の到着を目撃したとは考えにくい。

（ii）キ形

（iii）タリキ・リキ形

（ｉ）テキ・ニキ形

▽**通達動詞**

① 心ひとつに思ひあまりて、恥づかしけれど、中納言殿に文奉れたまふ。「一日の御事は、阿闍梨の伝へたりしに、くはしく聞きはべりにき。…」と聞こえたまへり。（源氏・宿木）〈中の君は、薫に文を遣わし、「八の宮の三回忌のことは阿闍梨に全て聞いた」と述べる〉〈具体的事実の意味〉

② 宮、…召し寄せて見たまふ。御文には、「…かしこの寝殿、堂になすべきこと、阿闍梨に言ひつけはべりにき。…」などぞある。（源氏・宿木）〔薫からの文を匂宮と中の宮が御覧になる。その文には、「宇治に行ったついでに、寝殿を堂にするように阿闍梨に言いつけておいた。…」などとある〕〈具体的事実の意味〉

③－1　中納言、「身一つは、京に通ひつつも侍りぬべし。かしこにも聞こえてき。…」とのたまへば、（宇津保・国譲・中）〔実正は、弟の実忠に、「自分の体一つであれば、隠棲している小野から京に通ってでも来られましょう。藤壺様にもそう申し

コメント

それでは、これらの用法はどのように解釈したらよいかというと、これは、遠い過去の出来事であるので、動作主体にとっても客観化ができるので、記述的性格のつよいタリキが用いられたのではないかと解釈することもできる。出来事を客観的にしっかりと叙述するということは、松本泰丈（一九九三b）がいうように、メノマエ性が、「…しっかり、丹念にのべるというのべかたのほうへと、つまり、モーダルな方向へとずれてきている」といってもよいように思われる。

▽**通達動詞**

コメント1　完成性と不完成性

通達動詞においては、ニキ形は一人称の動作で、ほとんどの場合「はべり」とともに用いられるという特徴がある。したがって、キ形ではなく、ニキ形が用いられるのは、待遇的な理由があると考えられる。しかし、キ形とのあいだには以下のようなちがいもある。ニキ形①「くはしく聞きはべりにき」では、聞くという動作が「くはしく」という修飾語によって、あまねく完全に遂行されたということが表されていることである。その結果として八の宮の三回忌のことは十分に熟知しているという意味が生じており、その効果が現在も存在しているというパーフェクト的ニュアンスがある。

これは、同じ伝聞を表す動詞のキ形①「ほのかに聞きはべりし」では、「ほのかに」という不十分なさまを表す修飾語をともなうことによって、その行為の遂行が不完全にしか行われな

（ii）キ形

▽通達動詞

① さて、もののついでに、かの形代《かたしろ》のことを言ひ出でたまへり。「…さて、また、常陸になりて下りはべりにけるが、この年ごろ音にも聞こえたまはざりつるが、この春、上りて、かの宮には尋ね参りたりけるとなん、ほのかに聞きはべりし。…」と聞こゆ。（源氏・宿木）〔弁の尼、薫に浮舟について語る。「…浮舟の母は、夫が常陸の守になって下り、この数年噂もでませんでしたが、この春、上京して、中の宮のもとを尋ねて参ったとちらっと聞きました」と言う〕〈一般的事実の意味〉

③ 「ただかくて侍ふにおぼし出でよ。その世には落窪の御方と聞えしよ。…」（落窪・二）〔衛門は、女房少納言に「私がこのようにお仕えしていることによっても思い出しなさい。（この邸にいらっしゃるのは）あの当時には落窪の君と申し上げた

（iii）タリキ・リキ形

▽通達動詞

① 紙燭《しそく》さして歌ども奉る。…上の町も、上臈とて、御口つきどもは、ことなること見えざめれど、しるしばかりとて、一つ二つぞ問ひ聞きたりし。これは、大将の君の、下りて御かざし折りてまゐりたまへりけるとか。

すべらぎのかざしに折ると藤の花およばぬ枝に袖かけてけり（源氏・宿木）〔藤の花の宴での歌は、紙燭をともして数々の歌を献上する。…上の位の方々の分も、位が高いからといって詠み口は特別のこともなさそうであるけれども、しるしばかりということで一つ二つたずね聞いておいた。これは薫大将の君が庭へ降りて御かざしを折って献上なさったときの歌である（歌）。草子地〕〈運動の成立と結果・痕跡の存在〉

② 君、「久しく、このわたりに見え給はず。ここには、月の

あげたのです。…」とお答えなさる」〈具体的事実の意味〉

③－2　右の大殿の聞き給ひて、「さ思ひしことぞや。后の宮にも、しか聞こえてきかし」と思す。（宇津保・国譲・下）〔季明の妻が里に帰ってしまったことを、兼雅もお聞きになって、「やはり思ったとおりだ、だから后の宮にも源氏方の妻がみないなくなるのではないかと申しあげたのだ」とお思いになる〕〈具体的事実の意味〉

コメント

かったことを暗示し、運動の実現をかろうじて表しえているのにとどまるのと好対照である。

このように、テキ・ニキ形の場合は、「くはしく」「よく」などの十分なさまを表す修飾語をともない、キ形の場合は、「ほのかに」など不十分なさまを表す修飾語をともなうということは、両者のアスペクト的意味のちがいに応じて修飾語がえらばれているということであろう。

また、ニキ形②の「言ひつけはべりにき」は、命令するという行為の完成を表すにとどまらず、その命令の効力が現在も存在しているという、パーフェクト的ニュアンスがある。その効力とは、寝殿をなおす手はずは阿闍梨に十分つたわっていて、準備はととのっているということであろう。

これに対して、キ形④「いとうれしくなんのたまはせし」は、言語活動の実現、または存在を表すだけで、それが実現して、その効力がなんらかの形で現在存在しているということでなくてよいというちがいがある。

なお、（ⅱ）③「聞えしよ」は、呼称を表す潜在的質的意味である。

（ii）キ形

方ですよ」などと言う」〈潜在的質的意味〉

④「…この禅師の君に心ぼそきうれへをきこえしを、つたへきこえたまひけるに、『いとうれしくなんのたまはせし』とうけたまはれば、よろこびながらなんきこゆる。…」などものしたれば、（蜻蛉・下）〔作者は兼忠の女の娘を養女にしたいと知り合いの法師を仲介にして申しでたところ、受け容れられたので、「…この禅師の君に私の心細い衷情を訴え申しましたのを、あなたさまにお伝えくださいましたところ、『とても嬉しい』お返事をたまわった』とうかがいましたので、喜びながら一筆申しあげる次第でございます。…」と書いてやる〕〈一般的事実の意味〉

⑤「…上の御前なども、『あやしう音なきは、物憂き事にや』とこそ、たびたび仰せられしか。…」と聞ゆれば、（狭衣・二）〔「…帝におかせられても、『妙に音沙汰がないのは、厭なのだろうか』とたびたび仰せになりましたので。…」と申しあげる〕〈くりかえしの意味〉

（iii）タリキ・リキ形

宴し給ひし時に、消息言はせ給へりし」（宇津保・蔵開・上）〔「仲忠は、最近はこのあたりには現れないが、月の宴のあったときには、私のところに消息を伝えてきた」と藤壺は祐純に言う〕

③女君、「げにいかで対面せむ。ここにも『いと恋しくなむとおぼえたまへば、いかで参りこむ』となむ、昨日聞えたりしとのたまへば、（落窪・四）〔母が自分に会いたがっていると少将から聞いた四の君は、昨日自分もその旨を消息で母に伝えておいたと、話している〕〈以前の実現〉

⑥二日許ありて、「心ちのいとくるしうても、ことひさしければなん。ひとへぶくろといひたりしものを。わびてかくなんものしたりし、かへしかうかう」などあまたかきつけて、（蜻蛉・下）〔遠くに立つ人にやるといって餌袋いっぱいの歌を詠んで送ってほしいと兼家が作者のもとに言ってきたので、そうしたところ、二日ほどして、「気分がひどく苦しいのだが、そんなことをしていては暇取るので、餌袋いっぱいにといった例の歌を、しかたなくこんな風に詠んでやった。先方の歌はこれこれといってたくさんの歌を書きつけてくる」〕〈運動の成立と結果・痕跡の存在〉

（i）テキ・ニキ形

▽**授受動詞**

① さて、義則と、この御神楽のこと、才どもの饗のこと、また、禄ども、物の節・舎人もこの禄賜ふべき布のことなど定め給ふ。「布は、甲斐・武蔵より持てまうで来たりしを、還饗《かへりあるじ》の禄・相撲人の禄に、皆賜びてき。ただ、信濃の御牧より持て来たる二百反・上野の布三百反なむ、政所に候ふ。それをこそはせしめ給はめ」（宇津保・嵯峨の院）〔家司の義則が御神楽の際の褒美のことを定めて、「甲斐や武蔵から持ってきた布は、先日の還饗や相撲の節の褒美に皆やってしまった。ただし、信濃や上野から持ってきた布は政所にあるので、それを当てろ」と言う」〈具体的事実の意味〉

コメント

▽**授受動詞**

コメント1

テキ形①「みな賜びてき」は、甲斐や武蔵からもってきた布は、相撲人にやってしまったという意味である。「賜ぶ」という譲渡行為そのものに焦点があり、献上という行為を非分割的な全体として過去に位置づけている。しかし同時に、あとで、「だから信濃からの布を神楽の褒美にあてよう」といっていることからたしかめられるように、かつて完成した譲渡行為の効力が現在も存在しており、いまはもう布が手もとにはないというパーフェクト的ニュアンスがある。

これに対して、キ形の②「奉れしか」は、「手本を献上するように言ってきた」という譲渡行為の理由をのべることに焦点があるという文脈的条件があり、謙譲という行為の効力が現在存在しなくてもよい。つまり、献上した手本がいまも春宮の手もとにあってもなくてもよい。これは、キ形にはパーフェクト的ニュアンスがなく、運動の存在だけを表しているということであろう。

コメント2

タリキ・リキ形③「賜へりし」は、話し手である受けとり手の立場から、与え手を主体とした授与行為を表すものであり、話し手は授与された品物を目撃できる立場にいる。この例で、仲頼が正頼のもとにもってきたのは銀の馬の玩具であった。それらは吹上をおとずれた際、種松からもらったもので、みやげ

（ii）キ形

▽**授受動詞**

② かくて、御使参りければ、青き色紙に書きて、桔梗《きちかう》につけたり。見給ひて、「いとかしこうも書き給ひつるかな。ただ先つ頃こそ、手本召ししかば、奉れしか。いとよう似させ給へり」とのたまへば、（宇津保・国譲・中）〔仲忠が若宮に差し上げた手紙の御返事は青い紙に書いて、桔梗をつけてあった。仲忠が御覧になって、「大変見事にお書きになったものだ。つい先だって、手本を献上せよとおっしゃったので、差し上げたのだ。手本に実によく似ている」と言う〕〈一般的事実の意味〉

（iii）タリキ・リキ形

▽**授受動詞**

③ 少将、「それは、かれより賜はれる物の千分が一つなり。かやうの船・破子・透箱などして、この三人の人になむ賜へりし。これらをばさる物にて、まめやかなる物など侍りき。…」。（宇津保・吹上・上）〔紀伊の吹上でもらった土産をもって、仲頼が、正頼のもとに参上して、「今日持ってきたものは頂いたもののほんの一部にすぎず、こんなすばらしい調度類を自分たち三人にたくさん下さったのだ」と言う〕〈運動の成立と結果・痕跡の存在〉

（i）テキ・ニキ形

▽知覚動詞

① 女御の君、「何か。くちをしうなり給ひにたるものを、今更に」とのたまへど、人は出で給ひぬ。二の宮は添ひおはするに、小さき几帳隔てたり。女御の君、「おのれは、物の恥も知らず、先に、いとよう見給ひてしものを」とのたまへば、入りて見給ふに、いと御腹高くて、息づき臥し給へり。（宇津保・国譲・下）〔右大将の仲忠が妻のお産の部屋に入ってくるというので、他の女君たちは隠れたが、母親の女御の君は、「私は恥をもかなぐりすてました。前のお産の時に、もう右大将は私の顔をじっくりご覧になっていらっしゃるのですから」とおっしゃってそのままいるので、右大将がお入りになってご覧になったところ、女一宮はたいそう大きなお腹で苦しい息づかいで臥していらっしゃる〕〈具体的事実の意味〉

▽立居ふるまい（用例省略）

▽動作的態度（用例省略）

▽一般的動作

① おとど、「…そもそも、かの子ども持たりし人は、いづちかものしにし。男子は、はかなくて失ひつめりき。女子さへは、いかにしなしてし。…」などのたまふ。（宇津保・国譲・上）〔「…そもそも、あの子供までなした妻はどこに行ってしまったのだ。男子は、はかなくも亡くなってしまったとか。このうえ、女子

コメント

には他に同じようにすばらしい船・破子・透箱などがあったが、それらはそれぞれ別の方々にさしあげてしまっていて、大半は仲頼の手もとにはない。

　つまり、この場合のタリキ・リキ形では、譲渡活動の証拠は現在も一部存在しているが、ずっと前のことなので、運動は現在とのかかわりをうしなっている。したがって、このリキ形はメノマエ的な運動を表しながらも、やはり現在と隔絶した過去を表している。

▽立居ふるまい（用例省略）

▽動作的態度（用例省略）

▽一般的動作

コメント1

　基本的にタリキ・リキ形は、運動の完成によって生じた結果や痕跡が発話時には残っていない場合に用いられるが、残っている場合もわずかながら存在する。②「しいでられたりしよ」で、しでかした運動の痕跡である墨を塗られた手紙はその母のメノ

（ii）キ形

▽**知覚動詞**

① 例の、中将の君、こなたにて御遊びなどしたまふに、抱き出でたてまつらせたまひて、「皇子たちあまたあれど、そこをのみなむ、かかるほどより明け暮れ見し。されば思ひわたさるるにやあらむ、いとよくこそおぼえたれ。…」とて、〔源氏・紅葉賀〕〔いつものように、源氏の君が、藤壺中宮の御方で管弦のお遊びなどしていらっしゃると、桐壺帝が若宮をお抱き申してお出ましになり、「皇子たちは大勢いるが、ただそなただけを、こういう幼いときから朝晩みたものだ。それで、自然そのころが連想されるせいだろうか、まことによく似ているものだ。…」とおっしゃる〕〈くりかえしの意味〉

▽**立居ふるまい（用例省略）**

▽**動作的態度（用例省略）**

▽**一般的動作**

① 「…もて出でてらうらうじきことも見えたまはざりしかど、言ふかひあり、思ふさまに、はかなき事わざをもしなしたまひしはや。…」とのたまふ。〔源氏・朝顔〕〔「…、亡くなった藤壺中宮は、表にだして、これという才気はお示しになるようにもお見えにならなかったのですけれど、いざとなると申し上げがいがあり、ちょっとした芸事なども申し分なくおできになったことでした。…」と源氏は思い出しておっしゃる〕〈一般的事実の意味〉

（iii）タリキ・リキ形

▽**知覚動詞**

② 「かの尋ね出でたりけむや、何ざまの人ぞ。尊き修行者語らひて、率て来たるか」と問ひたまへば、「あな見苦しや。はかなく消えたまひにし夕顔の露の御ゆかりをなむ、見たまへつけたりし」と聞こゆ。〔源氏・玉鬘〕〔「あの探し出したとかいった人はどんな人なのだ。尊い修行僧とでも仲よくなって連れてきたのかね」と源氏が冗談でお尋ねになるので、右近は、「まあ、みっともないことを。あっけなくお亡くなりになりました夕顔様の露にご縁があるお方をお見つけ申しあげたので」と申し上げる〕〈運動の成立と結果・痕跡の存在〉

▽**立居ふるまい（用例省略）**

▽**動作的態度（用例省略）**

▽**一般的動作**

② 「…すずろなる人に心をつけて、ゆゑもなうよしなき事をしいでられたりしよ」と、〔浜松・三〕〔大弐の娘が衛門の守からの後朝の文に墨を塗ったのを見て、母は、「あてにならないきまぐれな人に気持を寄せて、わけもなくお手紙に墨を塗るようなつまらないことをしでかされたものです」と咎める〕〈運動の成立と結果・痕跡の存在〉

までどのようにしてしまったのか。…」などと父大臣は実忠におっしゃる」〈具体的事実の意味〉

（ⅰ）テキ・ニキ形

▼変化動詞

① 「…しかありしほどに、その父母隠れ給ひにしかば、かの御娘は聞こえ給はずなりにき。さりしかば、この殿は、河原人・里人入り乱りて、毀ち果てて、ただ一、二年に、かくなり侍りにき。…」と申す。（宇津保・蔵開・上）〔「旧俊蔭邸は、父母が亡くなって、娘もいなくなってからは、乞食や土地の人が入り込んで、一二年でこういう状態になった」と老人はいう〕〈具体的事実の意味〉

② 「さる方にてもなどか見たてまつり過ぐしたまはざらむ。御宮仕にも限りありて、際ことに離れたまふこともなかりしを、故宮のよろづに心を尽くしたまひ、よからぬ世の騒ぎに、軽々しき御名さへ響きてやみにしよ」など、思ひ出でらる。（源氏・

コメント

マエに現に存在しているのである。つまり、タリキ・リキ形の場合は、過去においてメノマエにした結果や痕跡は、基本的には現在では除去され、残っていないのが普通であるのに対して、これはその結果がまさに現在においても存在している特殊な事例である。ふつうなら「しいでたり」と単なるタリ形になるところにタリキ形が用いられているのである。同様の例は浜松中納言物語にもう一例見られるが、それ以外にはないようである。ということは、この物語においては接辞キが現在と隔絶した過去を表さなくなっているのかもしれないという、浜松中納言物語の歴史的性格の問題として別に考えなければならないということだろう。

▼変化動詞

コメント1

（ⅰ）①「なり侍りにき」は、娘がすがたをけして以来現在のような荒れはてた状態になったというのであるから、明確にパーフェクト的ニュアンスがある。しかも、「かく」という現在の状態をさす指示語が存在しているので、それによって現在との関連性がつよくさし示されている。

これと語彙的・構文的条件がよくにた、キ形①−1「なりしぞ」は、乞食の境遇におちたのがいつからかときいているので、ある状態の始発局面をある時点とむすびつけることが要求されているだけで、その変化がなんらかの効力をもっている必要はない。だからこそ、ニキ形でなく、キ形が用いられているのだ

（ii）キ形

▼**変化動詞**

①－1　阿闍梨、あはれがりて、物など食はせて、「昔いかでありし人の、いつより、かくはなりしぞ」と問へば、（宇津保・吹上・下）〔阿闍梨は、乞食を気の毒に思い、物を食べさせ、「昔どのような人であったか。いつからこのようになったのだ」と聞く」〈一般的事実の意味〉

①－2　「…弁の君は、いと多く先立ちてなり給ひき。さらに言ふべくもあらぬを」（宇津保・国譲・上）〔「…弁の君は、実忠殿よりもずいぶん先に宰相になっておいででした。ですから、中納言候補として名が上がっても、いうまでもないことです。…」〕〈一般的事実の意味〉

②　嫗、「…嫗は、早うより、さは見奉れど、さも聞こえざりつるなり。よし、御相手をば知り奉らじ。いつよりか、御汚れはやみ給ひし。…」（宇津保・俊蔭）〔私は前々からご懐妊では

（iii）タリキ・リキ形

▼**変化動詞**

①　「さばかりいみじうはづかしげにておはする人の、いかにいとけぢかうなりたりし。うちとけのあさましげなるありさまは、いかに見給ふらん」と、はづかしういみじながらも、（浜松・四）〔「あれほどご立派で気後れのするような中納言が、どうしてひどく身近に親しくしておいでなのか、普段着の、あきれるほどひどい自分の格好をば、中納言がどうご覧になっているだろうか」と、吉野の姫君は恥ずかしがっている〕〈運動の成立と結果・痕跡の存在〉

⑦　あくまでそびへたる人の、こちたうふくらかになりて、いといたうなやみ、物心ぼそげに思ひみだれたるけしき、いと心くるしう、らうたげなるさままさりたるを、「行衛《ゆくへ》しらずなり給へる人の、かやうにやはらぎ給へりしぞかし」と思ひよそへられて、（浜松・五）〔あくまでも背がすらりと伸びていた大弐

（i）テキ・ニキ形

若菜・上）〔「朧月夜の君は、どうしてこの源氏のようなお方としかるべきご縁をお結びになってお暮しになってはならないのであろう。尚侍として宮中にご出仕になられても、際立って高い御身分におなりになることもなかったのに、弘徽殿の故大后が万事にお力をお入れになりすぎたために、源氏配流のような忌まわしい騒動をひきおこし、軽はずみな浮名まで世の中にひろまって、お二人の仲はそれきりになってしまったのだ」などと、朧月夜の女房達には思い出されてくる」〈具体的事実の意味〉

③「…心の幼かりけることは、よろづにものつつましかりしほどにて、え尋ねてもきこえで過ごししほどに、少弐になりたまへるよしは、御名にて知りにき。…」など、うち語らひつつ、（源氏・玉鬘）〔右近は、「私の考えが大人気なかったのですが、万事に気後れする年頃であったものですから、姫君をお探し申し上げることもようせずに過ごしておりました間に、少弐におなりになりましたことはお名前で承知いたしました。…」などと、乳母と語りかわす」〈具体的事実の意味〉

④「いでや、聞こえてもかひなし。御方は早う亡せたまひにき」と言ふままに、二三人ながら咽せかへり、いとむつかしく、せきかねたり。（源氏・玉鬘）〔右近が、「申し上げてもどうにもなりません。夕顔様はすでに亡くなっています」というと、その場にいた三人ともむせかえり、涙を押さえかねている」〈具体的事実の意味〉

⑤　中納言、「…年月を経てし侍りしほどに、皆死に侍りにき。させし人の家には、時のまつりこと起こりつつ、にはかに滅び侍りにき」と申せば、（宇津保・蔵開・上）〔「京極邸の蔵を開

コメント

と考えられるが、ニキ形の例と同様に「かく」という現在の状態をさす指示語が存在しているため、現在との関連性がさし示され、結果としてニキ形と競合している。

ないかとお見受けしておりましたが、何も申し上げませんでした。お相手のことはうかがいますまい。いつごろから月のものは止まりましたか。…」と老女はいう」〈一般的事実の意味、疑問〉

（ii）キ形

▼うごき動詞

① 嵯峨の院、楼の上にさし上りて、「…昔、十余歳にて、春ごとに来つつ、書見るとて、見困じて下りつつ遊びし。…」とて、（宇津保・楼の上・下）〔嵯峨の院は、楼の上に上って「…昔、十いくつの頃、春ごとにここへ来ては書を読み、疲れると庭へ下りてはよく遊んでおりました。…」などと言う〕〈くりかえしの意味〉

② 「…格子の穴開けて見しかば、母屋の御簾を上げて、火、御前に燈して、この大将の得給へる皇女と、碁なむ打ち給ひし。…」（宇津保・国譲・上）〔「…格子の穴からのぞくと、御簾を上げて、火を燈して、女一宮と藤壺が碁を打っていらした。…」という、兄実正に実忠が、藤壺をはじめて垣間見した時のことを語っている場面〕〈具体的過程の意味〉

③ をかしき手ひとつなど、すこし弾きたまひて、「あはれ、いとめづらかなる音に掻き鳴らしたまひしはや。…」とのたまへば、（源氏・横笛）〔夕霧は、美しい演奏を少し試みて「ああ、柏木はすばらしい音を奏でていましたね。…」と言う〕〈具体的過程の意味〉

④ 右近ぞ、「さもあらじ。かの御乳母の、ひき据ゑて、すずろに語り愁へし気色、もて離れてぞ言ひし。宮も、逢ひても逢の娘が、懐妊のため格段におなかがふっくらした感じになって、とてもひどく苦しそうで、いかにも心細そうに思い悩んでいる様子は、とても気の毒で、いじらしい気配が増したようであるのを、「いま行方がわからなくなっておいでの吉野の姫君が、このようにしなやかでいらしたことだよ」と、中納言はつい連想される」〈変化の結果の継続〉

（iii）タリキ・リキ形

⑧ 「その夜の暁に、出給し。御車、そこそこに立てりしこと」…と、折々の立ち聞き、垣間見の程をも、ほの見ける人々、その折は何とも目とどむるもなかりければ、かかる事出で来て後は、忍びつつ、各々言ひ合せなどしけり。（狭衣・三）〔大納言がはっきりと狭衣が一品の宮のところから出てくるのを見つけ、それを言い触らしたので、「その夜、その暁に出て行かれた御車が、どこそこに立っていたことです」…と、君の折々の立ち聞きや垣間見の様子を、ほのかに見ていた女房たちが、その時は見ても別に気にすることもなかったのだが、このような噂が出てきてから後は、こっそりと語り合ってなどしていたのだった〕〈変化の結果の状態〉

けようと、何年にもわたって人々が代わる代わる試みている間、その人々は皆すぐさま死んでいった」と、嫗・翁が、ことの顛末を仲忠に語っている場面〉〈具体的事実の意味〉

❻ 朱雀院は、嵯峨の院へ、…「…多くの年、父母の顔もあひ見ずして、悲しき目を見て、たまたま帰り侍りて後、同じきやうに、いくばくも侍らぬほどになくなり侍りにき。…」と奏せさせ給ふ。（宇津保・楼の上・下）〔「…俊蔭は何年もの間父母の顔も見ることなく悲しい目に遭い、運よく帰朝いたしてからも、同様に不運で、何年もたたぬうちに亡くなってしまいました。…」と朱雀院は、嵯峨の院へ奏上させられる〕〈具体的事実の意味〉

コメント

はぬやうなる心ばへにこそうちうそぶき口ずさびたまひしか」（源氏・東屋）〔右近は中の君の心配を否定し、「浮舟の乳母が自分をつかまえて私に愚痴をこぼした様子では、何もないように言っていました。私が見たところでも、匂宮も何もなかったかのような歌を口ずさんでいらっしゃった」と、見聞を伝える〕〈具体的過程の意味〉

⑤「…昨日も、いと不便にはべりしかな。川近き所にて、水をのぞきたまひて、いみじう泣きたまひき。…」と語るに、（源氏・手習）〔「殿は浮舟の失踪を聞いて、昨日もとてもお気の毒でした。川に近いところで、水をおのぞきになって、ひどく泣いていらっしゃいました」と、紀伊守は語る〕〈具体的過程の意味〉

（ii）キ形

▼状態動詞

①「容貌などは、かの昔の夕顔と劣らじや」などのたまへば、「必ずさしもいかでかものしたまはんと思ひたまへりしを、こよなうこそ生ひまさりて見えたまひしか」と聞こゆれば、（源氏・玉鬘）〔右近が夕顔の忘れ形見を見つけたと報告すると、「器量などはあの昔の夕顔に負けないだろうか」などと源氏がおっしゃるので、右近は、「必ずしもあれほどではいらっしゃるまい、と存じておりましたが、格別にずっと美しくご成人になられてお見受けされました」と申し上げる〕〈具体的過程の意味〉

②召して問はせ給へば、「まことに佛を見奉れり。世にすぐれたるものなり。空に上り給て後、七日までその御足の跡猶光りき」とこそ申けれ。（栄花・二二）〔お召しになってお聞きに

（iii）タリキ・リキ形

▼状態動詞

①「…心もをよばず、いみじき人をなん見給へりし」と語り申せば、「后にやありけん」と問はせ給へば、「さしも侍らじ。それは思わかれ侍らず。光りかかやくとは、これをいふべきなりけりとなんみえ給へりし。…」（浜松・三）〔中納言は、唐の河陽県にいったときに、「とてもすばらしい人を拝見いたしました」とお聞かせ申し上げると、帝は「后であったのだろうか」とお聞きあそばすので、中納言は、「そうではございませんでしょう。それははっきりとは申しかねます。ただ、光輝くとはその人を指して言うべきであったのだと見えました。…」と語る〕〈恒常的状態〉

（ｉ）テキ・ニキ形

▼活動動詞

① おとど、「…女親をば、『いかにせよ』と思ふぞ。昔は忘れにたるか」とのたまへば、「女親には、堪ふるに従ひて仕うまつり侍りにき。…」と、声も惜しまず泣けば、（宇津保・国譲・下）
〔妻の女一宮の難産を助けようといって、自らの命はどうなってもいいという仲忠に対して、「…けれども、母親のことは『どうせよ』と思うのか、昔の孝心は忘れてしまったのか」と父の

コメント

なられると、「真実、仏をお見あげ申しました。世にすぐれたお方です。空にお上りになられて後、七日までその御足の後がなお光っておりました」と申したのであった）〈具体的過程の意味〉

③　上の御前にも奏しければ、宮の御方にわたらせ給ひて、「いかでさる事は知りしぞ。…」と仰せられしこそ、（枕・一六一）〔主上にも少納言に一本とられたことを源中将は奏上したので、主上は中宮様の御殿にお越しあそばされて、「何でそんな唐の故事を知っていたのかな」という〕〈具体的過程の意味〉

④　「…いづくに誰と聞こえし人の、さる所にはいかでおはせしぞ」と、せめて問ふを、（源氏・手習）〔「どこのどなたとおっしゃった方が、あんなところにおいでだったのですか」と浮舟に妹尼は宇治のなにがしの院にいたことを問う〕〈具体的過程の意味〉

（ii）キ形

▼活動動詞

①　「…少将殿におきたてまつりては、故大将殿にも、若くより参り仕うまつりき。家の子にて見たてまつりしに、いと警策《きやうざく》に、仕うまつらまほしと、心つきて思ひきこえしかど、…」と、いとこまやかに言ふ。（源氏・東屋）〔少将の意向を伝えにきた仲人に対して、常陸の介は、「…少将殿について申し上げますと、亡くなられた大将殿にも、手前は若い時分から参上してお仕え申したものでした。お身内の者という目で拝見していて、まことに人柄がりっぱで、主君としてお仕えしたいものと心に

（iii）タリキ・リキ形

兼雅がおっしゃられると、仲忠は、「母には、自分はやれるだけのことは御奉仕してきたつもりです。…」といって、泣き崩れなさる」〈具体的事実の意味〉

（i）テキ・ニキ形

▼態度動詞

① 「…遥かなるほどに住み侍りし折にも、とりわきて、『いかで対面もがな』と思ひ給へしに、たまたまの対面のありがたくて侍りしかば、極まりなくこそ、うれしく思ひ給へてしか。…」など聞こえ給ひて、（宇津保・楼の上・上）〔「…わたしが、かつて遠く離れた紀州の吹上に住んでおりましたときにも、あなたには特別に、『なんとしてもお目にかかりたいもの』と存じておりましたが、ごくたまにお目にかかることもむずかしい状況でございましたので、吹上においでになったことをこのうえなくうれしく存じたものだったのです。…」などと涼は仲忠に申される」〈具体的事実の意味〉

コメント

▼態度動詞

コメント1　表出性と記述性

キ形①－1「思ひしか」は、一人称の例で「夜昼」という修飾語があるため、くりかえしの意味にちかいが、人に対する態度は切れ目がないので、ずっとそういう状態がつづいているという意味であると考え、恒常的状態としたものである。キ形①－2は、二人称のたずねの例で、この場合も同様に恒常的状態を表している。態度動詞の過去形は、以上のように、一人称ののべたてと二人称のたずねの場合はキ形をとるが、(iii)①「思したりき」のように三人称ののべたてはタリキ形をとっており、非過去形におけるはだかの形とタリ・リ形の使いわけがそのま

かけてお慕いもうしていたのでしたが、…」と、実際こまごまと打ち割って話す〕〈具体的過程の意味〉

②「…この御嘆きをば、御前には、ただ我かの御気色にて、あきれて暮らさせたまうし。…」など、とめがたげにうち嘆きつつ、（源氏・夕霧）〔「…母御息所のこのたびのご不幸にも、落葉宮はただ正体もない御有様で、茫然とお過ごしでございました。…」などと小少将も涙も抑えられない様子で嘆息をつく〕〈具体的過程の意味〉

③「…などて、さる所には年ごろ経たまひしぞ」とのたまへば、（源氏・東屋）〔薫は「どうして、あのようなところ（東国）に長年お暮らしになっていたのですか」と浮舟に問う〕〈具体的過程の意味〉

（ii）キ形

▼態度動詞

①－1　宮、「…そこばかり物思はせ給ふ人こそなけれ。里にものし給ひし時も、夜昼こそは思ひしか。…」（宇津保・蔵開・上）〔「…そなたほどわたしに、ものを思わせる人はいないよ。入内前でも、あなたのことを夜昼思っていた。…」と東宮はいう〕〈具体的過程の意味〉

①－2「…かの院の言に出でてねむごろに聞こえたまふに、立ち並びさまたげきこえさせたまふべき御身のおぼえとや思されし。…」と言へば、（源氏・若菜・下）〔柏木が小侍従に女三宮にとりなしてくれなかったことに不平をいうのに対して、小侍従が、「…源氏が、お口に出してご懇望になられますのに、

（iii）タリキ・リキ形

▼態度動詞

①　衛門督は、尋ねんと思したりきと御気色を見おきて、日ごろ経て参りたまへり。（源氏・若菜・下）〔柏木は先日お会いしたときに、東宮の御様子から東宮が女三宮の猫を手に入れようとお思いであったと感じていたので、東宮がそれをもらったことを知って、機会をみて東宮のもとに参上した〕〈恒常的状態〉

②　大臣対面したまひて、「この事を、もし物のついでに、つゆばかりにても漏らし奏したまふことやありし」と案内したまへど、「さらに。かけても聞こしめさむことをいみじきことに思しめして、かつは、罪得ることにやと、上の御ためをなほ思

（ⅰ）テキ・ニキ形

コメント

ま過去にもちこまれている。

一人称ののべたて、および二人称のたずねの過去においては、キ形が用いられ、タリ・リ形が用いられないということは、自己の思考を表出するか、相手の思考の表出をもとめる場合には過去であっても、どちらも表出的であるため、記述的なタリキ・リキ形が用いられなかったものといえよう。ところで、タリ・リ形が思考を表す動詞に用いられるときは、その思考内容が表情や言動などにあらわれ、第三者の目からもそれと確認できるというコンテキストがあるのが普通である。①「思したりき」の場合にもタリ・リ形にメノマエ性があり、「御気色を見おきて」とあることから、先日の東宮の「御気色」を見て、猫を手にいれようと東宮が思っていることを柏木が知ったことはあきらかである。したがって、この場合のタリキ・リキ形にもメノマエ性があるものと考えられる。もちろん、この場合もメノマエ性を証する東宮の「御気色」がいまも存在しているわけではないということから、これが全体としては現在と隔絶した過去の運動を表していることはたしかである。しかし、現在と隔絶しながらも、メノマエ性をもつという運動のあり方が示されることによって、その運動の具体性ははっきりとしるしづけられているといえよう。

（ii）キ形

あなたが、肩を並べて邪魔だて申されるようなご身分であると女三宮ご降嫁の当時お思いだったのですか。…」という」〈具体的過程の意味〉

②—1 「よろづにあつかひたまふ母君の、なかなかなることの人笑はれになりはてば、いかに思ひ嘆かんなどおもむけてなん、常に嘆きたまひし。その筋よりほかに、何ごとをかと、思ひたまへ寄るに、たへはべらずなむ」とて、（源氏・蜻蛉）〔「…万事につけて世話してくださる母君が、なまなか薫様のお情けをお受けしたとこでかえって自分がもの笑いになってしまったなら、どんなにかお嘆きになられるだろうなどと、そんなふうにお考えになって浮舟様はいつも嘆いていらっしゃったのでございます。このたびの失踪の理由はそうした事情よりほかに、どんなことを考えてみましても思いあたらないのでございます」と右近は薫に言う」〈くりかえしの意味〉

②—2 あはれなりし夕の煙、言ひしことなど、まほならねどその夜の容貌ほの見し、琴の音のなまめきたりしも、すべて御心とまれるさまにのたまひ出づるにも、「我はまたなくこそ悲しと思ひ嘆きしか、すさびにても心を分けたまひけむよ」とただならず思ひつづけたまひて、（源氏・澪標）〔心に染み入った明石の夕べの煙や、女の詠んだ歌など、しかとではないがその夜の顔かたちをほのかに見たことや、琴の音の優美であったことも、すべて愛着消し難いもののように源氏が仰せ出だされるにつけても、紫の上は、「自分は都でまたとなく悲しい日々であったのに、君は一時の気まぐれにせよほかの女に情けをお分けになっておられたのか」と、おだやかならぬ恨めしい気持ちにお

（iii）タリキ・リキ形

しめし嘆きたりし」と聞こゆるにも、（源氏・薄雲）〔王命婦に源氏がお会いになって、「故藤壺の宮は、源氏との密通の事をもしや何かのついでに、いささかでも帝にお漏らし申されるようなことがあったか」と、源氏はお探りになるけれど、王命婦は「まったくもってさようなことは。宮様はどんなことがあっても主上がこの事をお耳にあそばしては大変とおぼしめして、しかし一方では、それが仏罰を受けることになりはしないかと、主上の御ためをやはりお案じあそばして、嘆いていらっしゃいました」と申し上げる」〈恒常的状態〉

（i）テキ・ニキ形

コメント

なりになる」〈具体的過程の意味〉

③「…皆人、あやしがり侍りき。…」と申し給へば、（宇津保・嵯峨の院）〔上野の親王が、あて宮を妻としていると東宮が聞いたと言ったことに、平中納言は、「…一座の人はみな不思議がっておりました。…」と報告される〕〈具体的過程の意味〉

④御方、「宮との御仲は、いかがある」と。典侍、「いかばかりめでたき仲ぞ。そは、先つ頃、こなたにおはしけるに、参りけれど、物聞こえ給はざりければ、五日六日、入り臥し給ひてこそは恨み奉り給ひしか」（宇津保・国譲・中）〔「仲忠と女一宮との夫婦仲はどうか」と藤壺が聞くと、典侍は、「大変お仲がよく、その証拠には先日こちらへ仲忠が来たとき、女一宮がお言葉をかけなかったので、仲忠が後で五日も六日も宮のそばに伏せって、怨み言をおっしゃった」と言う〕〈具体的過程の意味〉

（iii）タリキ・リキ形

▼特性・関係動詞

①年の程よりも大人び静まり給へるけにや、「げにも」と、おぼすに、少し涙ぐみて、眉のあたりもうち赤みて、うつぶし給へる髪のかかり、額つきなどは、「かの昔、ほのかなりし火影にも、いとよう思え給へりし」と、御覧ずるに、（狭衣・四）〔若宮は年齢よりも大人びて落ち着いていらっしゃるからだろうか、本当にと、お思いになると、少し涙ぐんで、眉の辺りもちょっと赤くなって、うつむきなさった髪のかかり具合や、額際などは、「あの昔に、ほのかな火影に見た女二宮の姿にも、たいそうにていらっしゃった」と、ご覧になる〕〈恒常的状態〉

第九部　ケリ形態の個別的意味と動詞の種類

(ⅰ) ニケリ・テケリ形

▼行為動詞

▽はたらきかけ

❶ 恥づかしと思はせたてまつらむ、とて言へば、心の中に、「我はさは男まうけてけり、この人々の男とてあるは、みにくくこそあれ、我はかくをかしげに若き人をも持たりけるかな」と、今ぞ思ほし知りける。〈源氏・紅葉賀〉〔女房の少納言が、もう婿をもっている身だから、もっと大人らしくするようにと、若紫にいさめたところ、お心の内で、「自分はそれでは夫をもったというのが、この人たちの夫といっているのは醜い者であるが、自分はこんなにも美しい姿の若い人を夫にしたものだ」と、今はじめてお気づきになったのである〕〈思い至り〉

❷ 男は他事もおぼえたまはず、かしこにとく聞こえんと思すに、昨夜の御文のさまもえ確かに見ずなりにしかば、見ぬさまならむも、散らしてけると推しはかりたまふべしなど思ひ乱れたまふ。〈源氏・夕霧〉〔夕霧は、御息所からの文を妻の雲居雁に奪われてしまい、ほかのことは念頭になく、あちらに早くご返事をと気がせくが、昨夜のお手紙の様子もはっきりと見ずじまいであったから、書きようもなく、さりとて見ていないとわかるような返事をしたためるのも、あちらではなくしたとご推量になろう、などと、あれこれ思い悩んでいらっしゃる〕〈思い至り〉

❸ その頃桜のおかしき枝を人にやるとて、実方中将、「墨染のころもうき世の花盛りおり忘れても折りてけるかな」これも

コメント

▼行為動詞

▽はたらきかけ

コメント1

ケリ形は〈思い至り〉、〈再認識〉、〈気づき〉、〈言及〉のどの意味にもわたる。そのなかでもおおいのは、〈言及〉の意味である。テケリ形は、基本的には〈思い至り〉や〈再認識〉などの、〈表出〉性のつよい用法に分布する。また、タリケリ形は、〈思い至り〉や〈気づき〉などの〈表出〉性のつよい用法にも分布するが、(ⅲ)⑩「用意したりけれ」のような言及の例もある。テケリが表出的であるのに対して、タリケリは記述的にも用いられるということができる。表出的に用いられた場合でも、そこには微妙な差もある。(ⅰ)①「まうけてけり」のように、テケリ形の場合は、すでにいつの間にかそうした運動が完了しているのに気づいた意味を表すのに対して、タリケリ形①「まうけたりけるかな」は、運動が完了した結果として、につかわしくない親が現在いるという状況に気づいたことを表している。

なお、テケリ形の②「散らしてける」は、〈思い至り〉の用法の典型である。思い至りは、ある手がかりにもとづいて推論するという過程をもつのだが、この例の場合には消息の文面を見て、それにもとづいて「推しはかりたまふ」という説明があることによってそれが確認できる。

また、ケリ形の⑤「とゝのへはべりけれ」は、夕霧が野分のみまいに明石の姫君のところにいったおり、そこから雲居雁へ

（ii）ケリ形

▼行為動詞

▽はたらきかけ

④ …などのたまひつつ見れば、唐衣は脱ぎすべし押しやり、うちとけて手習しけるなるべし、硯の蓋に据ゑて、心もとなき花の末々手折りて、「もてあそびけり」と見ゆ。（源氏・蜻蛉）〔見ると、唐衣はおしやられ、これまで寛いで手習いをしていたと思われる紙は硯の蓋の上にあり、ちょとした花の枝先を手折ったものもあって、「もてあそんでいたのだ」とわかった〕〈思い至り〉

⑤ 吹き乱れたる刈萱《かるかや》につけたまへれば、人々、「交野《かたの》の少将は、紙の色にこそととのへはべりけれ」と聞こゆ。（源氏・野分）〔夕霧が雲居雁への手紙を風に吹き乱された刈萱におつけになったので、女房たちが、「交野の少将は、紙の色とおそろえになったものでございますよ」と申し上げる〕〈言及〉

⑥ 「何人の住むにか」と問ひたまへば、御供なる人、「これなん、なにがし僧都の、この二年籠りはべる方にはべるなる」、「心恥づかしき人住むなる所にこそあなれ。あやしうも、あまりやつしけるかな。聞きもこそすれ」などのたまふ。（源氏・若紫）〔源氏が「誰が住んでいるのだろう」とお尋ねになると、お供の者が、「それというのが、あの何々僧都の、この二年の間こもっておりますところだそうでございます」というので、源氏は「気づまりな人の住んでいる所だな。我ながら粗末すぎる格好できたものだ。私のことを聞きつけでもしたら困ったものだ」など

（iii）タリケリ・リケリ形

▼行為動詞

▽はたらきかけ

① 「あはれのことや。この姉君や、まうとの後の親」、「さなんはべる」と申すに、「似げなき親をもまうけたりけるかな。…」と、いとおよすけのたまふ。（源氏・帚木）〔紀伊の守に、「不憫なことよ。この子の姉君がおまえさんの後の母親かね」、「さようでございます」と申しあげると、「不似合いな親を作ったものだな。…」と、源氏はひどくませたことをおっしゃる〕〈思い至り〉

⑨ 大将、とうとう見歩き給ふ。方々言ひ奉れば、ただ兄弟のやうにて、これも、いとよげに、若うなまめかしき御かたちなり。殿、「これは、もとの礎のままか」。「しか侍り」。「いと面白くこそ造られたりけれ」（宇津保・楼の上・上）〔仲忠と兼雅は、連れ立って楼を巡る。兼雅が「これは元の家の土台のままなのか」と聞くと、仲忠が「そうだ」と答える。兼雅は「大変趣深くお造りになっているね」と言う〕〈気づき〉

⑩ 上の女房達、さまざまの世の例に引きいで聞えさせて、「中頃となりては、かやうに宮達おはしますやうもなし。村上の先帝こそ、宮達多くおはしましなどして、おかしう、女房も明暮用意したりけれ。…」など、昔事をいひ出でつつ（栄花・十）〔上の女房達は、こうした宮たちのお姿を拝するにつけても、さまざまの世間話の例におあげ申し上げ、「ひところ以来、このように大勢の宮たちがいらっしゃったことはありません。村上の

（i）ニケリ・テケリ形

おかしう聞えき。（栄花・四）（円融院の服喪の頃、桜の美しく咲いた枝を人のもとにとどけようとして、実方の中将の、「誰も皆、墨染の衣を着てつらく悲しい思いをしている時に、桜の花の花盛りとなって、花をもてはやす折でもないに、ついそれを忘れて一枝折り取ったことよ」と詠ったこの歌も興味深く伝えられた）〈再認識〉

コメント

の消息を紫の薄様にかいて、刈萱につけたので、女房たちが、交野の少将はそえる草木を紙の色とそろえたといったところである。交野の少将の物語はフィクションであるが、当時の宮廷社会の女房たちには共通の知識であり、それに依拠して、その一場面をとりあげていることをここのケリ形は表しているので、〈言及〉の用法である。事実を客観的に描写しようという用法であるが、小説中のことは、過去のことではないので、この場合には過去の意味をもつことはない。ケリのエヴィデンティシャルな意味というものが、過去と完全に重なることにならないことをこの例はよく示している。

また、ケリ形⑥「やつしけるかな」で、やつしていることは話し手である源氏にはわかっているが、それがあまりにみすぼらしいものであったのだと気づいたことによって、〈再認識〉の意味になっているものである。テケリ形の③「折りてけるかな」は、桜を折ったことは折ったが、それを「をりを忘れて」のことであったと、あとで悟ったということだから、同様に〈再認識〉の意味である。

(ii) ケリ形

と仰せられる」〈再認識〉

⑦ 「たけふ、ちちりちちり、たりたんな」など、掻き返しはやりかに弾きたる、言葉ども、わりなく古めきたり。「いとをかしう、今の世に聞こえぬ言葉こそは弾きたまひけれ」とほむれば、〔源氏・手習〕〔母の尼が和琴をとりよせて、「たけふ、ちちりちちり、たりたんな」などとかき返して早い調子で弾いているが、その歌詞がどれもむやみに古めかしい。中将が、「まことにおもしろく、当世では聞いたこともない歌をお弾きになられましたな」とほめる」〈気づき〉

⑧ 人間に、からうじて頭もたげたまへるに、ひき結びたる文御枕のもとにあり。何心もなくひき開けて見たまへば、

　あやなくも隔てけるかな夜を重ねさすがに馴れしよるの衣を

と書きすさびたまへるやうなり。かかる御心おはすらむとはかけても思し寄らざりしかば、などてかう心うかりける御心をうらなく頼もしきものに思ひきこえけむ、とあさましう思さる。〔源氏・葵〕〔源氏と初夜をすごしたあと、人の居ない折に、やっと頭をもたげなさったところ、引き結んだ手紙が、おん枕もとにある。何気なくひきあけてご覧になると、源氏の手紙で「幾夜も幾夜も共に寝て、それでいて何事もせずに、着なれた夜の衣、わけもなく隔てをおいて、君と共にしなかったことだ」とお書き流しと読める。こんな心がおありになろうとは、夢にもお考えにならなかったので、「どうしてこんないやなお方を、心底から頼みにしきっていたのだろう」と、紫の上はあきれた思いでいらっしゃる」〈再認識〉

(iii) タリケリ・リケリ形

先帝にはさすがに大勢の宮たちがいらっしゃったりして、好ましく、女房も明け暮れ身だしなみに心を配ったものでした。…」などと上の女房たちは昔のことを思い出す」〈言及〉

（i）ニケリ・テケリ形

▽移動動詞

①－1　「心幼くもかへりみせで出でにけるかな」と、すこし心のどまりてぞ、あさましきことを思ひつづくるに、心弱くうち泣かれぬ。〔源氏・玉鬘〕〔豊後介は玉鬘をつれて筑紫をのがれ、舟が淀川の河口あたりに着いたところで、「大人げない考えから、妻子を振り捨てて出てきてしまったものだ」と、少し気持ちが落ち着くとはじめて、予想もしなかった事のなりゆきを次々と思い出すにつけても、気弱に泣いてしまった〕〈再認識〉

①－2　いみじうことわりなどいはせて、ゆるしつ。「几帳の内にありとこそ思ひしか。あさましくもあらはに出でにけるかな。いかなることありつらん」と、はづかしくて、〔枕・一本二三〕〔女の童に物の怪を移して、申の時にひどくわび言など言わせなどして、物の怪を放免すると、女の童は「几帳の内にいると思っていたのに、意外にも出てしまっていたのですね。どんなことが起こってしまっているのだろう」と、とても恥ずかしがっている〕〈気づき〉

②　院守、僧都知りたまへりければ、一二日宿らん、と言ひにやりたまへりければ、「初瀬になん、昨日みな詣《まゐ》りにける」とて、いとあやしき宿守の翁を呼びて率て来たり。〔源氏・手習〕〔その院の預り人を僧都がご存じだったので、一日二日宿を貸してもらいたい、と言っておやりになったところ、「初瀬に昨日みなお参りに出かけてしまいました」と従者は言って、じつにみすぼらしい留守番の老人を呼んで連れてきた〕〈言及〉

③　蝉のこゑいとしげうなりにたるを、おぼつかなうてまだ耳

コメント

▽移動動詞

コメント1

同じ動詞がどのような意味を表しているかを見ると、ニケリ形は①－1、①－2の「出でにけるかな」のように〈再認識〉や〈気づき〉のものがおおく、ケリ形は、①－2の「出でける」のように、〈言及〉のものがおおい。

（i）④の「まかりにけり」は、もう男がいないのを見て、いつの間にか帰ってしまったことに思い至ったという驚きの気持ちを表したものである。しかし、「参る」について見ると、ニケリ形②「詣《まゐ》りにける」では、宿守の男から聞いて、皆初瀬に行ってしまったという、思いがけない事実をさしだしている。従者の驚きの気持ちを表すことにより、その事実をさしだすことに重点があると考えられるので〈言及〉の用法である。ケリ形の②－1「参られける」では兼雅がいったことを、そのまま女一宮に伝えているのだから、伝聞内容についての〈言及〉であることはまちがいない。タリケリ形も、②「尋ね参りたりける」では、「ほのかに聞きはべりし」といっているのだから、伝聞についての〈言及〉であることはまちがいない。つまり、ニケリ形は〈表出〉的であるのに対して、ケリ形、タリケリ形は〈記述〉的であるということであろう。その結果、ケリ形、タリケリ形はその事実が客観的に存在することをいうので、過去のニュアンスを帯びてくる。

（ⅱ）ケリ形

▽**移動動詞**

①−1 「さのみ、思し取りてけるを、いかでか、御心に違ふ事は侍らん。さるべくてこそ、釈迦仏も九重を出で給ひけれ。前の世の契りおはしますらん」とて、（狭衣・三）〔狭衣が山伏に出家の願いをつげると、山伏は、「それほど覚悟なさっておられるのに、どうして出家の念願が叶わないことがございましょうか。然るべき前世の宿縁によって、あなたばかりでなく、釈迦仏も宮中を出て出家しなさったのであった。前世からの因縁がおありなのでしょう」と言う〕〈言及〉

①−2 「細殿にびんなき人なん、暁にかささして出でける」といひ出でたるを、よく聞けば、わがうへなりけり。（枕・二三八）〔「細殿に出入りしては不都合な男が、暁に傘を差して出ていった」と人が口にしているのを、よく聞くと、わたしに関することなのだった〕〈言及〉

②−1 「…宮も、かしこを、『参らず』とのたまふめるに、『今宵なむ参らせむ』と思ふ。…」とのたまへば、…大将、帰り給ひて、宮に、「…さるは、梨壺、今宵ぞ参られける。…」と聞こえ給ふほどに、（宇津保・国譲・中）〔「…東宮も、梨壺のことを、『参内しない』とご催促なさっておいでのようだから、『今宵参内させよう』と思っています。…」と兼雅が仲忠におっしゃる。…仲忠は自邸にもどり、女一宮に「…梨壺は今宵参内されるようです。けれども、そちらにお供いたしませんでした。父もすぐこちらにお見舞いに伺います。…」と申しあげる〕〈言及〉

②−2 かかるほどに、大将のおとど、まかで、物参りなどす

（ⅲ）タリケリ・リケリ形

▽**移動動詞**

② 「…さて、また、常陸になりて下りはべりにけるが、この年ごろ音にも聞こえたまはざりつるが、この春、上りて、かの宮には尋ね参りたりけるとなん、ほのかに聞きはべりし。…」と聞こゆ。（源氏・宿木）〔弁の尼は、「…そして、また常陸守になって下向しておりましたが、それきり何年も音沙汰もございませんでしたのが、この春上ってまいりまして、あちらの宮の御方へ訪ねてまいりましたとやら、ちらと噂に聞いておりました。…」と薫に申しあげる〕〈言及〉

（i）ニケリ・テケリ形

をやしなはぬ翁ありけり。庭はくとて、箒をもちて、木のしたにたてるほどに、にはかにいちはやうなきたれば、おどろきて、ふりあふぎていふやう、「よひぞよひぞといふなはぜみ、きにけるは。虫だに時節をしりたるよ」とひとりごつにあはせて、（蜻蛉・下）〔蝉の声が盛んに聞こえる時節になったのに、耳が遠くて、まだそれを楽しめずにいる老人がいたのだが、庭を掃こうと、箒を持って、木の下に立っている時に、急にはげしく鳴き出したので、はっと気がついて、上を仰いで言うには、「よいぞ、よいぞと鳴く熊蝉がきよったわい。むしとても時節をしっているわい」とひとりごとをつぶやく〕〈気づき〉

④　二日ばかりありて、赤衣着たる男、畳を持て來て、「これ」といふ。「あれは誰そ。あらはなり」など、ものはしたなくいへば、さし置きて往ぬ。「いづこよりぞ」と問はすれど、「まかりにけり」とて、とり入れたれば、ことさらに御座といふ畳のさまにて、高麗など、いときよらなり。心のうちには、さにやあらんなんど思へど、なほおぼつかなさに、人々いだして求むれど、失せにけり。（枕・二七七）〔中宮様に作者がきれいな畳を見ると命がのびるような気がすると言ったことがあってからしばらくして、赤い着物を着た男が、畳を持ってきて、「これを」という。「あれはだれだ。無遠慮なこと」などと取っ付き悪く言うので、男は畳を置いて立ち去る。「どこからなのか」とたずねると、「帰ってしまいました」といって、とりいれたところ、特別に御座という畳のようになっていて高麗縁などがきれいだ。心のなかでは中宮様ではないかと思うので、―しかしやはりはっきりしないから―人々を出して探させたところ、その使い男は消え失せ

コメント

コメント2　〈言及〉の種々相

〈言及〉の用法でとりあげられる出来事にはさまざまなケースがある。

ケリ形②―1「参られける」で、仲忠は兼雅が梨壺を「参らせむ」といっていることはまえに聞いているのであるが、参内の現場を見ないまま帰宅しているので、女一宮に「参られける」といっているのは伝聞をもとにのべているとしか考えられない。なお、この例は「今宵」といっているので、未来におこる出来事を伝聞としてとりあげているめずらしい例である。

⑤「度々参上り給ひけるものを」も、ケリ形にはめずらしい、くりかえされた運動をとりあげたものである。一回的であっても兼雅には直接に知ることができないが、くりかえしとなれば、その可能性はもっとひくくなるわけなので、これも伝聞であることはうごかない。ニケリ形にはケリ形にあった、くりかえしのような抽象的な出来事を表すものはなく、具体的な運動を表すものしかない。

（ii）①―1「出で給ひけれ」は、釈迦の宮殿からの出奔をとりあげたものであるから、もちろん直接見聞する機会はない。それではなにをもとにこの出来事をとりあげているかというと、それは伝聞というより、経典を参照することによってえられたものと思われる。経典を参照するということも、何らかの言語的構築物に依拠することであるから、これも〈言及〉の意味を表しているとしてよい。

（ii）ケリ形

るほどに、「わが妻」と知り果て給ひぬ。大将、「あやしく、そぞろにて参りけるかな」と思せど、〈宇津保・内侍のかみ〉〈そうこうしているうちに、右大将殿は、御前を下がって食事などをしている間、尚侍が自分の妻だと知って、「不思議に思いがけず参内したものよ」と思われた〉〈再認識〉

⑤　おとど、「宮の、『まかでむ』とあめるを、いかなるべきことにか。かかる人は、帳台の宿直などしてこそ。許されむとすらむやは」。大将、「いかが、さ侍らむ。先つ頃、度々参上り給ひけるものを。宮、『藤壺も、かやうにてぞ』などこそのたまひけれ」〈宇津保・蔵開・下〉〈兼雅が、「梨壺が『退出しよう』ということだが、懐妊するとは、御帳台に夜召されてこその話だ。東宮は懐妊をお認めになっていないから、退出をお許しになるのではなかろうか」と心配すると、仲忠が、「どうしてそのようなことがございましょうか。先だっても、たびたび夜の大殿にお召しがありましたのに。東宮も『藤壺もあなたと同じように懐妊中だよ』などとおっしゃったということです」〉〈言及〉

⑥　帝、内蔵寮《くらづかさ》の絹三百疋、三唐櫃に入れさせ、寮の御衣、十に入れ、蔵人所の御菓物、櫃十に積みて、大将に奉り給はむとするに、殿上、蔵人一人もなし。「ただ今までありつる男どもの、かしこへ往にけるかな。…」などのたまひて、〈宇津保・祭の使〉〈帝は正頼邸で騎射が催されるというので、引き出物として、内蔵寮の絹三百疋を三つの唐櫃に入れさせ、同じく内蔵寮の大御衣も唐櫃十に入れ、蔵人所の御菓物を櫃十に積んで、左大将正頼に遣わそうとするけれど、殿上には使者となる蔵人は一人

（iii）タリケリ・リケリ形

てしまったのだった」〈思い至り〉

（i）ニケリ・テケリ形

▽通達動詞

①－1 「少納言よ。直衣着たりつらむは、いづら。宮のおはするか」とて、寄りおはしたる御声、いとらうたし。「宮にはあらねど、また思し放つべうもあらず。こち」とのたまふを、恥づかしかりし人と、さすがに聞きなして、「あしう言ひてけり」と思して、（源氏・若紫）〔「少納言や。直衣を着ていたという方はどちら。父宮がいらっしゃったの」と言って、若君が寄っておいでになるお声はまことにかわいらしい。「父宮ではないのですけれども、だからといって他人扱いはおできになれ

コメント

▽通達動詞

コメント1

動詞として「言ふ」が用いられている例を見ると、テケリ形①－1「あしう言ひてけり」は、あとで人ちがいであることがわかって、悪いことをいってしまったことに思い至ったという、一人称の反省がのべられているものである。それに対して、ケリ形①－1「言ひけると聞きしかば」は、すぐ後に「聞きしかば」とあることから、帝は俊蔭がそういった現場に居合わせたわけではなく、そういったことをあとで伝聞していることが知

もいない。「たった今まで伺候していた殿上の男たちは、みな
正頼邸へ行ってしまったのだな。…」などと仰せになる」〈思
い至り〉

⑦「…故院の亡せたまひて後、二三年ばかりの末に、世を背
きたまひし嵯峨院にも、六条院にも、さしのぞく人の心をさめ
ん方なくなんはべりける。木草の色につけても、涙にくれての
みなん帰りはべりける。…」とて、泣きたまへるほど、いと心
深げなり。（源氏・宿木）〔「故院が亡くなりになってからとい
うものは、晩年の二三年の間、世をのがれてお住まいでいらっ
しゃった嵯峨院にしても、また六条院にしても、立ち寄る人は
悲しみを静めようがないものでございました。木草の色を見る
につけてもひたすら涙にくれて帰るばかりでございました。…」
と言って、薫がお泣きになる様子は、いかにも深いお心とみえ
る」〈言及〉

（ii）ケリ形

▽通達動詞

①—1「ただ娘一人ありける、歳七歳より習はしけるに、父
の手にいと多くまさりて弾きければ、父、『この子は、わが面
起こしつべき子なり。これが手より、誰も誰も習ひ取れ』とな
む言ひける」と聞きしかば、（宇津保・俊蔭）〔「俊蔭にはただ
娘が一人て、七歳の時から琴を習わしたところ、父の技法より
ずっと勝って弾いたので、父は、『この娘は自分の面目を立て
そうな子だ、この子の技法から、誰もみんな習いとれ』と言っ
た」と聞いたと、嵯峨の院は兼雅におっしゃる」〈言及〉

（iii）タリケリ・リケリ形

▽通達動詞

②「…さて、その人の神になりたるにやあらん、その神の御
もとにまうでたりける人に、夜現れてのたまへりける、

　七曲にまがれる玉の緒をぬきてありとほしとは知らずやあ
るらん

とのたまへりける」と人の語りし。（枕・二四四）〔「…
そういうことがあって、その後、その老父が神になっているの
だろうか、この明神のもとに参詣していた人に、夜、神が現れ
ておっしゃった歌、『七曲にまがりくねっている玉の緒を貫い
て蟻を通した蟻通明神とも人は知らないでいるのだろうか』と

（ⅰ）ニケリ・テケリ形

ませんよ。こちらへいらっしゃい」と源氏の君がおっしゃるのを、あのご立派なお方、と幼心にもさすがに聞きわきまえて、「どうもまずいことを言ってしまった」とお思いになる〕〈再認識〉

①―2　僧都、怖ぢさせたまへる御気色を、「心もなきこと啓してけり」と思ひて、くはしくも、そのほどの事をば言ひさしつ。（源氏・手習）〔宇治の院で倒れていた浮舟を見つけたはなしを聞いて、こわがっていらっしゃる后の宮の御面持ちを拝して、僧都は、「考えのないことを申しあげたものだ」と思う〕〈再認識〉

②　「違ふべくものたまはざりしものを、いかがさは申さむ」と言ふに、心やましく、「残りなくのたまはせ知らせてける」と思ふに、つらきこと限りなし。（源氏・帚木）〔小君が、空蟬に源氏からの消息の返事を求めると、人間違いだと言うので、「間違いなんかないとおっしゃったのに、どうしてそんなことを申しあげられるでしょう」と言うので、いやな気がして、空蟬は、「何もかもこの子に聞かせておしまいになったのだ」と思うと、このうえなくつらい思いである〕〈思い至り〉

③　風につけても同じ筋にむつかしう聞こえ戯れたまへば、たへずうたてと思ひて、「かう心憂ければこそ、今宵の風にもあくがれなまほしくはべりつれ」と、むつかりたまへば、いとよくうち笑ひたまひて、…「げに、うち思ひのままに聞こえてけるかな」と思して、みづからもうち笑みたまへる、（源氏・野分）〔源氏が懸想の戯れごとをおっしゃるので、玉鬘は、たまらなくうとましく思って、「こうして情けないことばかりですので、昨夜の風に連れられて、どこかへ行ってしまいとうございまし

コメント

られるので、〈言及〉の用法である。言及の場合にも、伝聞の行われた瞬間には、思いがけないことであるという驚きのニュアンスは当然あったと思われるが、帝は今はそうした自らの主観的な気持ちを表そうとしてはおらず、そのような驚きをともないつつも認知された出来事を客観的な事実として示そうとしているわけなので、〈記述〉的な態度でのぞんでいるといえるであろう。そのような意味で〈言及〉の用法の場合は、やはりテンス的に過去表現に一歩ちかづいているといえる。

「のたまふ」についても同様で、テケリ形②「のたまはせ知らせてける」では、小君の返答から、源氏がすべてを語っていると推量し、小君がすべてを知っていることに思い至ったことを表している。それに対して、ケリ形②「のたまひける」は、発話の最初に「はやう」とあることから、それがずっと昔のことであって、誰かから聞かなければ知りようのないことであることがわかる。つまり、伝聞を前提として語られているので、ケリ形は〈言及〉の意味である。したがって、過去の事実の客観的な叙述であるという性格がつよく、テンスとして過去を表しているといってもよい。タリケリ形②「のたまへりける」はどうかというと、最後に「人の語りし」とあるので、伝聞であることはまちがいない。しかし、この場合は、伝聞にともなう驚きの気持ちなどは完全に漂白されていて、神のお告げを客観的な事実として描写しようとしていると見られる。この例では、タリケリ形はテケリ形よりむしろケリ形にもちかいといえる。ただし、ケリ形には〈言及〉の用法がおいとしてもケリ形がいつも〈言及〉を表しているわけではない。それは（ⅱ）③―

（ii）ケリ形

①－2　「…はかなき事をもつつみて、我より齢まさり、もしは位高く、時世の寄せいま一きはまさる人には、靡き従ひて、その心むけをたどるべきものなりけり。『退きて咎なし』とこそ、昔のさかしき人も言ひおきけれ、…」と思して、御返りのたまふ。（源氏・明石）〔「…いささかのことにも謹んで、自分より年長であるとか、あるいは位が高く、世間の信望がもういちだんすぐれている人に対しては、その言葉に従って、その人の意向を推しはかって理解するように努めなければいけないものではないか。『人に従っていれば非難を受けることはない』と、昔、賢人も言いのこしておいたそうだが、…」と心をお決めになられて、入道にご返事をなされる〕〈言及〉

②　「はやう中后の宮に、ゑぬたきといひて、名だかき下仕なんありける。…『かたきに選りても、さることはいかでかあらん』と、上達部・殿上人まで、興あることにのたまひける。…」と聞えたり。（枕・一〇三）〔「ずっと以前のこと、大后の宮に、えぬたきといって名高い下仕えの者がありました。…『わざわざ競争相手に選んでも、どうしてこんなうまい出会いはあるだろうか』と上達部・殿上人までも、興ある事におっしゃったのでした。…」と自分はのぶつねに申しあげた〕〈言及〉

③－1　「まだ姫君ときこえける時、父大臣のをしへきこえ給ひけることは、『…さては古今の歌二十巻をみなうかべさせ給ふを御学問にはせさせ給へ』となん聞え給ひける、ときこしめしおきて…」などかたりいでさせ給ふを、（枕・二三）〔村上天皇の御代に、小一条大臣の娘の姫君がまだ入内前、父大臣のお教え申し上げたことには、「…それから、第三には、古今集の歌を二十巻全

（iii）タリケリ・リケリ形

おっしゃったのだった」と、ある人が私に話したことであるよ〕〈言及〉

（ｉ）ニケリ・テケリ形

た」と、ご機嫌をそこねなさるので、源氏はじつに愉快そうにお笑いになり、皮肉を言うので、…「本当に、ふと思ったままを申し上げてしまったこと」と、玉鬘はお思いになる」〈再認識〉

④「…なほ言へ。我には、さらにな隠しそ」とのたまへば、「たしかにこそは聞きたまひてけれ」と、いといとほしくて、（源氏・蜻蛉）〔匂宮と浮舟のことを口にだし「…もっと話しておくれ。私には決して隠さないでほしい」と薫がおっしゃるので、「確かなことをお聞きになっているのだ」と、右近はまことに気の毒に思われる」〈思い至り〉

コメント

2「あしうやは聞こえおきける」のような〈再認識〉の例があることからもあきらかである。

「聞こゆ」についても、テケリ形③「聞こえてけるかな」は、自分のいったことが不適当であることに思い至り、不用意なことをいってしまったと反省をのべているものである。ケリ形③—1「聞え給ひける」は、後に「きこしめしおきて」とあることから、伝聞であって、〈言及〉の用法といえる。

「聞く」「聞し召す」についても同様である。テケリ形④「たしかにこそは聞きたまひてけれ」は、薫のいうことから、薫がすべてを知っていることを推量したもので、〈思い至り〉の用法である。ケリ形④「聞こし召しける」は、使いの少将の言葉から、朱雀院は嵯峨院が尚侍の演奏を聞いていたことを知り、それを事実としてのべようとした〈言及〉の用法である。ただし、〈言及〉の用法でも、この場合は、直前の話からそう悟ったわけなので、まだ思いがけないことを耳にしたという驚きの気持ちの表現にもなっている。

(ii) ケリ形

部暗記なさることを、あなたの女としての学問にするように」と、大臣が常々申し上げておられたということを、帝はかねてお聞きになっておられた。…」と、中宮はお話になる〉〈言及〉

③―2　院の内の上下の人々、いとやむごとなくて久しくなりたまへる御方にのみことわりて、はかない事にも、この御方ざまをよからずとりなしなどするを、御せうとの君たちも、「さればよ。あしうやは聞こえおきける」と、いとど申したまふ。〈源氏・竹河〉〈院の内の人は、上の者も、下も者も、長い年月、まことに貴い身分でお過ごしおいでになられた弘徽殿の女御などの御方にばかり道理があるように言って、些細なことでもこちらの御方、玉鬘の大君のほうを悪いように取沙汰するので、御兄の君たちも、「それ見たことか。申し上げておいたことが間違いだったでしょうか」と言いつのって申される〉〈再認識〉

④「しかしか聞こえ侍りつるを、上聞こし召しつけて、『この声の聞こえむ所を尋ねて、奏せよ』となむ仰せられつる。こなたに聞こえ侍りつれば」と啓す。…「内裏に、おぼつかなく思さるらむ。とく参りて奏せよ。…耳近くあはれに聞き侍りしが、内裏まで聞こし召しける」など仰せらる。〈宇津保・楼の上・下〉〈俊蔭娘の演奏する琴の音が都中に響きわたり、帝の使いの少将は、「こうこう、このように聞こえましたので、お聞きおよびになり、『この音の聞こえてくるところを探して報告せよ』と帝がお命じになられました。音の出どころはこちらと聞きましたので、参上しました」と言上する。…朱雀院は、「内裏で気がかりにお思いであろう。早急に帰参して奏上いたせ。…間近に聞いて感動しておったものを、帝までお聞きになっておられたのか」などとおっしゃる〉〈言及〉

(iii) タリケリ・リケリ形

（ⅰ）ニケリ・テケリ形

▽**授受動詞**

① 左近の乳母といふ、騒がしげなる気色にて出で来て申すやう、「いと恐ろしきことをこそ聞き侍りつれ。二の宮の越後の乳母は、『宰相の中将に盗ませ奉らむ』とたばかりて、多くの物賜はりにけるは。大きなる瑠璃の壺に、黄金一壺入れて、沈の衣箱に絹・綾入れてこそ賜はりにけれ。かかること知りたる下衆を、はかなきことにてうち追ひ出でければ、腹立ちて言ひののしりければ、皆人聞き侍りつ。さきざきも、多くの物得てけり」と聞こゆ」と聞こゆ。（宇津保・国譲・下）（左近の乳母という者が、落ち着かない様子で出てきて申すことには、「たいそう恐ろしいことを耳にいたしました。二の宮の越後の乳母は、『宰相の中将に宮を盗ませ申しあげよう』と共謀して、多くの物をいただいたということです。大きな瑠璃の壺に、黄金を一壺分入れたものと、沈の衣箱に絹、綾を入れたものをいただいたということです。そのようなことを知る下衆を、ちょっとしたことがあって追い出したところ、その下衆が腹を立てて大声でいいふらしましたので、みな聞き知ったのでございます。以前も多くの物をいただいたということです」と申しあげる）〈言及〉

② 「いとかなしき妻子も忘れぬ」とて、思へば、「げにぞ、みなうち棄ててける。いかがなりぬらん。…」と思ふに、（源氏・玉鬘）（九州から逃げて淀川まで来たところで、豊後介は、「本当にかわいい妻子のことも忘れてしまった」といって、考えてみれば、「なるほど何もかも打ち捨ててきたことだ。どうなっ

コメント

▽**授受動詞**

コメント1

授受動詞の場合は、非過去形では、〈運動の成立と結果・痕跡の存在〉の意味を表すタリ・リ形をとることがおおいのだが、タリケリ形は存在しない。ケリ形④「賜ひけれ」のように、物品の授受が、贈与者側の視点からとらえがかれる場合は、タリケリがあらわれないのは当然としても、テケリ形①「賜はりにけるは」、③「返してけるか」のように物品の授受が受領者側の視点からとらえがかれる場合には、贈与された物品がメノマエにあることを示すために、タリがでてきてもよさそうであるが、この場合でもタリケリ形にはならず、テケリ形になっている。

(ii) ケリ形

▽**授受動詞**

④ 宮、「それは、わが人にもあらねば、御子の数にも思さで、『ただに捨つ』とこそは思しけめ。昔は、鬼にもこそは賜ひけれ。ただ人なれど、この君は、親の、さばかり思ひかしづき給ひしを、天下に思ふとも、何わざかせまし」(宇津保・蔵開・上)〔「自分を仲忠に下さったのは、私が人並みではないので、御子の数のうちにお入れなさらないで、『そのまま捨てよう』とお思いになられたのでしょう。昔は、鬼にも不出来な娘をおやりになったといいます」と女一宮は言う〕〈言及〉

(iii) タリケリ・リケリ形

（ⅰ）ニケリ・テケリ形

てしまっているだろうか。…」と思う」〈再認識〉

③「…みないひあはせたりしことを、『ただ今は見るまじとて入りぬ』と、主殿司がいひしかば、また追ひ返して、『ただ、袖をとらへて、東西せさせず乞ひとりて、持て来《こ》。さらずは、文を返しとれ』といましめて、さばかり降る雨のさかりにやりたるに、いととく帰りたりき。『これ』とて、さし出でたるが、ありつる文なれば、返してけるかとて、うち見たるに、あはせてをめけば、…」〈枕・八二〉〈私が手紙をもらったまま、返事も書かないので、源中将が言うことには、「…皆で相談してやった手紙を、『今はここでは拝見できない、とおっしゃって奥に引っ込まれた』という主殿司《とのもづかさ》の報告だったので、『強引に手でもなんでもつかまえて、有無をいわせず返事をもらってくるか、さもなくば手紙を返してもらってこい』と、きつく言いつけて、ちょうどひどかった雨の最中にもう一度使いにやったところが、今度はすぐに帰ってきた。『これです』といって差し出したのが、こちらからやった手紙なので、頭の中将は、さては返してきたのかと思って見たところ、途端にあっと大声をあげる…」」〈思い至り〉

▽知覚動詞

①「あやし」と思ひつつ参り給ひて、夕さりつ方、内裏より、御文あり。「まかで侍りなむとするを、『去年仕まつりさしし御書、今日仕まつれ』と仰せらるればなむ。皆御覧じてけり。ここ少しなむ、難き所交じり侍りける。明日の夜さりまかで侍り」

コメント

（ii）ケリ形

▽知覚動詞

① 「左衛門の陣にまかり見ん」とていけば、我も我もとおひつぎていくに、殿上人あまた声して、「なにがし一声の秋」と誦してまゐる音すれば、逃げ入り、物などいふ。「月を見給ひけり」など、めでて歌よむもあり〈枕・七八〉（「左衛門の陣まで行って、月を見物してこよう」と言って、とうとう門の外に出かけてゆくと、私も私もと、ほかの女房たちも後を追って続いていく。すると、左衛門の陣の方から、殿上人が大勢の声で、例の「何とか一声の秋」という詩を吟じてこちらにやってくる様子なので、職の御曹司の中に逃げ込んで、その人たちと対応する。「月を眺めていらしたんですね」などと感心して、中には歌を詠む殿上人もいる」〈思い至り〉）

（iii）タリケリ・リケリ形

と聞こえ侍りけり。〈宇津保・国譲・上〉〔手紙が来ないのは変だと思いながら、右大将仲忠は参内なさって、夕方ごろ宮中より女一宮に手紙を送られる。「退出いたそうと思いましたが、『昨年、中途になった講書のこと、今日続きをいたせ』との仰せでございまして。帝はみなご覧になったとのことです。けれども、少し難解なところがございますので、そこを進講いたします。明日の夜にでも退出いたします」と書いてよこされた〕〈言及〉

▽立居ふるまい

① 御文を、左衛門督の殿に、「読め」とのたまへば、女手して、「春宮には、若宮居給ひにけり。昨日の酉の時ばかりになむ、宣旨下り侍りにし。…」と聞こえ給へり。〈宇津保・国譲・下〉〔右大臣正頼は御文を左衛門督の君に渡して、「読め」と仰せつけになったので、左衛門督が開かれたところ、ひらがな書きで、「東宮には、藤壺腹の若宮がおなりになりました。昨日の酉の刻のほどに宣旨が下りました。…」と左大臣忠雅が書いてこられたのである〕〈気づき〉

(i) ニケリ・テケリ形

コメント

▽立居ふるまい

コメント1

「居る」については、ニケリ形①「春宮には、若宮居給ひにけり」は、立坊争いで藤氏側に皇子がうまれる可能性のあるなかで、急に源氏側の皇子が東宮になるという、当事者にとって思いがけない展開になったことをのべている段であるので、〈気づき〉の意味であると考えられる。ひらがなで書かれていることも、それが表出的であることを示しているのではないかと思われる。それに対して、ケリ形①「昔は后に居けり」は、「昔物語」を引いて、内舎人の娘が后になったことがあるということを客観的事実として示そうとしている〈言及〉の用法である。

（ii）ケリ形

▽立居ふるまい

① 上「ここにもさは思ふを、この殿上の男どもの、昔物語など各言ふを聞けば、『内舎人などの女も昔は后に居けり。今も中頃も、納言の女の后に居たるなんなき』などいふをば、如何はすべからんとこそ聞け」と宣はすれば、（栄花・一〇）〔「殿上人たちが昔話などをめいめい話しているのを聞くと、『内舎人などの女もかつては后になったものだ。しかし、現代でもそう遠くない昔でも、納言の女が后になったためしはない』などと言っているのを、さてどうしたものだろうと思いながら聞いている」と帝は仰せになる〕〈言及〉

④「うたた寝はいさめきこゆるものを、などか、いとものはかなきさまにては大殿籠りける。…」などのたまひて、（源氏・常夏）〔「うたた寝はいけないと注意申しているのに、どうしてこんな不用意な格好で寝ていらっしゃるのです」と、内大臣、雲居雁を訪れて、昼寝を戒める〕〈気づき〉

⑤ 宮はた起くれば、頭掻い繕ひ、装束せさせて遣りつ。藤壺に参りたれば、御達、「あな香ばしや。この君は、女の懐にぞ寝給ひける」。「さらで、右大将のおとどの御懐にぞ寝たりつる」（宇津保・蔵開・中）〔宮はたが起きたので、大将は、宮はたの髪の毛を整え、衣装もしっかり着せて送りだされた。藤壺に参上したところ、女房達は「なんとよい香りがすること。この君は、女の懐に抱かれてお休みになったにちがいない」という。「そうじゃない。右大将殿の懐に抱かれて寝たのだ」と宮はたは答える〕〈思い至り〉

（iii）タリケリ・リケリ形

▽立居ふるまい

② 大将、「いとよく知りて侍ることぞや。五の宮も、狩衣姿にて、細殿に立ち給へりけり。…」とのたまふ。（宇津保・国譲・下）〔「二宮を盗みだそうという計画のことはよく知っている。そういえば、同じく二宮に懸想している五宮も狩衣姿で細殿に立っておいでになった」と仲忠が言う〕〈気づき〉

③ 仲忠、「かれは、誰ぞ」と言ふ。「涼」と、いらへて言ふ。仲忠、「おはせねど、いとよく吹くめり」。「『涼』とて、秋風にもなし給ふかな。ここにこそ隠れられたりけれ。ただ今、切に求めさせ給ふめるは」（宇津保・内侍のかみ）〔帝が琴を所望すると、仲忠は藤壺に逃げてしまったので、涼は、藤壺にやってくる。仲忠が、「どなたですか」と尋ねると、「涼です」と答える。仲忠が、「あなたがおられなくても、今日は涼しい風がよく吹いているようですよ」。「わたしの名が涼だからといって、秋風になさったのですね。ここに隠れておられたのでしたか。今の今まで、帝は熱心にお探しになっておられましたよ」〕〈気づき〉

▽**動作的態度**

①「…この春のころほひ、夢語したまひけるを、ほの聞き伝へはべりける女の、『我なむかこつべきことある』と名のり出ではべりけるを、中将の朝臣なむ聞きつけて、『まことにさやうに触ればひぬべき証やある』と尋ねとぶらひはべりける。くはしきさまはえ知りはべらず。…」と聞こゆ。〈源氏・常夏〉〔内大臣が娘を探し出したといううわさがあるが、本当かと源氏が尋ねると、弁の少将は、「今年の春のころに、夢に見た話をなさいましたのを、人伝てに小耳にはさみました女が、『わたしこそその件でお聞き願うわけがある』といって、名乗って出てきましたのを、中将の朝臣が耳にしまして、『真実そのようにつながりがあるといえるだけの証拠があるのか』と尋ねてやりました。その辺の詳しい事情はよく確かめられません。…」と申し上げる〕〈言及〉

②かの明石の舟、この響きにおされて、過ぎぬる事も聞こゆれば、…

みをつくし恋ふるしるしにここまでもめぐり逢ひけるえには深しな

とてたまへれば、〈源氏・澪標〉〔あの明石の船が、このさわぎに圧倒されて、立ち去った事を惟光が申し上げると、…「身を尽くして恋い慕う甲斐があって、ここ、澪標のある浪速までも来て、めぐり合った。私たちの縁は深いのだな」と書いてお与えになった〕〈言及〉

③今宵は例の御遊びにやあらむ、と推しはかりて、兵部卿宮

渡りたまへり。…「いとつれづれにて、わざと遊びとはなくとも、久しく絶えにたるめづらしき物の音など聞かまほしかりつる独り琴を、いとよう尋ねたまひける」とて、（源氏・鈴虫）〔今夜は、例年のように中秋の宴でもなさるのではないかと推し測って、兵部卿宮が訪ねておいでになった。…源氏は、「まったく所在ないものだから、とくに管弦の宴というのではないけれども、長らくそのままにしていた久しぶりの楽の音など聞いてみたいものだと、ひとりかき鳴らしていたのですが、ようこそ聞きつけておいでくださった」とおっしゃる〕〈気づき〉

④　ふと聞きつけて、この中将とは思ひよらず、なほ忘れがたくすなる修理大夫にこそあらめと思すに、おとなおとなしき人に、かく似げなきふるまひをして、見つけられんことは恥づかしければ、「あな、わづらはし。出でなむよ。蜘蛛のふるまひはしるかりつらむものを。心うくすかしたまひけるよ」とて、直衣ばかりを取りて、屏風の後に入りたまひぬ。（源氏・紅葉賀）〔ふと物音を聞きつけて、頭の中将とは思いもよらず、いまもやはりこの典侍を忘れかねているとかいう修理大夫なのだろうとお思いになるにつけ、そういう老人に、こんな不似合なふるまいに及んだところを見つけられてはきまりがわるいので、「ああ、面倒な。お暇するとしようよ。あの人の来ることは、蜘蛛のふるまいで分かっていたでしょう。ひどいことにわたしを騙しなさったね」といって、源氏は直衣だけを取って、屏風の後ろにおはいりになられた〕〈思い至り〉

（ｉ）ニケリ・テケリ形

▽一般的動作

①－１　かく聞こし召して、「くちをしう、急ぎてもしてけるかな」と思す。〈宇津保・国譲・下〉〈東宮が藤壺腹の皇子に定まったとお聞きおよびになって、后の宮は「残念なこと、いそいで事を運ばれたことよ」とお思いになる」〈気づき〉

①－２　「…碁聖が碁にはまさらせたまふべきなめり。あないみじ」と興ずれば、さだすぎたる尼額の見つかぬに、もの好みするに、「むつかしきこともしそめてけるかな」と思ひて、心地あしとて臥したまひぬ。〈源氏・手習〉〈「…その碁聖の碁よりもあなたはお上手とお見受けされます。なんと見事な」と少将の尼が感心しているので、よい年をした尼額のみっともないのに、こんな遊びに興ずるのを見ては、「やっかいなことに手を出してしまったものよ」と浮舟は思って、気分がよくないからと臥せっておしまいになった」〈再認識〉

コメント

（ii）ケリ形

▽一般的動作

①―1　君をも、「かうはかなきことゆゑ、あながちにかかる筋のもの憎みしたまひけり。思はずに心憂し」と辱づかしめ恨みきこえたまふをりをりは、いと苦しうて、（源氏・浮舟）〔一度みた浮舟を忘れられないことをとがめるそぶりを見せる妻の中の君に対しても、「こういう些細なことを根にもって、むやみにそうしたやきもちをやいていらっしゃるのですね。思いのほか情けない」と、匂宮は恥ずかしく思わせたり、お恨み言をおっしゃったりするが、そのたびにまったくつらくなる〕〈思い至り〉

①―2　「しかじかの返り事は見たまふや。こころみにかすめたりしこそ、はしたなくてやみにしか」と愁ふれば、「さればよ。言ひ寄りにけるをや」とほほ笑まれて、「いさ。見むとしも思はねばにや、見るとしもなし」と答へたまふを、「人分きしける」と思ふに、いとねたし。（源氏・末摘花）〔「末摘花からのご返事はご覧になりましたか。試に気持ちをほのめかしてみましたところ、引っ込みのつかないことになって、それっきりにしましたよ」と頭中将が愚痴をこぼすので、源氏は、「案の定だ、言い寄ったのだな」と、思わずほほえんで、「さあどうですか。見ようとも思わないからか、見たというわけでもないですね」とお答えになるのを末摘花は源氏には返事を出して「自分を分け隔てをしたな」と頭中将は思うにつけて、ひどくいまいましく思われた〕〈思い至り〉

①―3　「他の国にも、事移り世の中定まらぬをりは深き山に

（iii）タリケリ・リケリ形

▽一般的動作

①―1　「遺恨のわざをもしたりけるかな」とて、あまえおはしましける。重木今生の辱号《ぞくがう》はこれや侍けん。さるは、「思やうなる木もてまいりたり」とてきぬかづけられたりしも、からくなりにき」とて、こまやかにわらふ。（大鏡・六）〔村上天皇のとき、清涼殿の梅の木が枯れたので、代わりを探すように命じられ、繁樹が探し出してきたのですが、それが紀貫之の娘さんの家のものであったことが分かって、天皇は「まことに残念なことをしたものだったな」とおっしゃって、きまりわるがっておいででした。この繁樹一生涯中の恥辱の評判は、このことでございましたでしょう。それなのに、「思う通りの梅の木を持ってまいった」というので、ご褒美の衣類を頂戴したのですが、それもかえって辛く感じたことでした〕〈再認識〉

①―2　「…先つころ、まかり下りてはべりしついでに、ありさま見たまへに寄りてはべりしかば、京にてこそところえぬやうなりけれ、そこら遥かにいかめしう占めて造れるさま、さはいへど、国の司にてしおきけることなれば、残りの齢ゆたかに経べき心がまへも、二なくしたりけり。…」と申せば、（源氏・若紫）〔「…先ごろ、私、下向いたしました折に、明石の入道の館の様子を見に立ち寄ってまいりましたところ、京でこそ不遇のようでしたが、たいへん広大にいかめしく構えて造営している様子は、なんといっても国司の威光でしておいたことですから、余生を裕福に過ごすことのできる用意も、またとないほどにしてありました。…」と良清は源氏に申し上げる〕〈気づき〉

（ⅰ）ニケリ・テケリ形

▼変化動詞

① つとめて、日のうららかにさし出でたるほどに起きたれば、…桜の一丈ばかりにて、いみじう咲きたるやうにて、御階《みはし》のもとにあれば、「いととく咲きにけるかな、梅こそただ今はさかりなれ」と見ゆるは、造りたるなりけり。すべて、花のにほひなどつゆまことにおとらず。〈枕・二七八〉〔翌朝、日のうららかに差し出たころに起きてみると、…桜の、一丈ほどの高さで今が盛りと見えるのが、階段のところにあるので、「まあ早く咲いたものだこと、梅が、今は盛りのはずだが」と見えるのは、作り物なのであった。花のいろやつやなど、あらゆる点からいって、まったく本物と見劣りしない〕〈気づき〉

②—1 宮、「いかに、藤壺には、何ごとかものし給ふ」。おとど、「上局にものせられける。殊なることもものせられざめり。例の、遊びをなむせられつる。府の宰相の中将、御簾のもとにて、箏の琴仕うまつりつ。あてこそは、琵琶をなむ、少し掻き

コメント

▼変化動詞

コメント1　表出と記述

①の「咲く」について、ニケリ形とケリ形をくらべてみると、ニケリ形①「咲きにけるかな」は朝起きて外を見たときの状況を説明しているところなので、〈気づき〉の意味である。それに対して、ケリ形①—1「あやしき垣根になん咲きはべりける」の例は、〈言及〉と見てよいだろう。というのは、直前の「夕顔と申しはべる」という呼称の説明のはだかの形が〈潜在的質的意味〉だとすれば、それと同じ意味を表していると考えることもできるが、植物の生態の知識がどこからかの伝聞によるものか、社会的な常識に照らしてのことであると考えることは不可能ではないからである。

②の「まさる」もニケリ形は〈思い至り〉で、ケリ形は基本的には〈言及〉であると考えられる。ニケリ形②—1「ここにものせられしよりも、少しまさりにけり」では、「ここにもの

跡を絶えたる人だにも、をさまれる世には、白髪も恥ぢず出で仕へけるをこそ、まことの聖にはしけれ。…」、公私定めらる。（源氏・澪標）〔「外国でも、変事があって国政が安定しないときには、深山に身を隠してしまった人さえも、やがて泰平の時世ともなれば、白髪の老齢も恥じないで朝廷に出仕した例があって、それをこそ真の聖と称したものである。…」と朝廷でも民間でも評定される〕〈言及〉

(ⅱ) ケリ形

▼変化動詞

①－1　切懸だつ物に、いと青やかなる葛の心地よげに這ひかかれるに、白き花ぞ、おのれひとり笑みの眉ひらけたる。「をちかた人にもの申す」と、ひとりごちたまふを、御随身ついゐて、「かの白く咲けるをなむ、夕顔と申しはべる。花の名は人めきて、かうあやしき垣根になん咲きはべりける」と、申す。（源氏・夕顔）〔通りすがりの家に花をみつけ、「お尋ねします」と、随身が聞きつけて、「あそこに咲いている花は」とおっしゃるのを、随身が聞きつけて、「あの白く咲いておりますお花を、夕顔と申します。花の名は人めいていますが、こうしたみすぼらしい垣根に咲くものです」と申し上げる〕〈言及〉

①－2　枝のさま、花ぶさ、色も香も世の常ならず。「園に匂へる紅の、色にとられて香なん白き梅には劣れると言ふめるを、いとかしこくとり並べても咲きけるかな」とて、（源氏・紅梅）〔枝ぶりといい、花房といい、それに色も香も世間尋常なものではない。「園に咲き匂う紅梅が、その色に負けて、香りは白梅に劣っ

(ⅲ) タリケリ・リケリ形

▼変化動詞

（ⅰ）ニケリ・テケリ形

合はせらるなりつる。ここにものせられしよりも、少しまさりにけり。…」（宇津保・内侍のかみ）〔大宮が、「どんなですか。藤壺はお変わりありませんか」と聞くと、正頼は、「上局においでです。別に変わったこともないようでした。いつものように管弦の遊びをなさっておりました。仲忠の宰相の中将が、御簾の側で箏の琴を弾いていました。あて宮は琵琶を少しかきあわせておいでです。ここにおられたときより上達されました。…」〕〈思い至り〉

②－2　「院にも見えたてまつりたまはで年経ぬるを、ねびまさりたまひにけり、と御覧ずばかり、用意加へて見えたてまつりたまへ」と、事にふれて教へきこえたまふ。（源氏・若菜・下）〔「あなたは院にお目にかからぬままに何年もたってしまったものですから、りっぱに大人におなりになられたもの、とごらんいただけるように、いっそうお心づかいしてお会いになってください」と、何かにつけて女三宮にお教えになる〕〈思い至り〉

③　梅壺に、御文書く。「あやしく、悩ましきことの侍れば、え参り侍らぬほどの、久しくなり侍りにけること。…」とて、（宇津保・忠こそ）〔忠こそは、梅壺の御方に御手紙を書く。「妙に気分がすぐれませんでしたので、参上しなくなって長い間たってしまいました。…」と書く〕〈思い至り〉

④－1　起きさせ給へるに、花もなければ、「あな、あさまし。あの花どもはいづち往ぬるぞ」と仰せらる。「あかつきに、『花盗人あり』といふなりつるを、なほ枝などすこしとるにやとこそ聞きつれ。誰がしつるぞ、見つや」と仰せらる。…おはしますままに、「彼の花は失せにけるは。いかで、かうは盗ませし

コメント

せられしよりも」という過去との比較があって、それにもとづいてその上達の程度が思いがけないものであったことを表しているのに対して、ケリ形②－1「まさりはべりけり」は文頭に「げに」とあって、玉鬘が源氏が消息でのべていたことに同調していることから、伝聞にもとづいて、客観的な事実として寂しさをとりあげていると考えられる。

③の「なる」においても、ニケリ形③「久しくなり侍りにけること」は、それと認識しないうちに、今日手紙を書く段になって、ご無沙汰が長引いてしまっていたことに気がついたということだから、やはり〈気づき〉であろう。それに対して、ケリ形③－1「なりけれ」は「昔物語」で伝えられている内容をとりあげているのであるが、その「昔物語」とは、フィクションも含むが、主として伝説や神話などをいうと考えられ、そうしたものに依拠していることを表しているので、やはり〈言及〉の用法である。なお、〈言及〉の用法においてとりあげられる出来事は、具体的出来事である場合もあるが、この例のように主体が一般的な、抽象的な出来事もしばしばある。

これらの例からすると、ニケリ形で表されるときは、〈表出〉的であり、ケリ形で表されるときは〈記述〉的であるといえるようである。つまり、ニケリ形の場合は、話し手は、その事実に気づいた際の驚きの気持を表現しようとしているのに対して、ケリ形でのべる場合は、直接的には気づきを介して認識したことではあるが、今はその驚きはきえ、客観的に事実として存在しているものとして表そうとしていると見られる。「げに」という口吻からすると、（ⅱ）②－1で源氏の手紙を見たとき

（ii）ケリ形

ているというようだけれども、まったくみごとに両方兼ね備えて咲いたものだね」と匂宮はおっしゃる」〈気づき〉

②－1「（歌）つれづれに添へても、恨めしう思ひ出でらるること多うはべるを、いかでかは聞こゆべからむ」などあり。…御返り、…「（歌）ほどふるころは、げにことなるつれづれもまさりはべりけり。あなかしこ」とゐやゐやしく書きなしたまへり。（源氏・真木柱）〔源氏からの消息には、「（歌）さびしく所在ない気持ちに添えて、うらめしく思い出されることが多うございますが、今となってはそれをどうして申し上げることができましょう」などとある。…玉鬘のご返事は、…「（歌）長雨とともに時が過ぎていきますと、仰せのとおり、いちだんと所在ない思いもつのってまいります。あなかしこ」と、ことさら礼儀正しくお書きになってある」〈言及〉

②－2「なほこの道はうしろやすく深き方のまさりけるかな」と思し知られたまふ。（源氏・薄雲）〔斎宮の女御に恋情を打ち明けたりはしたものの、昔の藤壺との不義などに比べれば、「やはりこの男女の道については以前よりもあぶなげがなく、思慮分別も身についたことだ」と源氏も御自覚になる」〈思い至り〉

③－1「昔物語などを見るにも、世の常の心ざし深き親だに、時に移ろひ人に従へば、おろかにのみこそなりけれ。…」と、御乳母どもさし集ひてのたまひ嘆く。（源氏・真木柱）〔「昔物語などを見ても、世間普通の子供をかわいがる親でも、時勢に流されたり、後妻の言うがままになって、子供を構わなくなるものです」と、北の方は乳母と話し合う」〈言及〉

③－2「…女のことにてなむ、賢き人、昔も乱るる例ありける。

（iii）タリケリ・リケリ形

（ⅰ）ニケリ・テケリ形

ぞ。いとわろかりける女房たちかな。いぎたなくて、え知らざりけるよ」とおどろかせ給へば、（枕・二七八）〔中宮はお起きになったが、花の影も見えないので、「まあ、驚いたわ。あの花はどこへ行ってしまったの」とおおせになる。「明け方に『花盗人がいる』と言っていたようだったが、まさか枝など少し取るのであろうと、思っていた。誰のしわざか。お前は見たの」と、おおせになる。…道隆様は、お見えになるや否や、「あの花がなくなってしまったな。どうして、こうきれいさっぱり盗まれてしまったのだ。なんともだらしない女房たちだな。寝坊助がそろっていて、気がつかなかったのだな」と、びっくりなさったふりをなさる」〈気づき〉

④―2　忍びてありしさまを聞こゆるに、言ふ人も消え入り、え言ひやらず、聞く心地もまどひつつ、「さば、このいと荒ましと思ふ川に流れ亡せたまひにけり」と思ふに、（源氏・蜻蛉）〔侍従らは、母君に浮舟失踪のありのままの事情をそっと申し上げるのだが、言うほうでも気の遠くなる思いで言いも果てることができず、聞く母君のほうも惑乱して、「それでは、このほんとに荒々しく恐ろしい川に流されて死んでおしまいになったのか」と思う〕〈思い至り〉

⑤　昔よりこの川のはやく恐ろしきことを言ひて、「先つころ、渡守が孫の童、棹さしはづして落ち入りはべりにける。すべていたづらになる人多かる水にはべり」と人々も言ひあへり。（源氏・浮舟）〔「せんだっても、船頭の小さい孫が棹をさしそこねて、河の中に落ちてしまいました。全体、命を落とす人がおおい河です」と女房たちが話しているのを浮舟はそばで聞いてい

コメント

には、はじめてそういう気持ちを知ったという驚きのようなものがあったと考えられるが、それからしばらく時がたってみれば、その驚きは昇華され、漂白され、それとともに認識された内容の客観性が定着してくるという推移があるのではないかと考えられる。

しかし、タリケリ形とケリ形をくらべたときは少し事情が異なるようである。⑥の「残る」についていうと、タリケリ形⑥「よくもあらぬなむ、残りたりける」で、「残りたりける」は主語「よくもあらぬ」ものの述語になっていて、思いがけないという、認識の成立にともなう驚きは薄められている。むしろ、タリケリ形であることによって、その状態の確固たる存在性が強調されているともいえる。一方、ケリ形⑥「なほ世に恨み残りける」の方は、八の宮の歌に接して、まだ現世に未練が残っているという、八の宮の生活態度からすると想像できない、思いがけないことを発見したという気持ちが色濃く表現されている。

この場合は、ニケリ形とケリ形との間に見られる〈表出〉と〈記述〉にかかわるちがいは、これが心理的状態を表しているということとも関係するのかもしれないが、タリケリ形が〈記述〉的で、単純なケリ形が〈表出〉的であるというこれまでとは異なった関係になっている。

コメント2

ニケリ形は、結果をみて知らないあいだに運動が進行していたことに気づく〈思い至り〉の意味を表すことがおおい。⑧「経

（ii）ケリ形

さるまじきことに心をつけて、人の名をも立て、みづからも恨みを負ふなむ、つひの絆となりける。…」など、のどやかにつれづれなるをりは、かかる御心づかひをのみ教へたまふ。〈源氏・梅枝〉〔「…女のことで、賢い人が身を持ち崩すという例は昔もあったものなのだ。思いをかけてはならぬ女に執心して、相手に汚名を着せて、自分自身も恨みを受ける、それが一生を縛るものになったのだ。…」などと、閑暇で所在ない折にはこのような心得をもっぱら源氏は夕霧にお教えになられる」〈言及〉

⑥ 御返し、「あとたえて心すむとはなけれども世をうぢ山に宿をこそかれ」。
聖の方をば卑下して聞こえなしたまへれば、「なほ世に恨み残りける」といとほしく御覧ず。〈源氏・橋姫〉〔「俗世をすっかり離れて心静かに行い澄ましているというわけではございませんが、世を憂きものと観じ、宇治山にかりそめの住まいを設けています」と、八の宮は修行の方面については謙遜してあえてこのようにご返歌申しあげられるので、「やはり今でもこの世に未練が残っているのか」と院はおいたわしいお気持ちでご覧になられる」〈言及〉

⑦ 涙を漏らし落しても、いと恥づかしくつつましげに紛らはし隠して、つらきをも思ひ知りけりと見えむはわりなく苦しきものと思ひたりしかば、〈源氏・帚木〉〔この女は、涙をついこぼしても、ひどく恥ずかしく、きまりわるそうにとりつくろい隠して、私の薄情さを感じているのだなとさとられることを、むやみにつらがっていましたと、頭の中将はいっている」〈思い至り〉

（iii）タリケリ・リケリ形

⑥ 長持の御唐櫃一具に、女の装ひ一具、白張袴添へて、大袿《うちぎ》十襲《かさね》入れて、「かく、よくもあらぬなむ、残りたりける」とて奉れ給へり。〈宇津保・祭の使〉〔帝の求めに応じて、后の宮は、長持の御唐櫃一揃いに、女の装束を一揃い、それに白張袴を加えて、大袿を十襲入れて、「このようなよくない品物が残っておりました」といって献上される」〈気づき〉

⑦ 「鳥部野の煙とならん雲ゐにも君を心にいつかわすれん」などおなじ筋なる事をならひ給へるさま、「ことに我をばあはれとふかく思ひ知り給へりけり」とみゆるに、目もくれて、あはれにかなしきに、〈浜松・五〉〔吉野の姫君が失踪したあと姫君のつかっていた道具類のなかを探すと歌がでてきた。そのなかで、「鳥部野の葬送の煙となって上るであろう天上にあっても、あなたのことを心にかけて、いつも忘れることがありませんでしょう、忘れるわけがありません」などと、同じ調子の歌を姫君が書き流していらっしゃる様子で、「特に中納言のことをば、心に深くわきまえていらしたのだったよ」と読み取れるので、中納言は悲しみに目もくらむ思いである」〈思い至り〉

る」〈言及〉

⑧「…その後のことは、絶えていかにもいかにもおぼえず。人の言ふを聞けば、多くの日ごろも経にけり。…」と、…いみじうおぼえて、(源氏・手習)〔「…男にどこかに連れてこられたあとのことは何ひとついくら思い出そうとしても思いだせない。人の話を聞くと、あれ以来多くの日数も過ぎてしまったのだった。…」と、…浮舟は、かなしい気持ちになる〕〈思い至り〉

⑨ここにある人、ひやうとよりきていふ、「撫子の種とらんとしはべりしかど、根もなくなりにけり。…」などいふ。(蜻蛉・中)〔留守居をしていた侍女が、ひょいと近寄ってきて言うには、「撫子の種を取ろうといたしましたけれども、枯れて根もなくなっておりました。…」などと言う〕〈気づき〉

⑩桜の花の瓶にさせりけるが散りけるを見て、中務につかはしける

ひさしかれあだに散るなと桜花瓶に挿せれどうつろひにけり(後撰・八二)

〔ずっと咲いていてほしいと瓶にさしておいた桜の花が何時のまにか散ってしまった〕〈思い至り〉

（i）ニケリ・テケリ形

コメント

「にけり」は、浮舟が意識を回復し、失踪以前のことから記憶をたどろうとするところである。宮だと思っていた男が自分をすてさってから、意識を失って、最近になって人のはなしで現在の日付をきくと、いつの間にかおおくの月日が過ぎていたと浮舟はいっている。おぼえている日付と現在の日付をくらべて、そのあいだに月日がすすんでいたことに気づいたことを表している。⑩「うつろひにけり」は、花が花瓶のまわりに散っているのを見て、いつのまにか枯れるという変化がすすんだのだと気づいたことを表している。

〈思い至り〉の例に典型的にあらわれているように、ケリ形態には、すでに成立している事態をメノマエにして、それにもとづいて、その事態をひきおこした運動の成立をとりあげているという意味で、あきらかに evidential な意味がある。こうしたケリ形態の機能は、基本的に、運動の結果や痕跡をメノマエにしたことにもとづいて、それをひきおこした運動の成立をとりあげているという意味で、パーフェクトとしてのタリ・リ形によって表されるメノマエ性の意味と通ずるところがある。

（ii）ケリ形

⑪「独り寝常よりもさびしかりつる夜のさまかな。かくてもいとよく思ひ澄ましつべかりける世を、はかなくもかかづらひけるかな」と、うちながめたまふ。（源氏・幻）〔「ひとり寝はさびしいものだが、昨夜はいちだんとさびしく感じられる夜だった。今のようにしてでも、殊勝に暮らそうとすれば、それができたこの人生のなのに、たわいもなく世俗のことにこだわっていたものだ」と源氏は思い沈んでいらっしゃる〕〈再認識〉

⑫「…方等経の中に多かれど、言ひもてゆけば、一つ旨にありて、菩提と煩悩との隔たりなむ、この、人のよきあしきばかりの事は変りける。よく言へば、すべて何ごとも空しからずなりぬや」と、物語をいとわざとの事にのたまひなしつ。（源氏・蛍）〔「…方便の説は方等経の中に多いけれども、詮んじつめてゆけば結局は同一の趣旨によっているので、菩提と煩悩との差が、物語の人物の善と悪との差ぐらいに違っているわけです。善意に解すれば、すべてどんなことでも無益なことはないということになりますね」と、源氏は物語をことさら有益で大事なもののようにうまくご説明になられた〕〈言及〉

（iii）タリケリ・リケリ形

⑬宮は、日ごろになりにけるは、わが心さへ恨めしく思されて、にはかに渡りたまへるなりけり。「何かは。心隔てたるさまにも見えたてまつらじ。山里にと思ひ立つにも、頼もし人に思ふ人もうとましき心そひたまへりけり」と見たまふに、世の中いとところせく思ひなられて、（源氏・宿木）〔匂宮は、ご無沙汰が幾日も続いてしまったので、二条院に自由にいけないご自分の心までもうらめしくお思いになられて、今日になって、急にお越しになったのである。中の君も、「なんの。うとうとしいそぶりをも宮にお見せしないことにしよう。宇治の山里へ帰ろうとおもいたってはみても、頼るべき人であるあの薫様も自分に対して厭わしい気持ちをもっていらっしゃったのだ」とお分かりになると、宇治にも行けずまったく世の中に身の置き所もない気持ちになられる〕〈思い至り〉

（ｉ）ニケリ・テケリ形

▼うごき動詞

①　宮の亮爲善、雨の降るに、
なく涙あま雲霧りて降りにけり隙なく空も思ふなるべし。

〈栄花・三二〉〔雨雲が霧のように立ち込めて泣く涙が降っていることよ、空も絶え間なく悲しんでいるのだろう〕〈気づき〉

コメント

▼うごき動詞

コメント1

（ｉ）①「降りにけり」は、雨が降っているのを見て、これは何と空までが一緒に泣いているのだと気がついた驚きをうたったものであろう。それに対して（ⅲ）①「ふりたりけり」は、雪が積もったことに基づいて、まだ暮れの二三日だというのに早くも雪が降った事実に思い至ったことをうたったものであろう。

(ii) ケリ形

▼うごき動詞

② 君を押し出でたてまつるに、暁近き月隈なくさし出でて、ふと人の影見えければ、「またおはするは誰そ」と問ふ。「民部のおもとなめり。けしうはあらぬおもとの丈だちかな」と言ふ。丈高き人の常に笑はるるを言ふなりけり。老人、これを連ねて歩きけると思ひて、（源氏・空蝉）〔小君が源氏を闇のなか案内していると、月の光に源氏の姿が見えたので、老いた女房が、一緒にいるのは誰かと聞く。女房は勝手に、民部のおもとという背の高い女房が、小君と連れ立って歩いているのだと思って、近づいてくる〕〈思い至り〉

③ 「いとあやしきことをこそ聞きはべりしか。この大将の亡くなしたまひてし人は、宮の御二条の北の方の御おとうとなりけり。…その女君に、宮こそ、いと忍びておはしましけれ。…女も宮を思ひきこえさせけるにや、にはかに消え失せにけるを、身投げたるなめりとてこそ、乳母などやうの人どもは、泣きまどひはべりけれ」と聞こゆ。（源氏・蜻蛉）〔「まことにおかしな話を耳にいたしましたのです。この薫大将がなくしておしまいになった人というのは、匂宮の御二条の北の方の御妹だったのでございます。…その女君に、あの匂宮がまことに内々お通いあそばしたのでございました。…女も宮をお慕い申していたのでしょうか、急に消えていなくなってしまったのを、身投げしたのだろうということで、乳母などといった人々は泣き迷っておりましたそうでございます」と女一宮づきの女房の大納言の君が明石の中宮に申しあげる〕〈言及〉

(iii) タリケリ・リケリ形

▼うごき動詞

① けふは廿三日、まだ格子はあげぬほどに、ある人おき、はしにでて、妻戸をしあけて、「雪こそふりたりけれ」といふほどに、鴬の初声したれど、ことしも、まいて心ちも老いすぎて、れいのかひなきひとりごともおぼえざりけり。（蜻蛉・下）〔今日は二十三日、まだ格子を上げないうちに、かたわらの侍女が起き始めて、妻戸を押し開けて、「雪が降ったのだわ」というところに、鶯の声が聞こえたが、まるで気持ちが老け込んでしまったみたいで、例によって、つまらぬ歌も浮かんではこないのだった〕〈思い至り〉

▼状態動詞

①―1 「…げに、はた、明らかに空の月星を動かし、時ならぬ霜雪を降らせ、雲雷を騒がしたる例、上りたる世にはありけり。…」などのたまへば、〈源氏・若菜・下〉〔「…たしかにまた、琴の演奏が、あきらかに空の月や星を動かしたり、季節はずれの霜や雪を降らせ、雲や雷を騒がせたりした例が、さかのぼった上代にはあったものだ。…」などと源氏はおっしゃる〕〈言及〉

①―2 「姫君の御前にて、この世馴れたる物語など、な読み聞かせたまひそ。みそか心つきたるもののむすめなどは、をかしとにはあらねど、かかる事世にはありけり、と見馴れたまはむぞゆゆしきや」とのたまふも、〈源氏・蛍〉〔「姫君の御前で、この色恋の物語などを読んでお聞かせにならぬがよろしい。秘めごとを心に抱いている何かの娘などは、おもしろいと思わぬまでも、このようなことが世間にはあるものだったとか、そのことを普通のこととお考えになったのではたいへんなことです」とおっしゃる〕〈思い至り〉

①―3 みな寝て、つとめて、いととく局に下りたれば、源中将の声にて、「ここに、草の庵やある」と、おどろおどろしくいへば、「あやし。などてか、人げなきものはあらん。玉の台ともとめ給はましかば、いらへてまし」といふ。「あなうれし。下にありけるよ。上にてたづねんとしつるを」とて、〈枕・八二〉〔皆寝て、翌朝、非常に早く局に下りたところ、源中将の声で「ここに草の庵は居ますか」と芝居がかった声をかけるので、「妙なお尋ねですこと。どうしてそんなみすぼらしい者がいましょうか。玉の台とお呼びでしたら、お答えもしましょうが」と私が言う。「ああよかった。局にいたね。中宮の御座所の方に探しに行こうとするところだった」と言う〕〈気づき〉

②―1 僧都あなたより来て、「こなたはあらはにやはべらむ。今日しも端におはしましけるかな。…」とのたまへば、〈源氏・若紫〉〔僧都が向こうからやって来て、「こちらは外からまる見えでございますよ。今日にかぎって、端においでになりましたのですね。…」とおっしゃる〕〈気づき〉

②―2 さし出でさせ給へる御手のはつかに見ゆるが、いみじうにほひたる薄紅梅なるは、かぎりなくめでたしと、見知らぬ里人心地には、「かかる人こそは世におはしましけれ」と、おどろかるるまでぞまもりまゐらする。〈枕・一八四〉〔袖からお出しあそばしていらっしゃる中宮の御手がちらっと見えるのが、たいへんつやつやとして薄紅梅色であるのは、このうえもなくすばらしくていらっしゃると、こうした世間を見知らない民間の人間の気持では、「こうした方が、世の中にはいらっしゃったのだった」とはっとした気持になるほど、お見つめ申しあげる〕〈思い至り〉

③―1 片はしづつ見るに、「よくさまざまなる物どもこそはべりけれ」とて、心あてに、「それか」「かれか」など問ふなかに、〈源氏・帚木〉〔源氏が自分がもらった手紙を頭中将に見せると、それらを中将があれこれと拾い読みして、「よくもまあさまざまなのがございますね」と言って、「あの女ですか」、「この女ですか」などと尋ねる〕〈気づき〉

③―2 「…故院の亡せたまひて後、二三年ばかりの末に、世

を背きたまひし嵯峨院にも、六条院にも、さしのぞく人の心をさめん方なくなんはべりける。…かの御あたりの人は、上下心浅き人なくこそはべりけれ、…」とて、泣きたまへるほど、いと心深げなり。(源氏・宿木)〔「…故院が亡くなりになってからというものは、晩年の二三年の間、世をのがれてお住まいでいらっしゃった嵯峨院にしても、また六条院にしても、立ち寄る人は悲しみを静めようがないものでございました。…院のおそばにお仕えする人は身分の上下を問わず心の浅い人はございませんでした、…」と言って、薫がお泣きになる様子は、いかにも深いお心とみえる〕〈言及〉

④「げに、あながちに思ふ人のためには、わづらはしきよすがなけれど、よろづにたどり深きこと。とやかくやと、おほよそ人の思はむ心さへ思ひめぐらさるるを、これは、ただ、国王の御心やおきたまはむ、とばかりを憚らむは、浅き心地ぞしける」と、ほほ笑みてのたまひ紛らはす。(源氏・若菜・下)〔「なるほど、一途にたいせつなあなたには面倒な縁者がいなくても、何もかも万事お考えの深いことです。あれこれとそこらの女房の思惑にまでお気を配っておいでなのに、わたしはただ、国王のご機嫌を損じはしないかとそればかり気にしている、というのでは情が薄いのだという気がいたしました」と、苦笑して言い紛らわしていらっしゃる〕〈思い至り〉

⑤「昔は何ごとも、深くも思ひ知らで、なかなか、さし当りていとほしかりし事の騒ぎにも、面なくて見えたてまつりけるよ」と、今ぞ、思ひ出づるに、(源氏・常夏)〔「昔は何ひとつ十分にわかっていないで、夕霧と無理に引き離されたあのときの、夕霧をいたわしく思った例の騒ぎの際にも、かえって平気で父上にお目にかかっていたことであった」と、雲居雁には今になって思い出されてくる〕〈再認識〉

⑥幼心地にほの聞きたまひしことの、をりをりいぶかしうおぼつかなう思ひわたれど、問ふべき人もなし。宮には、事のけしきにても知りけりと思されん、かたはらいたき筋なれば、世とともの心にかけて、(源氏・匂宮)〔薫は、幼心に、うすうすお聞きになられた自分が不義の子ではないかという件が、折に触れて不審でずっと気がかりになっていらっしゃるけれども、尋ねることのできる人もないのである。母の女三宮には、事の一端だけでも自分が知っていたのだとお気づきになられるのは、気が引ける筋合いのことであるから、二六時中いつも気にかかっている〕〈思い至り〉

⑦大将、「それは、仰せられたるぞ。これによりて、おとどは、いたく思しわづらひけり。宮も、度々仰せらるめりしかば、『かかる宣旨あり』と申し給ふめりしかど、しひて召し取りてこそ。…」(宇津保・蔵開・下)〔大将が涼にいう。「あなたのお相手が、藤壺からさま宮にお代りになったのは、帝の仰せゆえのことです。このことにより、右大臣はたいそう思い悩まれました。東宮よりもたびたび入内の要請があったので、藤壺をあなたにお与えになるようにとの、帝の宣旨がかつてあったことを右大臣も申し上げられたようですが、東宮が強引にお召しになったということです。…」〕〈言及〉

コラム・状態動詞

状態動詞はケリ形しかなく、他の形はない。

主に存在動詞および内的感覚を表す動詞が用いられ、ケリ形の意味には、〈気づき〉、〈思い至り〉、〈言及〉の意味はあるが、〈再認識〉の意味は見いだしにくい。また、〈気づき〉と〈思い至り〉は明確にわかれないところがある。

ケリ形②-1「端におはしましけるかな」は、端にいるのに気づいて、常識からは到底考えることのできない位あらわなところにいるという話し手の評価を表したものとみなすことができ、〈気づき〉の用法である。

一方、〈思い至り〉に推論性があるということは、⑥の「知りけり」のように、人の内面などの直接に目撃できないようなことに気づいたときや、①-2の「かかる事世にはありけり」のように、一般的な真実などに気づいたときに用いられる際に明確に看取される。しかし、似たような例の②-2の「かかる人こそは世におはしましけれ」では、世の中とはこういうものなのだという一般的な真実を見いだしたことを表しているとすれば、〈思い至り〉であるが、中宮がメノマエにいること自体を思いがけないこととして受け入れる意味なら、〈気づき〉の用法である。

①-1の「上りたる世にはありけり」は、「上りたる世」とあるから、なんらかの史書などによってとりあげられているのか、また言い伝えなどによっているのであろうか、それはわからないがなんらかの依拠するものがあっての話であろうから、〈言及〉の用法であることはうごかないと思われる。

③-2「はべりけれ」は、源氏が亡くなった前後におおくの人が悲しんでいた様子を薫が中の宮にかたり、大君をうしなった悲しみとくらべているくだりである。源氏他界の当時、薫はまだ一〇歳にもならない年齢であるから、そのころの事情を知るには、伝聞によることがおおかっただろうと考えられる。しかし、おさないながらも直接に見聞したこともあったと思われる。ということは、ここでケリが用いられているのは単に伝聞にもとづくことを表すとはいえないということになると思われる。源氏の出家と他界という出来事は、源氏物語の作中世界では最大級の事件であるから、源氏物語の登場人物たちの社会においては、共通の認識であり、いいふるされ、一種の伝承と化していてもよい種類のことである。それは、一つの物語と意識されるくらいに確固たるものとなっていてよかったものではないかと思われる。そうしたすでに成立している物語的なものに依拠し、その事実をとりあげたことをこのケリ形は表しているものと考えられる。

（i）ニケリ・テケリ形

▼活動動詞

① 君、見給ひて、うち笑ひて、「久しく見給へざりつるほどに、かしこくも書き馴らせ給ひにけるかな。この御返りは、仲忠聞こえむ。…」とて、ほほ笑みつつ見るに、（宇津保・蔵開・上）（中納言仲忠は、あて宮からの女一宮へのお祝いのお手紙をご覧になって微笑まれて、「久しく拝見しないうちに、みごとにお手が上達されたものだな。このご返事はわたくしが致しましょう。…」とおっしゃる）〈思い至り〉

コメント

（ii）ケリ形

▼活動動詞

②―1　めづらしう御心移る方の、なのめにだにあらず、人にすぐれたまへる御ありさまよりも、かの疑ひおきて皆人の推しはかりしことさへ、心清くて過ぐいたまひけるなどを、あり難うあはれと思ひ増しきこえたまふもことわりになむ。（源氏・真木柱）〔髭黒大将としては珍しくも近頃お気持ちの移った玉鬘様が並み一通りでないばかりか、人にぬきんでていらっしゃるのはもとよりとして、それ以上に、例の、誰もが疑惑の目で推察していた源氏の情を受けているのではないかという一件でも潔白を通し続けていらっしゃったことなどを、類まれなことで感動すべきこととお思いになって、ますます強くお慕い申されるのも、なるほどもっともである〕〈言及〉

②―2　かかりけることもありける世を、うらなくて過ぐしけるよと、思ひつづけて臥したまへり。（源氏・朝顔）〔源氏が女五の宮のところに行くという面向きで朝顔のところに行くのを知って、紫の上は、こうしたことも起こる夫婦仲だったのに、それを無邪気に信じて過ごしてきたのかと、女君は考えつづけて横になっていらっしゃる〕〈再認識〉

③　「いで、いとわろくこそおはしけれ。などその門はたせばくは作りてすみ給ひける」といへば、わらひて、「家のほど、身の程にあはせて侍るなり」といらふ。（枕・八）〔清少納言が、「まあ、ほんとうにあなたったら、なんて甲斐性のないお方なんでしょう。どうして、お宅のあの門、あんなにちっぽけな門で満足していらっしゃるのでしょう」いうと、相手の生昌はいなす

（iii）タリケリ・リケリ形

（ⅰ）ニケリ・テケリ形

▼態度動詞

① このことども聞えて、宮宮・さるべき殿ばら、皆おはして見奉り給。院もおはしまして、いみじく泣かせ給。皇后宮には、「さてもいかにおぼしとらせ給にけるぞ」と、悲しくいみじくて、泣く泣く御装束して奉らせ給ふ。〔栄花・一四〕〔まだ一五歳の四の宮が世をはかなんで、仁和寺の僧正済信のもとに行き、出家をさせてもらった。この経緯が耳に入って、宮宮やご縁のある殿方は、皆お出向きになって宮にお会いもうしあげられる。小一条院もお越しあそばして、たいそうお泣きになる。皇后宮におかれては、「それにしてもどのように決心なさったのだったか」と悲しみに耐えがたく泣く泣く御装束の用意をしてさしあげる〕〈言及〉

コメント

▼態度動詞

コメント1

態度動詞については、ケリ形とタリケリ形があるが、両者とも表出的に用いることがおおく、その機能的な差はちいさい。タリケリ形は、三人称の運動について用いられるが、ケリ形は一人称のものと、二、三人称のものがほぼ同数である。

「思ふ」については、ニケリ形①「思しとる」は、決心するというモーダルな意味で、思考・感情を表すものと異なるので、メノマエ性の問題は生じない意味であるので、以下の考察にはかかわってこない。

ケリ形①−3「かう思ひけり」は〈思い至り〉の例で、これは匂宮が中の君の表情などから、うらめしく思っているということに思い至るという意味である。タリケリ形①−1「思ひ聞こえたりけり」は、小君が大将をしたっていることは先刻わかっているのだが、大将は他の人にくらべて人の気持ちがよくわかるから、当然のことであると再認識されている。再認識であるということは、発話者と目される小君の縁者にとって、小君の態度は他者のものであるが、すでに何らかの形で外面化されて認識されていて、それがあらたにしかるべき理由の結果として再認識されたということである。一般に、再認識は、一人称者の行為について生ずる意味であるが、それがここでは三人称者の態度について生じているのは、タリ・リ形の客観化の力によるものと考えられる。これと好対照であるのは、ケリ形の①−1、①−2である。これらは、いずれも一人称者がみずか

つもりか、笑って、「あの家の構え、身分相応にというつもりなのです」と答える」〈気づき〉

④「…殿に申しに奉られたりければ、いみじうおぼしさわぎて、御誦経などあまたせさせ給ひて、そなたにむきてなん念じくらし給ひける。…」などかたりいでさせ給ふを、うへもきこしめし、めでさせ給ふ。（枕・二三）〔さてそのついでに中宮が、小一条の左大臣の娘で村上天皇の女御の宣耀殿のこととしてお話あそばされるには、「女御が古今集の歌を全部おぼえているかどうかを帝がテストするということを、女御が父大臣のお邸にお知らせの使いをお出しになったので、父大臣はたいそう御心配で、御誦経の使いなど寺寺にお出しになり、一日中、宮中の方に向かって、失敗のないようにと祈念されたそうです。…」などと、昔語りをされると、帝もお耳をお傾けになって、感嘆を惜しまれない」〈言及〉

（ⅱ）ケリ形

▼態度動詞

①―1「…かく頼みがたかりける御世を、昨日今日とは思はで、ただおほかた定めなきはかなさばかりを明け暮れのことに聞き見しかど、我も人も後れ先だつほどしもやは経むなどうち思ひけるよ。…」と、二ところうち語らひつつ、（源氏・椎本）〔「…こうあてにならないものであったご寿命なのに、まさか八の宮が昨日今日こんなことになろうとは思わずに、ただ世の中はいったいに無常なのだということぐらいを朝に晩に見聞きしていたのであったが、自分も生き残ったり先にこの世を去った

（ⅲ）タリケリ・リケリ形

▼態度動詞

①―1　祖母君も母君も、…「大将の、御心・有様・かたち、よくおはするは、この御心ばへの、かうおはすればこそありけれ。この殿の御心は、いでや。心深からざらむ人は、人の言はで思ひたらむ心ばへなどこそ思ひ知り給はね。むべ、ただ大将殿をのみ思ひ聞こえたりけり」などのたまふ。（宇津保・楼の上・上）〔「大将仲忠が、お心もおふるまいもお姿もよくていらっしゃるのは、この母の尚侍の配慮がこのようでいらっしゃるからなのですね。右大臣兼雅殿のご性格は、まあ、どうでしょう

（ｉ）ニケリ・テケリ形

コメント

らの行為を反省している、〈再認識〉の意味である。このように、タリなしでは、一人称者の再認識しか表せないのである。

コメント2　ケリ形とタリ・リ形

ここで問題にする心理的な態度を表す動詞に関しては、その態度の所有者がみずからの気持ちを直接に表出する場合は、はだか形が用いられ、客観的な事態として示す場合はタリ・リ形が用いられていた。第三者が別の人物の心理的態度を客観的な事態として認識する場合にはタリ・リ形が用いられ、その証拠となるような言動や表情などの手がかりにもとづいてそれが推量されていることが表されている。ケリ形が用いられるとき、〈思い至り〉の場合には何らかの手がかりをもとに事態を推量することになるのと、これは同じである。つまり、この場合には態度動詞のタリ・リ形と単なるケリ形は同じ機能をもつといってもよい。

ケリ形の②「隔てきこえけり」は〈思い至り〉の例で、右近が、玉鬘を見つけたことを、紫の上に隠していたら、あとで自分をわけ隔てしたとうらまれるという心配をしているところである。紫の上からすると、かくしていたということにもとづいて右近がわけ隔てをしているということに思い至るということである。これに対して、タリケリの②は、状況はよくにているが、この場合のモーダルな意味は〈気づき〉としか考えられない。ケリ形ではなく、タリケリ形であるので、梨壺の心理的態度は客観的な姿をとって仲忠の前にあり、それに仲忠が気づいたということになる。そして、それに気づいたということは、

（ii）ケリ形

りする、その間にどれほどの隔たりがあるものか、などと単純に考えていたものであった。…」と大君は中君とお話し合いになる」〈再認識〉

①―2 「…かかる命のほどを知らで、行く末長くのみ思ひはべりけること」と、泣く泣く渡りたまひぬ。（源氏・若菜・下）〔「…これほど短い命とも知らずに、行く末は長いものとばかり思っておりましたとは」と、泣き泣きお移りになった〕〈再認識〉

①―3 え忍びあへぬにや、今日は泣きたまひぬ。日ごろも、いかでかう思ひけりと見えたてまつらじと、よろづに紛らはしつるを、さまざまに思ひ集むることし多かれば、（源氏・宿木）〔匂宮と六の君の結婚があって、中の君は、とても耐えきれないのか、今日ばかりはお泣きになった。日頃はどうかして、このようにうらめしく思っているのだということを宮にはお見せしないでおきたいと、何くれとまぎらわしていたのだけれども、さまざまに心を労することがどっと胸のうちにこみあげてくる〕〈思い至り〉

①―4 「…ただ、かくあり難きものの隙《ひま》に、け近きほどにて、この心の中に思ふことのはしすこし聞こえさせつべくたばかりたまへ。おほけなき心は、すべて、…」とのたまへば、「これよりおほけなき心は、いかがはあらむ。いとむくつけきことをも思し寄りけるかな。なにしに参りつらむ」と、はちぶく。（源氏・若菜・下）〔「…ただこのようにめったにない人少なの機会に、宮のおそば近くにまいってわたしの心の中に思っていることの一端なりとも、少し申しあげられるように取り計らってください。大それた心などは、まるで、…」と柏木がおっしゃるので、小侍従は、「これよりも大それたことが、ほかにありま

（iii）タリケリ・リケリ形

ね。思慮深くない人というものは、人が口にしないで考えている心の有様など、お察しにならない。なるほど、小君が、ただただ、大将殿をお慕い申し上げるわけだわ」などと小君の祖母君や母君もおっしゃる」〈再認識〉

①―2 「院よりもとぶらはせたまふらん。…院もいみじう驚き思したりけり。かの皇女こそは、ここにものしたまふ入道の宮よりさしつぎには、らうたうしたまひけれ。人ざまもよくおはすべし」とのたまふ。（源氏・夕霧）〔「院からもお見舞いをなさることでしょう。…院もひどく思いがけないこととお力を落としていらっしゃった。あの皇女はこちらにいらっしゃる入道の宮の次にかわいがっていらっしゃったものです。お人柄もよくていらっしゃるのでしょう」と源氏はおっしゃる〕〈言及〉

②　大将、「いとつらく、思し隔てたりけること。先に参りたりしかど、などかのたまはざりけむ」。梨壺は、「何ごとぞや。聞こえぬことなきものを」。大将、「あるやうおはしけるものを。こればかりは、殿の御ためにも、仲忠らがためにも、体面なることなむ侍らぬ。例のやうなる世に、そよりめでたきことなりとも、何かは。…」。（宇津保・蔵開・中）〔大将は、「本当に、冷淡にもわたしに隠し立てをなさることですね。先日こちらにまいりましたのに、どうしておっしゃっていただけなかったのでしょう」とおっしゃる。梨壺は、「何事を仰せなのでしょう。申しあげないことはございませんのに」とおっしゃる。大将は、「私にお話しなさるべきこと（ご懐妊のこと）がおありのはずですのに。このことほど、父上のためにも仲忠のためにも、面目を施すことはほかにございません。東宮の後宮が平穏なとき

コメント

わけ隔てをしていることは推論するまでもなく、あきらかであることになる。つまり、最終的には、〈思い至り〉のケリ形と〈気づき〉のタリケリ形が等価であるということである。

しかし、以上から知られることは、態度動詞におけるケリ形とタリケリ形のちがいは、単純に一方が表出的で、他方が記述的であるということではなく、心理的な態度がどのように認識されるかという点にもかかわってくるということである。

コメント3　再認識補説

態度動詞には、以下のような〈再認識〉の用法がおおい。

ケリ形の①－2「行く末長くのみ思ひはべりけること」は、病気の養生のため、落葉宮にわかれの言葉をいいおいて、柏木が父の大臣邸にうつろうとするところである。この例において、こうして病気になるとは思っていなかったころ、柏木自身、落葉の宮と生涯つれ添おうと思っていたわけであるから、「けり」に支配されている「行く末長くのみ思ふ」ということはここではじめて認識されたことではない。〈思い至り〉の場合には、「けり」のついている動詞で表される述語の内容だけが、そこではじめて認識されたことがらであったのと、ここがちがうところである。それでは、今ここで新たに認識されているのはどういうことなのかというと、それは「こういう短い命であるという運命を知らないまま、生涯つれ添おうと思っていた」ということ全体である。別のいい方をするなら、のんびりと行く末長くなどと思っていたのは、かくも短い命であることを知らなかったためだったのだとさとったことを表しているといってもよ

（ii）ケリ形

すか。なんとも気味のわるいことをお思いつきになったものですね。…」と、不機嫌に言う」〈思い至り〉

② 「ふと聞こえ出でんも、まだ上に聞かせたてまつらで、とり分き申したらんを、後に聞きたまうては、隔てきこえけりとや思さむ」など思ひ乱れて、（源氏・玉鬘）〔「玉鬘を見出したことを、いきなり申しあげるのも、まだ紫の上のお耳にもお入れ申しあげないで、特別に殿にだけ申しあげたら、それをあとでお聞きになられて、さては分け隔て申したなとでもお思いになりはしないだろうか」などと思い迷う」〈思い至り〉

③ 目に近く移ればかはる世の中を行くすゑとほくたのみけるかな（源氏・若菜・上）〔まのあたり変われればこうも変わるあなたとの仲でしたのに、行く末長くと頼りにしておりましたとは」〈再認識〉

④ 乳母うちあふぎなどして、「かの殿には、今日もいみじくいさかひたまひけり。『ただ一ところの御上を見あつかひたまふとて、わが子どもをば思し棄てたり、客人のおはするほどの御旅居見苦し』と荒々しきまでぞ聞こえたまひける。下人さへ聞きいとほしがりけり。…」など、うち泣きつつ言ふ。（源氏・東屋）〔二条邸でやっと匂宮からのがれた浮舟をあおいだりしながら、乳母は、「…常陸の守のお邸では、今日もたいそう諍いをなさいましたとか。殿が、『ただお一人のお世話ばかりなさって、わたしの子供たちをおかまいになられない。客人がおいでのときによそに泊まっているのはみっともないことだ』と荒々しいくらい北の方におっしゃったのだそうです。下人までがそれを聞いて御気の毒に存じましたとか。…」と、涙を流し流し言う」〈言及〉

（iii）タリケリ・リケリ形

でも、それよりめでたいことといっても何があるでしょうか。…」とおっしゃる」〈気づき〉

(i) ニケリ・テケリ形

コメント

い。

ケリ形の①—1「うち思ひけるよ」では、人の寿命があてにならないことは知っていたが、父宮がさきだち自分が残されるという現実がこんなにはやくくることはないと思っていたということに気がついたというのである。世は無常だとは考えてはいたが、漠然と一般的に考えていただけで、さしせまったこととしては考えていなかったということに気づいたというのであるから、みずからの思考に対する再認識が行われたといっていいだろう。みずからのあまい考えに対する否定的現実が存在するからこそ、そういう再認識が生じたわけであろうから、そのときまでの思考の持続がそこで中断を余儀なくされ、思考の中断においこまれることを表す「思ひつ」と通ずる側面もある。

また、ケリ形の③「行くすゑとほくたのみけるかな」は、紫の上が、女三の宮のもとにでていこうとする源氏に、うったえている歌である。こうも変わりやすい仲であるのに、将来もつづくものと信頼していたことに気づいたという意味である。いままで源氏を信頼していたということは紫の上の心情においてたしかなことであったが、その信頼の基盤が変わりやすいものであることを認識していないという条件のもとでのものであったことを再認識したということである。それを否定する現実があることにもとづいて、そうした思いがけない認識に到達したという意味で、詠嘆性とともに evidential な性格も存在している。

（ⅱ）ケリ形

▼特性・関係動詞

① かの物の音聞きし有明の月影よりはじめて、をりをりの思ふ心の忍びがたくなりゆくさまを、いと多く聞こえたまふに、「恥づかしくもありけるかな」とうとましく、「かかる心ばへながらつれなくまめだちたまひけるかな」と聞きたまふこと多かり。（源氏・総角）〔あの楽の音を耳にした夜明け方の月影からこのかた、折を重ねて慕わしい思いの堪えがたくなっていく次第を、まことに綿々と薫が申しあげられるので、大君は、「何とも恥ずかしいことではあったが」とうとましくお感じになって、「そんなお心持ちでもってさりげなくきまじめそうにしていらっしゃったのだ」と何もかも不快に思って聞いていらっしゃる〕〈思い至り〉

（ⅲ）タリケリ・リケリ形

▼特性・関係動詞

② 上、「風情は、なほ、この朝臣のはまされりけり。…」とのたまひて、（宇津保・蔵開・中）〔俊蔭の集と俊蔭の父の集をくらべて、「風情はやはり、俊蔭の父の朝臣のものが勝っていることだ。…」と帝はおっしゃる〕〈気づき〉

③ この君は、けざやかなる方に、いますこし児めき、気高くおはするものから、なつかしくにほひある心ざまぞ、劣りたまへりけると、事にふれておぼゆ。（源氏・総角）〔この中の君ははっきりしておられるほうで、姉君よりもう少し無邪気で、気品高くいらっしゃるけれども、なつかしくほのめきたつ美しいお人柄という点では、見劣りしていらっしゃると、何かつけて薫はお感じになる〕〈思い至り〉

④ いと何心なう物語して笑ひたまへる、まみ口つきのうつくしきも、「心知らざらむ人はいかがあらん。なほ、いとよく似通ひたりけり」と見たまふに、（源氏・柏木）〔若君がまったく無心に何かおしゃべりして笑っていらっしゃる目元や口つきのかわいらしいのも、「事情を知らない人はどう思っているだろうか。やはり柏木に実によく似通っているものよ」と源氏はごらんになる〕〈気づき〉

【用例編】

▼用例索引

▼個別的意味索引

▼用例索引

［注］本索引は、用例編の用例傍線部の動詞の索引である。所在のページ数のみを示し、同じページに二例以上同じ動詞の例があっても、一回しか示さない。

▼個別的意味索引

［注］本索引は用例編における例の末尾の〈 〉にくくられた個別的意味の索引である。その所在はページ数のみで示し、同じページに二例以上同じ意味があっても、一回しか示さない。

おわりに

古典日本語には、現代日本語と通ずる区別と現代日本語にはない区別とがあるが、それがどのようなものであるか、またそれが古典語から現代語においてどのように変化したのかを最後にまとめておこう。まず、アスペクトの完成相と不完成相の対立のあり方と、パーフェクトをめぐり、時間的意味の変化について考えてみたい。

〈完成相〉

完成相と不完成相のあり方においても古典日本語は現代日本語と大きなちがいがある。完成相の意味には、一般に二つの意味が区別できる。その一つは〈限界到達〉の意味で、そこに至ればそれ以上その運動がつづけられなくなる限界点をもっている動詞において、運動がその限界点に到達することを表すものである。もう一つは〈一括性〉で、その過程や限界といった内部構造を問題とせず、ひとまとまりの運動として非分割的にさしだす意味である。一般に限界に到達しない運動でも、ひとたびはたらきかけが行われれば、一括的に表すことができるが、限界到達の意味は、明確に限界性をもつ変化動詞の場合にしかあらわれない。古典日本語の完成相は、変化動詞の場合は、ヌ形が用いられ、限界到達が表されるが、動作動詞の場合には、目標が限界点として設定されているか否かにかかわらず、動作を一括的に表す意味でツ形が用いられる。こうした区別は、本来アスペクトの区別に発するものではなく、主語である意志的な活動体に統御される出来事であるか、無意志的な非活動体による自然発生的な出来事であるかを区別する構文論的区別であったものが、古典語においてはアスペクト的意味の区別として形態論的な形で残存しているのであるが、こうした区別は現代日本語にはない。

またテンス的にも、完成相は古典日本語と現代日本語は異なっていて、運動動詞においては、現代語では発話時以後の出来事を表しているのに対して、古典日本語では、直前ではあるが、基本的には発話時以前の出来事を表している。

〈不完成相〉

現代語でははだかの形は、完成的意味を表すのに対して、古典語では、はだかの形が不完成的意味を表す。現代語では継続相が有標で、それと対立する完成相が無標であるのに対して、古典日本語では逆に完成相が有標でそれと対立する不完成相が無標である。その結果、古典語では、抽象的な意味をもった運動の場合は継続的意味の例をおおく見いだすことができるが、一回的な運動の場合には積極的に動作の継続を表している例はおおくない。一方で、古典語では、無標項であるということを背景にして、運動のあり方はともかく、運動の実現・存在だけを表す〈一般的事実の意味〉が発達しており、完成相形式と競合している。また、テンス的にも、古典日本語のはだかの形は現代日本語と異なっていて、運動動詞においては、はだかの形は、現代日本語では未来を表すのに対して、古典日本語では基本的には現在を表す。

〈パーフェクト〉

古典日本語のアスペクトとパーフェクトとの関係は現代日本語と異なっている。現代日本語は、〈完成相〉のスルと対立するシテイル形が継続相を表し、〈動作の継続〉と〈変化の結果の継続〉の二つの変種をもちつつ、一方で発話時に結果の残っている運動の完成を表す〈パーフェクト〉も表している。現代日本語では同じシテイルという形で表されているため、〈パーフェクト〉と〈継続相〉の関係をたちきることはできない。ところが、古典日本語では、〈変

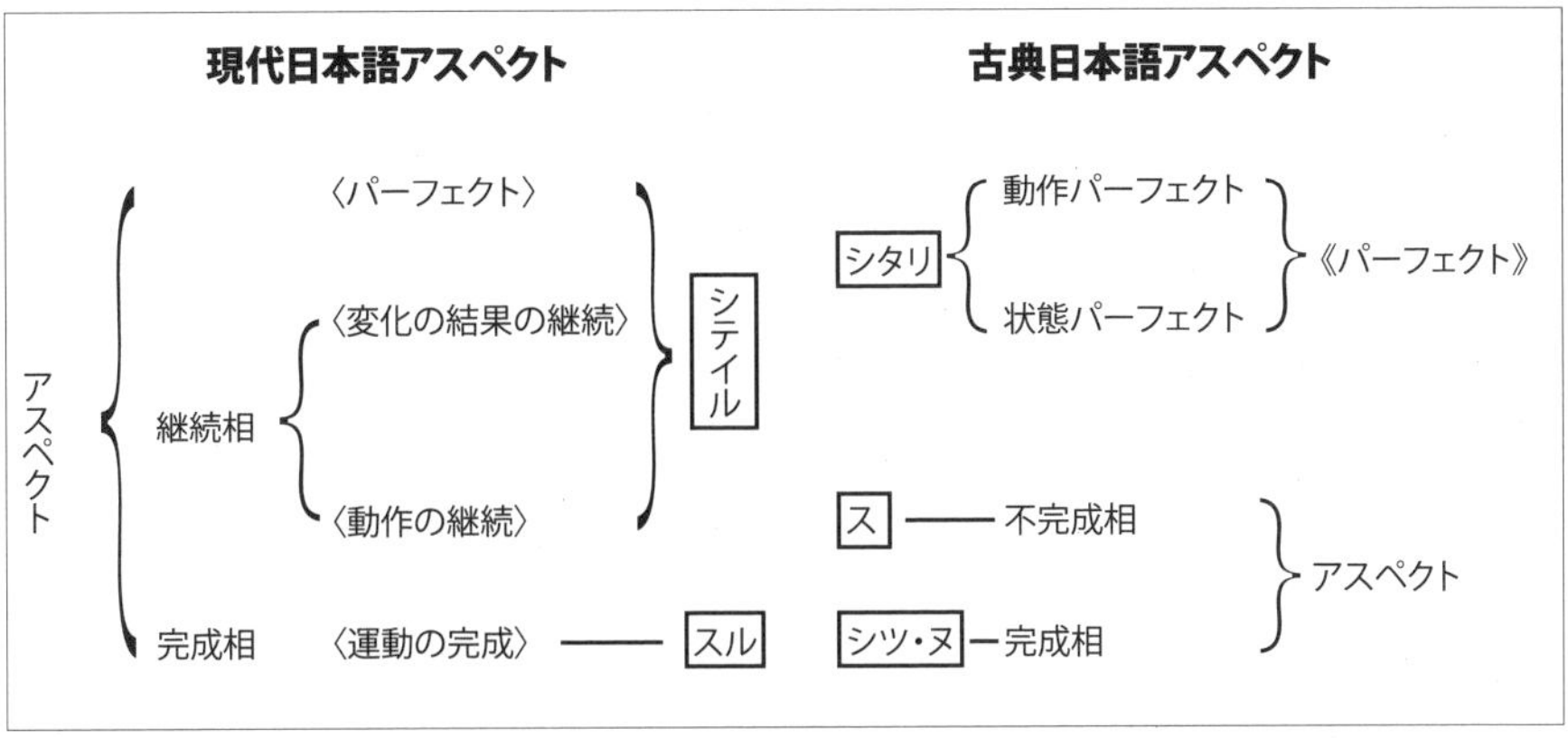

図1

化の結果の継続〉と現代日本語の〈パーフェクト〉の意味は、タリ・リ形が表し、そのタリ・リ形は〈動作の継続〉は表さない。そして、〈動作の継続〉は、基本的にはだかの形が表し、はだかの形は〈変化の結果の継続〉は表さない。はだかの形は、〈動作の継続〉の意味だけを表していることになるので、完成相のツ・ヌ形に対して、継続相ではなく、〈不完成相〉を表すものというのが適切である。

　現代日本語で〈パーフェクト〉とされる意味を〈動作パーフェクト〉、〈変化の結果の継続〉の意味を〈状態パーフェクト〉という、マスロフ（一九八四）の用語法にしたがえば、古典日本語においては、タリ・リ形はもっぱらマスロフの《パーフェクト》を表していることになる。古典語と現代語のアスペクト、パーフェクトの対応関係を示せば図1のようになろう。図で、同じ高さの横の列は、同じ意味の形の異なる用法が、現代語のアスペクト論と古典語のアスペクト論で、それぞれどのようによばれているかを示している。以上から、現代日本語のシテイル形は、古典日本語のシタリ形の表すパーフェクトの意味にさらに動作の継続の意味がくわわったものといえる。

　また、古典日本語のタリ・リ形は、話し手が目の前にその運動を目撃しているという空間的意味が卓越し、モーダルな意味としてはその運動の実在性を強調するメノマエ性を表すという点で、シテイル形と異なる。

現代語でも、特性・関係を表す動詞がシテイル形式であらわれやすいように、動詞の語彙的な意味は、その動詞がどのアスペクト形式であらわれやすいかというちがいともむすびついていると考えられるので、以下に私が収集したかぎりでの中古の仮名文学作品の会話文（和歌、心中詞をふくむ）における動詞の終止法ののべたて法の断定の出現度数をかかげておく。資料の範囲は、落窪物語、枕草子、蜻蛉日記、宇津保物語、源氏物語、栄花物語（一部）、狭衣物語、浜松中納言物語、大鏡（一部）である。

表1	行為	変化	動き	状態	活動	態度	特性
はだか	1111	131	80	783	97	510	20
つ	303	13	4	67	18	90	0
ぬ	151	240	7	24	11	20	0
たり・り	396	149	2	15	14	115	160
総計	1961	533	93	889	140	735	180

表2	働掛	移動	通達	授受	知覚	立居	動態	一般
はだか	165	147	522	57	16	21	86	97
つ	49	58	137	15	4	15	12	13
ぬ	3	68	58	12	2	3	3	2
たり・り	89	75	72	50	3	23	29	55
総計	306	348	789	134	25	62	130	167

表１　非過去形における、動詞の意味ごとの四つの形の例数である。
表２　表１における、行為動詞の下位分類ごとの四つの形の例数である。
表３　過去形における、動詞の意味ごとの四つの形の例数である。
表４　表３における、行為動詞の下位分類ごとの四つの形の例数である。
表５　ケリ形態における、動詞の意味ごとの四つの形の〈表出〉系の意味の例数と〈記述〉系の意味の例数である。
表６　表５における、行為動詞の下位分類ごとの四つの形の〈表出〉系の意味の例数と〈記述〉系の意味の例数である。

出現度数は、延べ語数であるので、各意味の種類の中でも、出現度数のたかい語彙によって、その種類の傾向が左右されている面があるので、そうしたものとしてめだつものについて記しておく。表１の変化動詞のヌ形240例中、86例は「なる」の例数、状態動詞のはだかの形783例中、283例は「あり」の例数、態度動詞のはだかの形510例中、350例は「思ふ」類の例数である。

特性・関係動詞において、もっぱらタリ・リ形があらわれ、はだかの形があらわれないという事実は、金田一春彦のいう現代語の第四種の状態動詞に、シテイル形式しかないという同様の性質があることと類比される現象であろう。これと対照的であるのは、同じく状態性をもつ動詞でも、恒常的状態だけでなくアクチュアルな状態も表すことができる、状態、活動、態度などの動詞においては、表1に見られるように、はだかの形が優勢である。このほかにも、語彙的意味ごとに見られるアスペクト・パーフェクト形式の出現の割合の偏りは、何らかの意味で動詞の語彙的意味に条件づけられているものと見ることができる。たとえば、変化動詞で、不完成相の意味が不安定なため、はだかの形をとりにくい一方でタリ・リ形をとりやすく、完成相と不完成相の対立はヌ形とタリ・リ形の対立になっているかのように見える現象などもそれにあたるであろう。

表3	行為	変化	動き	状態	活動	態度	特性
き	295	9	8	107	11	99	0
てき	30	0	1	0	0	1	0
にき	29	104	1	0	1	1	0
たりき・りき	36	7	0	2	1	15	5
総計	390	120	10	109	13	116	5

表4	働掛	移動	通達	授受	知覚	立居	動態	一般
き	54	19	147	4	35	4	12	20
てき	16	0	9	2	0	0	1	1
にき	0	17	4	0	1	4	1	1
たりき・りき	9	12	4	6	2	0	1	2
総計	79	48	164	12	38	8	15	24

表5	けり		にけり		てけり		たりけり	
	表出	記述	表出	記述	表出	記述	表出	記述
行為動詞	66	57	20	1	20	4	10	9
変化動詞	14	15	86	1	1	0	10	1
うごき動詞	4	1	1	0	0	0	1	0
状態動詞	69	38	0	0	0	0	0	0
活動動詞	7	1	1	0	0	0	3	0
態度動詞	33	5	0	1	0	0	4	1
特性・関係動詞	4	0	0	0	0	0	9	0
総計	197	117	108	3	21	4	37	11

表6	けり		にけり		てけり		たりけり	
	表出	記述	表出	記述	表出	記述	表出	記述
はたらきかけ	14	3	0	0	4	0	5	7
移動	4	10	11	0	5	0	0	1
通達	20	33	1	0	4	0	0	1
授受	0	4	0	1	3	3	0	0
知覚	3	0	0	0	0	1	0	0
立居ふるまい	2	1	2	0	0	0	2	0
動作的態度	13	5	0	0	0	0	0	0
一般的動作	10	1	6	0	4	0	3	0
総計	66	57	20	1	20	4	10	9

また、表5、表6において、〈表出〉系というのは、驚きの意味をふくむ〈思い至り〉、〈再認識〉、〈気づき〉をまとめた度数であり、〈記述〉系というのは〈言及〉の意味の度数である。ここで、記述的な用法の度数は、ケリ形においては全体の37%、ニケリ形においては3%、テケリ形におい

ては16%、タリケリ形においては全体の23%であって、ケリ形が最も記述性がたかく、ニケリ形、テケリ形は最も表出性がたかく、タリケリ形は中間的であることがしられる。

ところで、本書全体でも、〈表出〉と〈記述〉という機能の差は、テンス・アスペクトなどの時間的意味と同時に、形態の対立をささえる大きな軸となっていた。表出と記述の対立がもっとも明確にあらわれているのは、状態動詞の「みゆ」のはだかの形とタリ・リ形の場合や、態度動詞の「おもふ」のはだかの形とタリ・リ形の場合である。タリ・リ形とはだかの形はパーフェクト性という観点から区別されるとしても、せいぜい、はだかの形はパーフェクトの意味とかかわらないというあり方をしているだけであるが、表出と記述という対立軸をいれると、両者はそれによって対立しているようにすら見えるのである。態度動詞における対立は、機能的な差としてあらわれ、はだかの形は一人称ののべたてと二人称のたずねに分布し、タリ・リ形は二、三人称ののべたてと三人称のたずねに分布するという人称・のべかた上のちがいをもっていた。必ずしも表出と記述という機能の差は明示的ではないものの、同様の人称・のべかた的なちがいは、移動動詞のツ形とヌ形のあいだにも、また行為動詞のはだかの形における〈志向的意味〉〈遂行的意味〉とその他の意味のあいだにも見られることは、表出と記述の差がタリ・リ形とはだかの形のちがいにだけかかわるのではなく、ツ形とヌ形や、はだかの形の意味同士の対立にもひろがりを見せているということであり、この表出と記述の区別の根のふかさを示すものといえよう。ケリ形態の用法における、ケリ単独形と、ツ・ヌ・タリ・リとの複合形とにおけるちがいも、同様の観点から考えられることも確認したとおりである。なお、いいそえておけば、ケリ形態の用法においては、形態のちがいがただちに、表出と記述のちがいに対応しているわけではなく、それぞれの形態においてゆらぎが見られるが、そのちがいは、作用性と対象性、主観性と客観性などの文法的意味の根本的なあり方のちがいと通じていることはたしかである。

最後に版面を分割して使うという面倒な編集を快くお引き受け下さった、笠間書院の橋本孝編集長、および岡田圭介氏に厚く御礼を申し上げたい。又、懇切丁寧に原稿を点検して下さった、山本博子、平井吾門、杉山俊一郎の各氏にも深く感謝したい。

参考文献

※参考文献にかかげるべきものは、この他にも多数あるが、その大半は前著にゆずり、ここでは直接に本書の記述にかかわるもの、およびあらたに参照したものにとどめた。

青木博史編（二〇一一）『日本語文法の歴史と変化』（くろしお出版）
井島正博（二〇一一）『中古語過去・完了表現の研究』（ひつじ書房）
奥田靖雄（一九六八〜七二）「を格の名詞と動詞とのくみあわせ」『教育国語』一二—二八（一九八三『日本語文法・連語論（資料編）』むぎ書房、に再録）
——（一九七八）「アスペクトの研究をめぐって（上）（下）」『教育国語』五三、五四
——（一九九四）「動詞の終止形（その2）」『教育国語』二—一二
——（一九九七）「動詞（その1）—その一般的な特徴づけ—」『教育国語』二—二五
金田一春彦編（一九七六）『日本語動詞のアスペクト』（むぎ書房）
金水敏（二〇〇〇）「時の表現」『日本語の文法2　時・否定と取り立て』岩波書店
工藤真由美（一九九五）『アスペクト・テンス体系とテクスト——現代日本語の時間の表現』（ひつじ書房）

佐伯梅友　鈴木康之監修　日本語文法研究会編（一九八八）『概説・古典日本語文法』（桜楓社）
進藤義治（一九八八）「源氏物語の文章に見られる『見る』に『待り』を介して下接する『ぬ』」『南山国文論集』一二
鈴木重幸（一九七九）「現代日本語動詞のテンス――終止的な述語につかわれた完成相の叙述法断定のばあい――」（『言語の研究』言語学研究会、むぎ書房）
鈴木泰（二〇〇九）『古代日本語時間表現の形態論的研究』（ひつじ書房）
須田淳一・新居田純野編（二〇一〇）『日本語形態の諸問題』（ひつじ書房）
須田義治（二〇一〇）『現代日本語のアスペクト論』（ひつじ書房）
高橋太郎（一九八五）『現代日本語動詞のアスペクトとテンス』（国立国語研究所報告八二、秀英出版）
高橋太郎他（二〇〇五）『日本語の文法』（ひつじ書房）
野村剛史（二〇〇七）「源氏物語のテンス・アスペクト」『源氏物語のことばと表現』（講座源氏物語研究8、おうふう）
藤井貞和（二〇一〇）『日本語と時間――〈時の文法〉をたどる――』（岩波新書）
細江逸記（一九三二）『動詞時制の研究』（泰文堂）
松本泰丈（一九九三a）「〈メノマエ性〉をめぐって――しるしづけのうつりかわり――」（『国文学 解釈と鑑賞』58―7）
――（一九九三b）「〈シテアル〉形おぼえがき――奄美喜界島（大朝戸）方言から――」（松村明先生喜寿記念会『国語研究』明治書院）
――（一九九六）「奄美大島方言のメノマエ性――龍郷町瀬留――」（『日本語文法の諸問題――高橋太郎先生古希記念論文集――』ひつじ書房）
山口巌（一九九九）『パロールの復権』（ゆまに書房）
山本博子（二〇〇〇）「中古語におけるキ形とニキ形・テキ形のちがい」（お茶の水女子大学『国文』九三）
幸松英恵（二〇一二）「（いわゆる）発見のノダについて」（『日本語学会二〇一二年度春期大会予稿集』）

Бондарко А.В. (1971)Вид и Время Русского Глагола (Значение и Употребление). М.（ボンダルコ『ロシア語動詞の相』）

—— (1999) Основы Функциональной Грамматики : языковая интерпретация идеи времени.СПбГУ.（ボンダルコ『機能文法の基礎：時間の観念の言語的解釈』）

Енциклопедический Словарь-справочник Лингвистических Терминов и Понятий (2008) М.（『言語学用語概念百科便覧』）

Колпакчи Е.М. (1956) Очерки по Истории Японского Языка. Л.（コルパクチ『日本語史概論』）

Маслов Ю.С. (1984) Очерки по Аспектологии.Л.（マスロフ『アスペクト論概論』、言語学研究会訳プリント版）

Рассудова О.П. (1984) Употребление Видов (глагола) в Русском Языке.（ラスードヴァ『ロシア語動詞　体の用法』、磯谷孝訳、一九七五、吾妻書房）

Сыромятников Н.А. (1971) Система Времен в Новояпонском Языке. М.（スィロミャートニコフ『近代日本語におけるときの体系』松本泰丈訳プリント版）

Aikhenvald, A. Y. (2004) Evidentiality. Oxford: Oxford University Press.

Bühler, K. (1933) Die Axiomatik der Sprachwissenschaften. In Kant-Studien,38.（「言語科学の公理論」）（植田 康成 一九九二「カール・ビューラー「言語理論」研究序説」広島大学文学部紀要 五一（特輯号三）による）

—— (1934) Sprachtheorie : Die Darstellungsfunktion der Sprache.（カール・ビューラー『言語理論——言語の叙述機能』、脇坂豊他訳、一九八三、クロノス）

Comrie, B. (1976) Aspect. Cambridge University Press（一九八八、山田小枝訳『アスペクト』、むぎ書房）

Delancey, S. (1997) Mirativity : The Grammatical Marking of Unexpected Information. In Linguistic Typology, 1,33-52.

Johanson, L. (2003) Evidentiality in Turkic. In A.Y.Aikhenvald and R.M.W. Dixon(Eds.), Evidentiality in typological perspective (pp.273-290). Amsterdam and Philadelphia: John Benjamin.

■著者プロフィール

鈴木 泰（すずき・たい）

1945年生まれ。東京大学国語国文科卒、東京大学大学院博士課程退学。山形大学専任講師・助教授、武蔵大学助教授・教授、お茶の水女子大学教授、東京大学人文社会系研究科（国語学）教授を歴任。博士（文学）。東京大学名誉教授。京都橘大学教授を経て現在、専修大学教授。

著書に、『古代日本語動詞のテンス・アスペクト　源氏物語の分析』（ひつじ書房、1992、1999に改訂版）、『古代日本語時間表現の形態論的研究』（ひつじ書房、2009）など。

共編著に、『ケーススタディ日本語文法』（おうふう、1987）、『フロッピー版古典対照語い表および使用法』（笠間書院、1989）、『日本語文法の諸問題』（ひつじ書房、1996）、『改訂版 日本語要説』（ひつじ書房、2009）、『現代語から古語を引く　現古辞典』（河出書房新社、2012）など。

語形対照 古典《こてん》日本語《にほんご》の時間《じかん》表現《ひょうげん》

2012（平成24）年7月15日　初版第一刷発行

著者　鈴木　泰

発行者　池田つや子
装　丁　笠間書院装丁室
発行所　笠間書院

〒101-0064　東京都千代田区猿楽町2-2-3
電話　03-3295-1331　Fax 03-3294-0996
振替　00110-1-56002

ISBN978-4-305-70593-8 C0081

モリモト印刷・製本
 http://kasamashoin.jp/